DICCIONARIO UNIVERSITARIO DE TÉRMINOS LITERARIOS Y GRAMATICALES

Contiene más de 1.000 términos seleccionados con definiciones claras y precisas con ejemplos. Obra clave para todo estudiante de lengua y literatura hispánica.

CARLOS B. VEGA, Ph.D

Janaway Publishing, Inc.
Santa Maria, California
2012

© Copyright 2012 by Carlos B. Vega
Derechos reservados. All rights reserved.

ALL RIGHTS RESERVED. Written permission must be secured from the author or publisher to use or reproduce any part of this book, in any form or by any means, including electronic reproduction, except for brief quotations in critical reviews or articles.

PUBLISHED BY:

Janaway Publishing, Inc.
732 Kelsey Ct.
Santa Maria, California 93454
(805) 925-1038
www.JanawayGenealogy.com
2012

Library of Congress Control Number: 2012955108

ISBN: 978-1-59641-288-0

Cover design by Carlos F. Vega

Made in the United States of America

A mi padre y maestro,
Dr. Carlos Vega López Cepeda.

Contenido

Introducción vii

Diccionario 1

Bibliografía 221

Introducción

Todo estudiante de lengua y literatura hispánica tiene que forcejear con una terminología especializada cuyo significado generalmente desconoce o le resulta difícil de entender. Así, términos como: "hipérbaton", "polisemia", "sinalefa", "hemistiquio", "juglaresca", "prosificación", entre muchísimos otros. Y, si es cierto que tiene a su alcance obras que se los esclarecen, no siempre le son provechosas por ir dirigidas mayormente a un lector docto.

La obra ofrece cuatro grandes ventajas: 1) el afán que se ha puesto en proporcionar claridad y precisión en las definiciones de cada término, muchas de las cuales se apoyan en nuestros más insignes autores clásicos y modernos; 2) la abundancia de ejemplos apropiados para asegurar el cabal entendimiento de los términos; 3) el reunir en un solo volumen ambas materias, la literaria y gramatical, simplificando de tal manera su estudio; 4) la cuidadosa selección de términos según su relevancia y uso y que suman en total más de 1.000.

Va dirigida principalmente al estudiante común universitario de cualquier grado y nivel, así como también al estudiante del último año de bachillerato. Además, ha de resultar valiosa como obra de consulta y de repaso para la gramática española.

La obra es el fruto de toda una vida dedicada a la enseñanza de ambas materias en Estados Unidos, teniendo presente que llevó más de quince años confeccionarla poniendo en ello gran empeño y esmero. Los textos clásicos se han reproducido tal cual aparecen en su lenguje original para así preservar su integridad y autenticidad. De los autores citados se proporciona su fecha de nacimiento y muerte la primera vez que se mencionan. Los ejemplos que son obra del autor del diccionario van señalados "CBV" (Carlos B. Vega).

Diccionario

A

ABECEDARIO Véase "Alfabeto".

ABSCISIÓN En retórica, interrupción brusca generalmente en un discurso. Véase también "Retinencia".

ABLATIVO Uno de los casos de la declinación que en la oración hace oficio de complemento expresando tiempo, modo, procedencia, etc. Se le antepone casi siempre preposición, siendo las más comunes "de", "con","desde", "por", "en", "sin", "sobre", "tras".

ABREVIATURA Representación abreviada de una palabra, como: "dic." por "diciembre", "ej." por "ejemplo", "Ud." por "usted", etc.

ACATALÉCTICO Véase "Verso".

ACCIDENTE GRAMATICAL Se refiere a las alteraciones de los componentes variables de una oración que afectan a la estructura al variar la forma material de la palabra. Los accidentes gramaticales son: el "género", el "número", la "voz", el "modo", el "tiempo" y la "persona". Aunque la Academia no lo menciona, vale también incluir el "caso" sobre todo tratándose de los pronombres personales.

ACCIÓN Se aplica a los actos y sucesos que constituyen el desarrollo activo de una obra literaria bien sea un poema épico, una novela o una obra dramática, y que se llama comúnmente "argumento".

ACENTO La mayor intensidad con que se pronuncia una sílaba dentro de una misma palabra.

ACENTO DIACRÍTICO El que se coloca sobre las palabras homónimas y que determina su función gramatical, como: "el", artículo, "él", pronombre, "si", conjunción, "sí", adverbio.

ACENTO FONÉTICO Se refiere al tono y timbre de inflexión o modulación que existe en las distintas regiones de un país, así como también a la entonación que ocurre por motivos de alegría, sorpresa o tristeza.

ACENTO ORTOGRÁFICO La rayita oblicua o tilde que se coloca sobre una vocal conforme a las reglas ortográficas.Se emplea tanto en palabras minúsculas como mayúsculas.

ACENTO PROSÓDICO La mayor intensidad con que se pronuncia una sílaba dentro de una misma palabra, como en: "nomencla**tu**ra", "campe**si**no, "aje**drez**". Todas las palabras españolas, con excepción de las monosilábicas, tienen una sílaba que se pronuncia con mayor intensidad que las demás o "sílaba tónica." El acento prosódico no debe confundirse con el acento ortográfico, cuya función es señalar la sílaba tónica en las palabras cuya acentuación prosódica no obedece a las reglas de acentuación 1 y 2. Por ejemplo "café", "árbol", "química", no siguen dichas reglas y por tanto requieren acento ortográfico ya que no se entenderían si dijéramos: "**ca**fe", "ar**bol**", "qui**mi**ca", es decir, dejándolas con su acento prosódico propio en las sílabas "ca", "bol" y "mi". Véase "Acentuación, normas de".

ACENTUACIÓN, NORMAS DE 1. Son generalmente "graves" (las que llevan acento prosódico en la penúltima sílaba) las palabras terminadas en vocal "n" o "s", como: "lanza", "guante", "lunes", "orden".
2. Son generalmente "agudas" las palabras restantes, es decir, las que llevan el acento prosódico en la última sílaba, como: "pared", "sofocar", "general", "chalet". Las palabras cuya acentuación prosódica no obedece a estas dos reglas requieren acento ortográfico. De conformidad con las mismas llevarán acento ortográfico:
1. Las palabras "graves" cuando terminan en consonante que no sea "n" ni "s", como: "césped", "azúcar", "fácil".
2. Las palabras "agudas" cuando terminan en vocal, en "n" o "s", como: "sofá", "rubí", "ciprés".
3. Todas las esdrújulas y las sobresdrújulas como: "cámara", "lápices", "prohíbeselo", "enséñaselas".
Las palabras son "agudas" cuando el acento recae en la última sílaba, "graves" o "llanas" cuando recae en la penúltima sílaba; "esdrújulas" cuando recae en la antepenúltima sílaba; sobresdrújulas cuando recae en la sílaba anterior a la antepenúltima. Ejemplos:

alborotó... (aguda)
Mendizábal .... (grave)
filósofo .... (esdrújula)
cómpramelo .... (sobresdrújula)

Vale señalar que la mayoría de las palabras españolas (aproximadamente el 90%) no requieren acento ortográfico pero sí lo requerirán prosódico. Todas las de una sola sílaba son "agudas".

ACEPCIÓN Significado que toma una palabra o frase en el habla. Por ejemplo, la palabra "capital" tiene varios significados en la lengua pero una sola acepción al decir "La capital de Colombia es Bogotá".

ACERTIJO Equivale a "Adivinanza" (véase).

ACERVO Conjunto de bienes mayormente culturales que han sido acumulados a través de herencia o tradición, como en este ejemplo: "el acervo de nuestro léxico hispánico".

ACONSONANTADO Dícese de los versos con los mismos sonidos, tanto de vocales como de consonantes, contando a partir de su última vocal acentuada prosódicamente. Ejemplo:

Tanto se espera en la vida
y tanto cuesta alcanzarlo,
que en el alma no hay cabida
para poder superarlo. (CBV)

	Véase también: "Rima Imperfecta", "Rima perfecta", "Asonancia", "Consonancia".
ACRÓNIMO	Básicamente consiste en una sigla que se pronuncia como una palabra, como en el caso de ONU>Organización de Naciones Unidas, o Ovni>objeto volador no identificado. Puede formarse también por las letras iniciales o partes de una serie de palabras, como la palabra inglesa "laser">light amplification by the stimulated emission of radiation.
ACRÓSTICO	Se dice de la composición, mayormente en verso, en la que ciertas letras de la línea tomadas en orden forman un nombre, concepto, etc., y que representan el sujeto de dicha composición. Las letras pueden ser iniciales, intermedias, o finales. Ejemplo:

Ansias que brotan del alma,
murmullos, suspiros, temblores,
olas de crestas doradas,
rayos de luna, pasiones.(CBV)

	Si se leen las letras iniciales verticalemnte resulta la palabra "amor". El acróstico más característico de la lengua española lo constituyen los versos del prólogo de "La Celestina" de Fernando de Rojas (1499), en cuya octava se puede leer: "El bachiller Fernando de Rojas acabó la comedia de Calisto y Melibea y fue nacido en la Puebla de Montalván".
ACTO	Cada una de las partes principales de que se compone una obra teatral.
ACUIDAD	Expresa la cualidad en la que se dividen los sonidos en agudos y graves.
ACUSATIVO	Uno de los casos de la declinación que señala el complemento directo del verbo, y que puede o no llevar la preposición "a" o "a personal": "Vi a Juan", "Vi el carro".
ADAGIO	Equivale a "sentencia". Dicho breve de origen popular, el cual encierra un sentido doctrinal. Miguel de Cervantes lo define así con ejemplo:

"Acuérdome que cuando estudiaba oí decir al preceptor un refrán latino, que ellos llaman adagio, que decía Habet bovem in lingua, "Este tiene el buey en la lengua" ("Coloquio de los perros").

ADIVINANZA	Consiste en un verso, frase, o algún tipo de dibujo, que se describe de una manera enrevesada para que se adivine, poniendo así a prueba la perspicacia del interlocutor. Ejemplo: "No es pájaro y vuela, no canta ni pone huevo, y tiene su nido en la tierra". Respuesta: el avión.
ADAPTACIÓN	En literatura, el resultado de algo que ha sido adaptado, como la transformación de una novela o la refundición de una obra dramática para ser llevadas al cine. Como ejemplo puede citarse "The Man of La Mancha" (El hombre de la Mancha), adaptación de la novela cervantina primero al teatro de Broadway en Nueva York, y después al cine. Alejandro Casona (1903-1965) hizo muchas adaptaciones escolares de obras literarias como "Flor de leyenda".
ADJETIVACIÓN	Cuando cualquier palabra adquiere una función típica del adjetivo, como por ejemplo el sustantivo "rosa" que hace función de adjetivo en: "El vestido es de color rosa", o este otro sustantivo "hombre" que hace la misma función de adjetivo en: "Es muy hombre".
ADJETIVO	Palabra que denota alguna forma de ser o cualidad del sustantivo. Véanse ejemplos en las distintas clases de adjetivos que siguen.

ADJETIVO CALIFICATIVO	El que designa o califica las cualidades del sustantivo. Ejemplos: "Mi casa es pequeña", "El perro es negro".
ADJETIVO AUMENTATIVO Y ADJETIVO DIMINUTIVO	El que sugiere aumento o disminución de alguna cosa, o bien atenuación o intensidad de las cualidades consideradas, todo ello expresado mediante el uso de distintos sufijos, como "-ón" (hombrón), "-ita" (casita), etc.
ADJETIVO COMPARATIVO	El que sirve para comparar una misma cualidad entre personas, animales, o cosas, y que puede ser de superioridad, inferioridad o igualdad. Se expresa siempre por medio de los giros "más…que", "menos…que", y "tan…como" respectivamenete. Ejemplos: "Tú eres más alto que Juan", "Ese niño es menos inteligente que tu hermano", "Mi carro es tan bonito como el tuyo". En el de igualdad, cuando lo comparado en lugar de ser un adjetivo es un sustantivo, se emplea "tanto" con sus formas femeninas y plurales, como en: "Pascual tiene tanto dinero como tú", "en tu barrio hay tantas casas como en el mío".
ADJETIVO DEMOSTRATIVO	Sus formas son: "este", "ese", "aquel", para el masculino, "esta", "esa", "aquella" para el femenino. Los plurales de ambos son: "estos", "esos", "aquellos, "estas,", "esas", "aquellas". Van siempre delante del sustantivo, y cuando los reemplaza son pronombres que ya no llevan acento ortográfico. Las formas neutras son: "esto", "eso" y "aquello" con estos ejemplos: "Esto está muy caro", "Eso no me gusta", "Aquello está por demás".
ADJETIVO DETERMINATIVO	El que determina al sustantivo, como "alguno", "ninguno", "cierto", "todo", "mucho", "poco", "mismo", "ambos", "cada", "bastante", "demasiado", etc. Incluye asimismo a los adjetivos numerales que pueden ser "cardinales" (uno, veinte, noventa) y "ordinales" (primero, cuarto, décimo), a los partitivos (medio, tercio), y múltiplos (doble, triple).
ADJETIVO GENTILICIO	El que denota la procedencia geográfica o nacionalidad de una persona. Ejemplo: "español", "argentino", "japonés", "húngaro".
ADJETIVO INVARIABLE	El que vale tanto para el masculino como el femenino, como "cascarrabias". Ejemplo: "Ramón es un cascarrabias", "Magdalena es una cascarrabias".
ADJETIVO ORDINAL	El que denota orden o sucesión, como: "primero, quinto, séptimo".
ADJETIVO POSESIVO	El que denota posesión. Son los siguientes: "mi/mis, tu/tus, su/sus, nuestro/a/os/as, vuestro/a/os/as, su/sus".
ADJETIVO SUPERLATIVO	El que se emplea para expresar que el substantivo posee en mayor grado la cualidad expresada por el adjetivo, sin ser comparada con otros, para lo cual se emplea el antecedente "muy" o se añade al adjetivo el sufijo "-ísimo", como de "grande", "grandísimo", de "fácil", "facilísimo". Hay también adjetivos que en sí mismos tienen un significado superlativo, como: "pésimo" (de malo), "óptimo" (de bueno). También hay

adjetivos que forman el superlativo con el sufijo "érrimo", como de "libre", "libérrimo", aunque su uso no es común. Se le denomina por lo general "adjetivo superlativo absoluto". El adjetivo superlativo relativo se usa con el artículo definido o el posesivo, que asignan el mayor o menor grado de la cualidad a una o varias personas. Ejemplos: "El más guapo de los hermanos", "Los hombres más viejos del pueblo". En la primera oración tenemos: artículo definido+más+adjetivo+de, y en la segunda: artículo definido+sustantivo+más+adjetivo+de.

ADJETIVO VERBAL Los que se derivan de un verbo, siendo el grupo más importante el de los participios, como: "frito", "hablado", "temido", etc. Cuando los participios no forman tiempos compuestos, son simplemente adjetivos. Generalmente, los participios irregulares se usan solo como adjetivos, como "correcto", "confuso", que también tienen formas regulares como: "confundido", "corregido", ambos participios.

ADÓNICO Véase "Verso".

ADVERBIAL, FRASE Locuciones que, a pesar de estar constituidas por varias palabras, equivalen en conjunto a un adverbio. Ejemplo: "ahora bien","a la antigua","a todo andar".

ADVERBIO La parte invariable de la oración cuya función es la de calificar o determinar la significación del verbo, del adjetivo e inclusive de otro adverbio o modo adverbial. Por su función se divide en "calificativo" y "determinativo", y por su relación con otro adverbio puede ser "interrogativo", si sirve para preguntar ("¿dónde?", "¿cuándo?"), "demostrativo" si es usado para responder ("entonces", "aquí"), y "relativo" si hace referencia a un antecedente ("cuando", "cual"). Son abundantes en español los abverbios terminados en "-mente", como: "generalmente", "sabiamente", "inocentemente" que son básicamente adjetivos a los que se les añade dicho sufijo. Si el adjetivo termina en "o" se cambia esta a "a" y se le añade "-mente" como: "rápido> rápidamente", y si el adjetivo lleva acento se conserva en el adverbio como el ejemplo anterior.

ADVERBIO COMPARATIVO El que denota comparación, como, "mejor" en: "Emilia se cuida mejor que tú".

ADVERBIO DE AFIRMACIÓN El que sirve para afirmar. Ejemplos: "sí", "también", "efectivamente".

ADVERBIO DE CANTIDAD Son, entre otros, los siguientes: "bastante", "tan", "tanto", "además", "cuan", "cuanto", "muy", "poco", "mucho", "casi", "nada","algo", "más", "menos".

ADVERBIO CONJUNTIVO Son los que a menudo hacen de conjunciones o de modos conjuntivos, como: "ya", "luego", "antes bien".

ADVERBIO DE DUDA Son, entre otros, los siguientes: "quizá"(o "quizás"), "acaso".

ADVERBIO DE LUGAR Son, entre otros, los siguientes: "aquí", "acá", "cerca", "lejos","debajo", "delante", "detrás", "arriba", "abajo", "dentro", "adentro", "fuera", "afuera", "junto", "enfrente", "dondequiera", "donde", "adonde".

ADVERBIO DE MODO Son, entre otros, los siguientes: "bien", "como", "mal", "así", "inclusive", "apenas", "según", "siquiera", "mejor", "peor", "despacio", "bajo", "excepto", "conforme", "incluso", "salvo", "medio", "aparte", "asimismo", "viceversa", e infinidad de otros terminados en "-mente", como: "buenamente".

ADVERBIO DE NEGACIÓN	Son, entre otros, los siguientes: "no", "jamás", "nunca", "tampoco".
ADVERBIO DE ORDEN	Son, entre otros, los siguientes: "últimamente", "sucesivamente","finalmente", "antes", "después", "luego".
ADVERBIO DE TIEMPO	Son, entre otros, los siguientes: "antes", "después", "presto", "ayer", "jamás", "pronto", "tarde", "temprano" " nunca", "ahora", "cuando", "entretanto", "luego", "dentro", "recién", "despacio", "aquí", "apenas", "todavía", "mientras", "anoche", etc.
ADVERBIO PRONOMINAL	Son los que denotan una idea sustantiva, equivaliendo por tanto a un nombre sustantivo, como: "Me voy de paseo hoy mismo" (equivale a "este día"), "Nos vemos allí" (equivale a "aquel lugar").
ADVERBIO SIMPLE Y COMPUESTO	Es simple cuando se compone de una palabra, como: "ayer", y compuesto cuando se compone de más de una palabra, como: "anteayer".
AFECTACIÓN	Manera de expresarse presuntuosa, carente de naturalidad y sencillez, tanto en el habla como en la escritura.
AFÉRESIS	Supresión de una o más letras al principio de una palabra, como 'horabuena' por 'enhorabuena'. (Véase también "Metaplasmo")
AFIJO	Partícula que va antepuesta o agregada a las palabras con la que se forman los prefijos y sufijos. Cuando aparece en el medio de la palabra se le llama "infijo".
ÁFONO	Sonido de cualquier índole (vocálico o consonántico) que no tiene resonancia en las cuerdas vocálicas.
AFORISMO	Sentencia breve, ingeniosa y original, semejante al "apotegma". Los más famosos son los "Aforismos de Hipócrates". Ejemplo de aforismo: El ojo que ves no es ojo porque tú lo veas; es ojo porque te ve. Antonio Machado y Ruiz (1875-1939), "Proverbios y cantares".
AFORÍSTICA	Ciencia que trata de los aforismos, o también colección de ellos.
AFRANCESADO	Que gusta, imita, o es influenciado por lo francés.
AFRO	Africano, como "afroamericano", "afrocubano". Se refiere también a los usos y costumbres africanas.
AFRICADO	Véase "Articulación, Modo de".

AGENTE	Dicho bien de una palabra o expresión que designa la persona, animal o cosa que realiza la acción verbal como: "Pedro corre", "El perro ladra", "La lluvia empapa".
AGLUTINACIÓN	Procedimiento para formas palabras que expresan ideas compuestas mediante la unión de las que expresan ideas simples, o también procedimiento que une a dos o más palabras en una sola. Idiomas aglutinantes son el turco y en América el quechua.
ÁGRAFO	Se dice de una persona que es incapaz de escribir o que no le gusta hacerlo.
AGRESTE	Perteneciente al campo o al campesino. Véanse los "Poemas agrestes" de Juan Ramón Jiménez".
AGUDA, PALABRA	Véase "Acentuación, Normas de".
AGUDEZA	Se refiere por lo general a un dicho ingenioso o perspicaz.
AIMARA	Véase "Lengua".
ALAKALUF	Véase "Lengua".
ALBA	Composición en verso de los trovadores provenzales. Sobre el alba nos dice el "Diccionario de literatura española" (véase la Bibliografía): "La única característica común a todas las "albas" es el estribillo en el que se repite siempre la palabra "alba". Como indica su nombre, se cantaba por la mañana, al romper el día, y en melancólicos versos, el enamorado acusa al Sol de ser el causante de la separación de los amantes, que para sus amoríos buscan el amparo de las sombras nocturnas". Y añade: "para Henríquez Ureña constituye, en el ámbito español, un "cantar de mañana" o "alborada". Según dicha obra (el escrito lo hace Germán Bleiberg) un ejemplo de alba se encuentra en un cantar del "Cancionero de los siglos XV y XVI", y nos da un ejemplo de sus primeros versos:

   Al alba venid, buen amigo
al alba venid.

Ejemplo de alba:

  Se paraba la rueda
de la noche…
       Vagos ángeles malvas
apagaban las verdes estrellas.

  Una cinta tranquila
de suaves violetas
abrazaba amorosa
a la pálida tierra.

  Suspiraban las flores al salir de su ensueño,
embriagando el rocío de esencias.

  Y en la fresca orilla de helechos rosados,
como dos almas perlas,
descansaban dormidas
nuestras dos inocencias.
--¡oh qué abrazo tan blanco y tan puro!--,
de retorno a las tierras eternas.
              Juan Ramón Jiménez (1881-1958)

ALBORADA	Obra poética con fondo musical que se recita o canta al amanecer. (Véase "Alba")
ALEGORÍA	La descripción de algo por medio de la imagen de otra. Cuento o historia en el que las personas o cosas que se presentan tienen un significado distinto, como en una fábula o parábola. Lo más representativo del teatro alegórico español son los "Autos Sacramentales" de Calderón de la Barca. (Véase "Auto")

Ejemplo de un poema alegórico del Marqués de Santillana escrito en su lenguaje original:

Dos cosseres i arrendados
Cerca d'una fuente estavan,
De los quales non distavan
Los pajes bien arreados.
   Vestían de aceytuní
Cotas bastardas, bien fechas,
De muy fino carmesí,
Raso, las mangas estrechas,
Las medias partes derechas
De vivos fuegos brosladas,
E las siniestras sembradas
De goldres llenos de fechas.
....
   Pregunté sin dilación:
"Sennores, ¿do es vuestra vía?"
Mostrando grand affection,
Pospuesta toda folía,
Dixeron sin villanía:
"A nos place que sepades
Aquesto que preguntades,
Usando de cortesía.
"Sabet que los triumphantes
En grado superiores,
Honorable dominantes,
Cupido e Venus, señores
De leales amadores,
Delivraron su pasaje
Por este espeso selvaje
Con todos sus servidores.
        Íñigo López de Mendoza, Marqués de Santillana (1388-1458)

Puede verse también el "Laberinto de la fortuna" de Juan de Mena (1411-1456). Se considera una novela alegórica y a la vez un mito "Hombres de maíz", del guatemalteco Miguel Ángel Asturias.

ALEJANDRINO	Verso compuesto por dos hemistiquios de siete sílabas. Se le denomina también "versos de Berceo".

Ejemplo de un soneto en alejandrinos:

"A la Santísima Virgen María".

   Como el triste piloto que por el mar incierto
se ve, con turbios ojos, sujeto de la pena
sobre las corvas olas que, vomitando arena,
lo tienen de la espuma salpicado y cubierto,

cuando, sin esperanza, de espanto medio muerto
ve el fuego de Santelmo lucir sobre la entena,
y, adornando su lumbre, de gozo el alma llena,
halla su nao cascada surgida en dulce puerto,

así yo el mar surcaba de penas y de enojos,
y, como tormenta fiera, ya de las aguas hondas
medio cubierto estaba, la fuerza y luz perdida,

cuando miré la lumbre, ¡oh, Virgen!, de tus ojos,
con cuyos resplandores, quitándose las ondas,
llegué al dichoso puerto donde escapé la vida.
   Pedro de Espinosa (1578-1650)
Fue usado también por Antonio Machado y muchísimo por Juan Ramón Jiménez en "Elejías", en "Esto", y "La soledad sonora".

ALELUYA Estrofa compuesta de dos octosílabos de rima consonantada.

ALFABETO o Abecedario. Esta palabra, "abecedario", se deriva de las tres primeras letras "a", "b", "c", y "Alfabeto" de las dos primeras letras griegas "alfa" y "beta". Conjunto de letras que constituye un idioma o lengua. El alfabeto español se compone de 28 letras, 5 vocales y 23 consonantes que son las siguientes con sus respectivos nombres, en mayúscula y minúscula:

A a	B b	C c	Ch ch	D d	E e
a	Be	ce	che	de	e

F f	G g	H h	I i	J j
efe	ge	hache	i	jota

K k	L l	Ll ll	M m	N n
ka	ele	elle	eme	ene

Ñ ñ	O o	P p	Q q	R r
eñe	o	pe	cu	ere/erre

S s	T t	U u	V v
ese	te	u	uve

X x	Y y	Z z
equis	i griega	zeta o zeda

Hoy también se incluye la "W" usada exclusivamente en la escritura de nombres extranjeros, como "Wagner", "Washington". En español se le denomina "v doble" o "doble u", como le llama Andrés Bello, quien recalca que "sólo se usa en nombres de personas, lugares, dignidades y oficios extranjeros, como "Newton", "Washington", "alwacir" (gobernador, mayordomo de palacio, entre los árabes". ("Gramática")

Las consonantes "c", g, "r" y "x" tienen formas distintas de pronunciarse:

"c": tiene el sonido de /θ/ (colocando la lengua entre los incisos superiores e inferiores, dejando pasar el aire levemente con un ruido de roce) cuando va seguida de las vocales "e", "i". Ejemplos: "cero", "cine"; es un sonido totalmente sordo. Ahora bien, esta es la pronunciación en la mayor parte de España, pero en casi toda Hispanoamérica, y en otras regiones de España, como en partes de Andalucía y las Islas Canarias, tiene el sonido de [s]. El otro sonido de la "c" es cuando le siguen las vocales "a", "o", "u" ("ca", "co", "cu"), en cuyo caso suena [k], como en "casa", "cosa", "cuna".

"g": Cuando se encuentra entre dos vocales, o entre una vocal y una consonante, o antes de una consonante excepto [n], tiene un sonido suave fricativo, como "sigo", "lugar"; por el otro lado, cuando la "g" se halla en principio de palabra, o después de pausa, tiene un sonido oclusivo, es decir, que cierra el paso del aire por un instante, como "gorra", "mango". Ahora bien, cuando va seguida de "e", "i", se le añade una "u" para conservar su sonido suave, como "guerrero", "guitarra". También, cuando va seguida de "e", "i", sin la "u", tiene un sonido fuerte. Este sonido corresponde al fonema /x/, cuya representación gráfica es por lo general la "j"; pero delante de "e", "i", como se dijo, también puede ser la "g", como "gente", "girasol". En las combinaciones "gue", "gui", sólo se pronunciará la "u" cuando lleva encima una diéresis: "antigüedad", "lingüística").

"r": tiene dos sonidos: uno de "ere", fonema /r/ ("cara", "pero") y el otro de "erre" ("perro", "carro"), fonema /r/ *(OJO, rayita encima), ambos sonoros. La representación gráfica de este fonema /r/ (OJO, rayita encima) es la letra "r" cuando se halla a principio de palabra ("rojo", "risa") o después de consonante ("honrado", "israelita"), y la letra "rr" cuando se halla entre dos vocales ("arroba", "cerro", "hierro").

"x": Con esta letra, se representan dos fonemas, o mejor dicho, la suma de ambos /k – s/. Será el primero cuando se halla entre vocales o en final de palabra ("éxito", "Félix"), y el segundo cuando precede a una consonante ("expreso", "experiencia").

Sobre la "y": como ya se ha dicho, se llama "i griega" o "ye". Su pronunciación depende de su situación, pues se pronuncia como semivocal cuando está al final de una palabra, como en: "estoy", "hoy" y, como conjunción, como consonante en los casos en que la palabra anterior termina en vocal y la que le sigue asimismo en vocal, como en: "esta y aquella". Por otro lado, representa a la vocal "i" si se halla entre consonantes, como en: "mares y lagos". También se le da valor de semivocal o semiconsonante al formar diptongo con la última vocal de la palabra anterior, como en: "ella y nosotros", o con la vocal de la palabra que le sigue, como en: "plantas y animales".

"k": Este fonema, /k/, cuando va seguido de las vocales "e", "i", se representa con la suma de las letras "q + u", como: "queso", "quiero", nunca pronunciándose la "u". En muy pocas palabras se representa con la letra "k", como en "kilómetro", "kárate").

"Consonantes dobles": Estas son la "ch", "ll", "rr" que serán siempre indivisibles: "no-che", "po-llo", "pa-rra").

"ñ": Su sonido es siempre nasal y sonoro, como el de la "m" o "n": "año", "español", "cañaveral").

Véasen también "Sonidos del español", "Articulación, modo de", "Articulaciones bucales y nasales", "Articulaciones sordas y sonoras", "Articulación, punto de".

ALITERACIÓN Figura retórica mediante la que se repiten una letra o un grupo de ellas en palabras contiguas o próximas, con lo que se busca lograr un efecto literario, como en este verso de Rubén Darío" "Ya se oyen los claros clarines". Otros ejemplos pueden encontrarse en el "Romance del conde Arnaldos".

ALJAMÍA	Así llamaban los árabes durante su ocupación de España a la lengua castellana. Entiéndese también por poemas escritos en esta lengua pero con palabras árabes o hebreas. Se puede citar como ejemplo el "poema de Yúsuf", obra atribuida a un morisco aragonés del siglo XIV. Es curioso lo que nos dice Cervantes sobre este lenguaje: "Y puesto que aunque los conocía no los sabía leer, anduue mirando si parecía por allí algún Morisco aljamiado que los leyese" ("Quijote", I, II, 32).
ALÓFONO	Se refiere a las distintas variantes de un fonema, según los lingüistas norteamericanos como Hockett (en inglés "allophone"). Veamos este ejemplo que nos da Manuel Seco en su "Gramática esencial" (véase la Bibliografía): "Así, en el ejemplo con pan [kompán], el sonido [m] y el sonido [n] son alófonos del fonema /m/.
ALOMORFO	Consiste en la variante que presentan las distintas combinaciones posibles de un morfema; por ejemplo: "fuiste" es un alomorfo" de "ser", representado por la segunda persona del singular (tú) del pretérito indefinido del verbo "ser", o en este caso en particular también del verbo "ir").
ALUMBRADO O ILUMINADO	Se dice de los adeptos a una doctrina que proclama que mediante la oración pura puede llegarse a un estado de tanta perfección que no es necesario practicar los sacramentos ni las buenas obras, sino sentirse libre sin reparar en los pecados cometidos. Entre los iluminados puede contarse al temido Juan de Valdés (1509-1541), y verse también sus obras: "Diálogo de Mercurio y Canon" y "Diálogo de la lengua". A Santa Teresa de Jesús y a San Juan de la Cruz, entre otros, se le acusaron erróneamente de iluminados.
ALUSIÓN	En retórica, figura que consiste en aludir a alguien o a algo.
ALVEOLAR	Véase "Articulación, Punto de".
AMANERAMIENTO	Damos la definición que nos ofrece Salvador Fernández Ramírez ("Diccionario de literatura española"), la más clara y acertada: "Se habla de amaneramiento en una obra literaria o artística y, en general, en el ejercicio de cualquier actividad expresiva, cuando existe—de una manera más o menos sensible—cierta mecanización en el empleo de los recursos formales de tal modo que la autenticidad a que aspira el fenómeno expresivo aparece disminuida o desvirtuada. El amaneramiento se produce como un hecho aislado en la obra de un autor o como un fenómeno más general que caracteriza épocas y escuelas. Es más frecuente cuando las tendencias estéticas se orientan de una manera especial hacia el cultivo de los elementos formales".
AMERICANISMO	Son aquellos vocablos, acepciones, o giros propios de los hispanohablantes en América. Ejemplos de americanismos son todos los vocablos indígenas incorporados a la lengua castellana a través del tiempo, e infinidad de otros vocablos, acepciones o giros que han llegado a formar parte del léxico español común o de otras lenguas no americanas. Algunos americanismos comunes del español son: "batata", "hamaca", "maíz", "tabaco", "tucán", "alpaca", "taco", "anaconda". Obra capital para el estudio de americanismos es la de Marcos Moringo: "Diccionario de americanismos" (véase Bibliografía).
AMERINDIO	Perteneciente o relativo a los indios americanos.
AMETRÍA	Falta de medida en los versos por carecer del número de sílabas. Se aplicaba antes en el Mester de juglaría.
ANACOLUTO	Tiene que ver mayormente con la sintaxis al no haber consecuencia entre el principio de una frase y su terminación, convirtiéndose esta en una construcción distinta desde el

punto de vista gramatical. Se da muchísimo más en la lengua hablada que en la escrita, aunque a menudo pasa al género literario y a los autores en los que predomina el habla conversacional. En España empezó a usarse en el siglo XVII. Fernando Lázaro Carreter le da también esta acepción: "Abandono de la construcción sintáctica exigida por un período, para adoptar otra más acorde con lo que el hablante piensa en aquel momento, con olvido de la coherencia gramatical". Y la Academia esta otra: "Inconsistencia en el régimen, o en la construcción de una cláusula". Como ejemplo, nos valemos del que nos ofrece Lázaro Carreter según lo cita de Santa Teresa: "El alma que por su culpa se aparta desta fuente y se planta en otra de muy mal olor, todo lo que corre della es la mesma desventura y suciedad". Y el "Diccionario de literatura" de la Revista de Occidente nos ofrece este otro, diciendo que a veces se sacrifica la continuidad lógica por una expresión más expresiva y eficaz, como esta de Bernal Díaz del Castillo: "…Y le tenían ahorcado, si Pedro de Alvarado, que se halló junto a Cortés, que le cortó la soga con la espada y medio muerto quedó el pobre soldado".

ANACREÓNTICA Obra festiva y alegre, al estilo del poeta griego Anacreonte del siglo sexto antes de Jesucristo, en la que se cantan los placeres de la vida, como el amor, el vino, etc.

Ejemplo de anacreóntica:

"De la lira".

   Quiero cantar de Cadmo,
quiero cantar de Atridas;
mas, ¡ay!, que de amor solo
sólo canta mi lira.
Renuevo el instrumento,
las cuerdas mudo aprisa;
pero si yo de Alcides,
ella de amor suspira.
Pues, héroes valientes,
quedaos desde este día,
porque ya de amor solo
sólo canta mi lira.
          Esteban Manuel de Villegas (1589-1669)

Fue escritor de anacreónticas Bretón de los Herreros (1796-1873).

ANACRONISMO Situar algo fuera de su tiempo histórico. Por ejemplo, decir algo semejante a: "Cortés conquistó a México en 1621", en vez de 1521, o "La mística española alcanzó su auge durante el siglo XVIII", en vez del XVI.

ANACRUSA Dícese en la métrica a las sílabas iniciales no acentuadas o átonas de un verso, hasta llegar a la primera con acento rítmico. Resulta, pues, que esa sílaba inicial no se cuenta convencionalmente para así obtener el número preciso de pies. Ejemplo: "alborada>al-bo-RA-da". Se aplica mayormente a la música.

ANADIPLOSIS Figura retórica que consiste en la repetición del último componente de un grupo sintáctico o de un verso. El maestro Nebrija lo define así: "Anadiplosis es cuando en la mesma palabra que acaba el verso precedente comiença el siguiente, la cual figura nuestros poetas llaman dexa (OJO: rayita sobre la "x") prend[e], como Alonso de Velasco:

      Pues este vuestro amador,
      Amador vuestro se da,
      Dase con penas damor,

> Amor que pone dolor,
> Dolor que nunca se va. ("Gramática")

ANÁFORA	Repetición deliberada de palabras e ideas. Ejemplos: "¡Venid, venid que esperando estoy con lanza en ristre!" "Y llora el niño, llora, llora de contento, y la madre lo acolcha contra sus carnes y le acaricia, y él la acaricia a ella con sus tiernas manecitas". También el maestro Nebrija nos da este ejemplo de Juan de Mena:

> Aquel con quien Jupiter tovo tal zelo,
> Aquel con fortunas bien afortunado,
> Aquel en quien cabe virtud y reinado. ("Gramática")

ANAGRAMA	Transposición de las letras de una palabra, resultando así con un sentido distinto de la original. Se emplea a menudo en acertijos y juegos de palabras. Ejemplo de anagrama es el seudónimo (no el único) usado por el propio Lope de Vega Carpio: "Graviel Padecopeo". Si se comparan y cuentan las letras se verá que son las mismas, 16. Otros ejemplos de anagrama: Paris/prisa, Roma/amor, cosa/saco.

ANALES	Exposición simplificada de distintos hechos según el orden cronológico. Comenzó en España en la Edad Media con los "Anales castellanos".

ANALOGÍA	Véase "Morfología".

ANAPESTO	Véase "Verso".

ANÁSTROFE	Inversión del orden propio de las palabras en una oración, es decir, cuando se pospone la preposición al nombre, como: "conmigo", donde la preposición pospuesta "cum" va antepuesta "con". Así lo explica el maestro Nebrija: "Anastropha es cuando trasportamos sola mente las palabras, como si dixessemos (OJO: rayita sobre la "x") con don Enrique de Villena: 'Unas vuestras recibi letras'. Y llama se anastropha que quiere decir tornamiento atras". ("Gramática")

ANÉCDOTA	Breve relación de algún suceso notable, por lo general personal o biográfico.

ANFIBOLOGÍA	Se refiere al empleo de ciertos giros que confunden y dificultan el sentido de la frase. El maestro Nebrija lo define así: "Amphibologia es cuando por unas mesmas palabras se dizen diversas sentencias; como aquel que dixo (OJO: rayita sobre la "x") en su testamento: 'Io mando que mi eredero dé a fulano diez taças de plata, cuales el quisiere', era duda si las taças avian de ser las que quisiere el heredero o el legat[a]rio. Y llama se esta figura amphibologia o amphibolia, que quiere dexir duda de palabras.

Otro ejemplo:

> Matar al rey no es mal hecho,
> antes de ser cuchillo afirmo
> del que lo matare, y firmo.

O este otro ejemplo: "Manolo le compró a Sebastián un coche con su dinero", en cuyo caso se ignora de quién era el dinero, si de Manolo o de Sebastián.

ANFIBRACO	Véase "Verso".

ANFÍMACRO	Véase "Verso".

ANGLICISMO	Vocablo o giro propio de la lengua inglesa que ha penetrado por distintas vías en la española. Son abundantes en el léxico científico y tecnológico de hoy, principalmente en la electrónica y la medicina, tales como" internet", "celular", "scan" (convertido por algunos en "escanear"), "software", "closet", "AIDS" (aunque se ha creado el español "SIDA"), "laser" (láser) y tantísimos otros. Esto le es común a todos los idiomas, como en el caso del inglés que se ha nutrido de infinidad de hispanismos tales como: "patio", "armada", "guerrilla", "piñata", "burro", "coyote".

ANIMISMO Creencia en el poder absoluto de la naturaleza y de la existencia de espíritus que dan vida a todas las cosas.

ANISOSILÁBICO Verso compuesto por un número desigual de sílabas. Esta fluctuación se observa a menudo en el "Cantar de Mío Cid", es decir, en la versificación primitiva española. Ejemplos de esta desigualdad en el uso de las sílabas son los hemistiquios, que pueden ser de siete-ocho, seis-siete, cinco-siete, o siete-siete sílabas; también se observa en las combinaciones de endecasílabos y heptasílabos. Es en la poesía moderna donde existe la mayor desigualdad silábica. Véase "Isosilábico".

ANONIMIA Obra en la que no aparece el nombre del autor.

ANÓNIMO Se refiere principalmente a la poesía épica por haber sido transmitida por vía oral o escrita, esfumándose el nombre del autor al ser difundida en las crónicas. También se entiende por este término toda obra que carece del nombre del autor, como en el "Poema del Cid". "El condenado por desconfiado", atribuido a Tirso de Molina, aparece sin nombrar al autor.

ANTIFRASIS Cuando se dice algo que va en contra de lo que se siente. Nebrija lo considera como una forma de la alegoría. Ejemplo: "¡Qué bonito comportamiento!", por "¡qué comportamiento tan inapropiado!", "¡Tu hijo se ha portado como un ángel!", por "¡Tu hijo se ha portado terriblemente!".

ANTILOGÍA Contradicción entre dos textos; equivale a "paradoja".

ANTINOMIA Contradicción entre dos premisas racionales o, también, conflicto entre dos principios, o dos proposiciones que son inconsistentes una de otra. Damos como ejemplo esta antinomia de Kant: "El mundo es finito…el mundo es infinito".

ANTIPTOSIS Figura que consiste en la substitución de una caso gramatical por otro. Nebrija lo define así: "Antiptosis es cuando un caso se pone por otro, como diziendo 'del ombre que havlamos viene ahora', por dezir 'el hombre de que havlamos', y llama se antiptosis: quiere dezir caso por caso". (Gramática")

ANTISTROFA Figura retórica consistente en repetir una o varias palabras al final de los diversos miembros del período. Ejemplo de Antistrofa:

> Me miraba como pasmado,
> anhelando una respuesta,
> tratando de entender la vida,
> ¡oh la triste vida!
> dulce o amarga, ¡dame vida!
> CBV

ANTÍTESIS Dícese en literatura a la contraposición de una frase o palabra a otra con un significado opuesto, por ejemplo: "Quieres a quien te odia", "Te compadeces del malvado", "Lloran los buenos y gozan los malos". (Véase también "Metaplasmo")

Ejemplo de antítesis de Góngora; versos del romance que comienza "Minguilla la siempre bella":

>En los contornos la inquiere,
>doliéndose en los contornos
>de que le niegue un recato
>lo que concediera un odio.
>   Luis de Góngora y Argote (1561-1627)

ANTOLOGÍA — Selección resumida de obras poéticas o en prosa que por lo general reflejan la literatura de una época o país, como la de Menéndez y Pelayo "Antología de poetas líricos castellanos", o la "Antología de la literatura española" de Ángel y Amelia del Río.

ANTÓNIMO — Palabra que expresa un significado o idea opuesto o contrario, como: "empezar">"terminar", "bueno">malo", "pena">"alegría".

ANTONOMASIA — Figura retórica mediante la cual se emplea un nombre común por uno propio o viceversa, por ejemplo: "La Santa", por Santa Teresa, "El Apóstol", por José Martí. "Por antonomasia", adverbio que explica así la Academia: "que además de su significación propia, se usa para denotar que a una persona o cosa le conviene el nombre apelativo con que se le designa, con preferencia a todos los demás, a quienes el dicho nombre comprende". Nebrija lo define así: "Antonomasia es cuando ponemos algun nombre comun por el proprio, y esto por alguna excelencia que se halla enel proprio mas que en todos los de aquella especie; como diziendo 'el Apostol', entendemos Pablo; el 'Poeta', entendemos Virgilio". ("Gramática", VII, 134) De igual forma, cuando decimos "Cervantes es el novelista por antonomasia", o "Julio César es el caudillo por antonomasia", o "Miguel Ángel es el pintor por antonomasia"; es decir, que al pensar en un novelista, nos viene a la mente como el más importante de todos Cervantes, e igual al pensar en un caudillo, Julio César, o en un pintor, Miguel Ángel.

ANTROPOSOFÍA — Doctrina fundada por el filósofo austriaco Rudolf Steiner en el siglo XX, derivada de la "Teosofía" (véase) que trata de la naturaleza humana.

APELATIVO — Nombre que a veces se añade al apellido para distinguir a dos personas llamadas de igual forma. Por ejemplo: "la menor", "el cura", "El caballero de los espejos".

APÓCOPE — La pérdida de los sonidos finales de una palabra, por ejemplo: "verdá" por "verdad", "metro" por "metropolitano", o en casos tan simples como "Mariana" por "María Ana", o "Leti" por "Leticia". (Véase también "Metaplasmo")

APÓCRIFO — Escrito que no corresponde a la época o al autor a que quiere o pretende pertenecer. Por ejemplo "El Quijote" de Avellaneda.

APODO — Nombre que se le da a una persona basándose en algún defecto físico u otra circunstancia, pudiendo ser a menudo por afecto o cariño, como: "Golo" por "Manolo", "Coqui" por "María", "Carlé" por "Carlos". Un apodo muy conocido es el de "Darío", apodo familiar que usaba Félix Rubén García y Sarmiento, es decir, Rubén Darío, el insigne poeta nicaragüense.

APÓDOSIS — Nombre que recibe la oración subordinante o principal. La apódosis es la que expresa la consecuencia y la "prótosis", o sea, la condicional, es la que señala la condición. Ejemplo: "Si tuviera cuanto dinero ambiciono, viajaría hasta cansarme". (Véase también "Prótasis").

APOGEO — Punto culminante de un acontecimiento o suceso, como en: "España llegó a su apogeo cultural en Siglo de Oro".

APÓGRAFO — Copia del manuscrito original de una obra.

APOLOGÍA	Discurso hablado o escrito mediante el cual se quiere defender o alabar a una persona o a una cosa. No hay mejor ejemplo que la "Apología" de Sócrates" de Platón, que empieza así: "Yo no sé, atenienses, la impresión que habrá hecho en vosotros el discurso de mis acusadores. Con respecto a mí, confieso que me he desconocido a mí mismo; tan persuasiva ha sido su manera de decir. Sin embargo, puedo asegurarlo, no ha dicho una sola palabra que sea verdad". (Véase la Bibliografía)
APÓLOGO	Narración alegórica breve del género gnómico, llamada también fábula. Uno de sus mayores exponentes es el "Calila e Dimna", una colección de apólogos orientales mandada a traducir por Alfonso el Sabio en 1225. Dicha colección fue recogida por el médico persa Barzupyeh en el siglo VI de fuentes sánscritas, quien las puso en lengua pehleví. Se tradujeron primero al árabe y después a otros idiomas, entre ellos el griego, el hebreo y el castellano. Sobre el apólogo nos dice Cervantes: "Al contrario de los que hazen las fábulas Apólogas que deleytan y enseñan juntamente". (Quijote I, II, p. 288)

Fragmento del apólogo de Horacio en verso, traducido al español por Bartolomé Leonardo Argensola (1562-1631):

   Aquello de los dos cautos ratones
que en Horacio, con gusto habrás oído,
oye, aunque el repetirlo me perdones:

   Rústico vivió el uno y conocido
del otro, al cual, si bien fue cortesano
le convidó en su campo al pobre nido,
y siendo escaso o próvido el villano,
a conservar su provisión atento,
a honor del huésped alargó la mano,
derramó sus legumbres, bastimento
de que guardaba su despensa llena,
y los trozos del lardo macilento.

   De pasas, de garbanzos y de avena,
ufana entresacó lo más reciente,
y con los labios lo sirvió en la cena.

   Mas hecho el cortesano a diferente
gusto, de sus manjares fingió agrado,
y probó algunos con soberbio diente.

APOSICIÓN	Se dice de la yuxtaposición de dos sustantivos, de un sustantivo y una frase o de dos frases de igual clasificación gramatical. Ejemplo: "Lima, capital de Perú". Aquí se puede observar que la segunda frase ejerce con relación a la primera una función explicativa. Estos sustantivos en aposición pueden ser de distinto género y número, y también puede haber aposición refiriéndose a un pronombre, así como el sustantivo en aposición puede ser un adjetivo o una frase sustantivada. Ejemplo: "Alejandro, el primo de Carmela, falleció en París", o el ejemplo que da Antonio de Nebrija "io estuve en Toledo, ciudad de España". Andrés Bello nos amplía su sentido: "…podemos servirnos de un sustantivo para especificar o explicar otra palabra de la misma especie, como cuando decimos, 'el profeta rey', 'la dama soldado'; 'la luna, satélite de la tierra; 'rey' especifica a profeta; 'soldado' a 'dama'; 'satélite de la tierra' no especifica, es un epíteto o predicado de 'la luna'; en los dos primeros ejemplos el segundo sustantivo particulariza al primero; en el tercero lo explica. El sustantivo, sea que especifique o explique a una palabra de la misma especie, se adjetiva; y puede ser de diferente género que el sustantivo modificado

	por él, como se ve en 'la dama soldado', y hasta de diferente número, como en 'las flores, ornamento de la tierra'. Dícese hallarse en aposición cuando se construye directamente con otro sustantivo, como en todos los ejemplos anteriores. En 'Colón fue el descubridor de la América', 'descubridor' es un epíteto o predicado de 'Colón', y por lo tanto se adjetiva; pero no está en aposición a este sustantivo, porque sólo se refiere a él por medio del verbo, con el cual se construye". ("Gramática", 59, 40)
APOSIOPESIS	Equivale a "reticencia", que la Academia define así: "cuando se deja incompleta una frase, dando, sin embargo, a entender el sentido de lo que no se dice, y a veces más de lo que se calla". Por 'reticencia' la tradujo Cicerón. Ejemplo: "Debo advertirte que…pero no, ya sabes de qué se trata. Es algo muy complicado".
APOSTILLA	Glosa o nota que se pone al final de un manuscrito o en el margen de una obra. Por ejemplo, la certificación oficial de un documento por el estado dándole validez.
APÓSTROFE	No ha de confundirse con "apóstrofo" que significa algo totalmente distinto (véase este). Invocación o alocución breve y patética dirigida a alguien o a algo que, a veces, sólo está presente en la imaginación del que habla, que se intercala en un discurso como vocativo". (María Moliner, "Diccionario"). Este vocablo admite los dos géneros de masculino y femenino, pudiéndose decir indistintamente: "el apóstrofe" o "la apóstrofe".
APÓSTROFO	Con este signo (') se indica la elisión o supresión de una vocal. Carece de uso alguno en la lengua española actual, aunque es muy frecuente en otras lenguas, como en inglés: "I'm" ("I am", soy/estoy), "I've been" (por "I have been"/he sido/he estado).
APOTEGMA	Dicho breve que guarda una finalidad didáctica. Muy parecido a la máxima o sentencia. Resalta como ejemplo de máximas morales la obra de Juan Rufo "Apotegmas", publicada en 1596. Se encontrarán asimismo sentencias sabias en Séneca y Boecio. Véase "Los quinientos apotegmas" de Juna Rufo" (1581-1653).
ARABISMO	Cualquier manifestación que expresa la influencia arábiga en la lengua española, bien sea en su léxico o fonética, mayormente en el primero, donde se han recogido más de cuatro mil voces incluyendo muchos toponímicos, como "Guadalquivir", "Alcalá", "Medina". También hay vocablos grecolatinos arabizados, como "arroz", "alquimia, etc. Su época de mayor influencia fue durante la Edad Media, y las áreas que abarca se ciñen principalmente a lo material, sobre todo en la agricultura (zanahoria), botánica (azucena), las artes (albañil), comercio (almacén), guerra (alférez). Entre los arabistas de nuestros tiempos destaca Emilio García Gómez (1905-1995) y Claudio Sánchez Albornoz (1893-1984) en su importante obra "La España musulmana". Otros arabistas anteriores fueron Pascual Gayangos y Arce (1809-1897) en su obra "Historia de las dinastías mahometanas en España" y Miguel Asín y Palacios (1871-1944).
ARAHUACO O CARIBE	Véase "Lengua".
ARAUCANO O MAPUCHE	Véase "Lengua".
ARAUK	Véase "Lengua".
ARCAICO	Perteneciente o que se relaciona al "arcaísmo" que significa "muy antiguo".
ARCAÍSMO	Se denomina así al vocablo, frase o expresión anticuados o en desuso. Ejemplos: "desfacer" por "deshacer", "principesa" por "princesa", "Xerez" por "Jerez", "he de dar" por daré".

ARENGA	Se aplica a un discurso cuyo fin es despertar en el público entusiasmo o valor para lograr alguna meta. Una de las arengas más notables fue la dada por Hernán Cortés a sus huestes antes del sitio de México, o la otra mucho menos conocida de la gallarda mujer Beatriz Bermúdez de Velasco, esposa de Francisco de Olmos, quien al ver que los españoles huían en la batalla contra los mexicanos, les arengó armada de espada y rodela de esta forma: "¡Vergüenza, castellanos, volved contra gente tan vil y si no queréis, no pasará hombre de aquí que no le mate!"
ARGUMENTO	La materia o asunto en el que se basa una obra literaria, artística, cinematográfica, etc.
ARIA	Composición musical para ser cantada por una sola voz. Entre las "Arias" famosas está "Habanera" de la ópera "Carmen" de Georges Bizet. Pueden verse también las "Arias tristes" de Juan Ramón Jiménez.
ARISTOTELISMO	Influencia del pensamiento aristotélico, especialmente de su "Poética", en España que comienza en la Edad Media con figuras tan sobresalientes como Averroes (1126-1198) y Maimónides (1135-1204), y cuyo conocimiento en España y fuera de ella se debe en gran parte a la Escuela de Traductores de Toledo, y que tiene un gran florecimiento en la corriente del pensamiento español durante los siglos XVI y XVII.
ARLEQUÍN	Personaje dramático tradicional.
ARTICULACIÓN	"La especial posición adoptada conjuntamente por [los órganos de articulación] en el momento de producir un sonido" (Navarro Tomás, véase "Bibliografía").
ARTICULACIÓN DEL SONIDO	El fenómeno en que consiste la palabra hablada se produce en nuestro organismo por una serie encadenada de movimientos debidos a tres grupos de órganos:

1) los de la "respiración" (pulmones, bronquios, tráquea),

2) los de la "fonación" (laringe, cuerdas vocales) y

3) los de la "articulación" (faringe, boca, nariz).

La palabra hablada es aire y el aire vive (recuérdese el viejo epíteto de Homero "aladas palabras"); el aire es, pues, su materia prima. Este aire entra y sale de nuestro cuerpo por la "respiración", la cual tiene dos tiempos: uno de entrada (inspiración) y otro de salida (espiración). He aquí el camino de ida y vuelta que el aire recorre cuando respiramos:

      boca
      nariz
      faringe

      laringe
      cuerdas vocales
      tráquea
      bronquios
      pulmones

El aire, que ha entrado en los pulmones mediante la "inspiración", sale de ellos por la "espiración". Y puede salir de dos maneras: o bien "silenciosamente", como en la respiración normal, o bien sonando, como cuando hablamos. Que salga de una manera u otra depende de las "cuerdas vocales", que están en la "laringe". Cuando las cuerdas vocales están separadas, dejando entre sí una abertura triangular que se llama "glotis", entonces el aire que viene de los pulmones no halla obstáculo en su camino y sale "sin hacer ruido". Por el contrario, cuando las cuerdas vocales están juntas, es decir, con sus bordes en contacto y la presión del aire empujado desde los pulmones las hace vibrar juntamente con la columna de aire que va escapándose hacia el exterior, entonces el aire "suena", produce un sonido que llamamos "voz". A este fenómeno, que tiene lugar en la laringe por la acción del aire y de las cuerdas vocales, es a lo que se llama estrictamente "fonación". "Fonanción" es, por tanto, la producción de la mera voz (no aún palabra), de la voz en bruto, como si dijéramos, sin elaborar.

Viene por último la tercera y más importante fase: la "articulación", que es la que transforma la mera voz en propia palabra.

La articulación se realiza en tres cavidades: bucal, nasal y faríngea; ellas constituyen el campo total de la articulación. La primera, la bucal, es la más importante y dentro de ella hemos de distinguir dos clases de órganos:

1) unos "pasivos": dientes superiores, alvéolos y paladar duro, que son "inmovibles", y
2) otros "activos": labios, lengua y velo del paladar principalmente, que son "movibles". De éstos, el más importante, por su flexibilidad y la rapidez de sus movimientos, es la "lengua".

Nota: Para los interesados en la pronunciación española, no hay obra que la explique con más detalle y claridad que la de Navarro Tomás: "Manual de pronunciación española".

ARTICULACIÓN, MODO DE

Cualquiera que sea el punto en que una articulación se forme, la especial disposición de los órganos en cada caso, es decir, el "modo" de articular, permite establecer los siguientes grupos:

Oclusivas   Contacto completo de los órganos activo y pasivo. El canal vocal permanece momentáneamente cerrado. Desecha súbitamente la oclusión, precipítase hacia afuera con una breve explosión el aire acumulado detrás de los órganos.
Ejs: "puerta", "limpio", "toma", "embiste", "envuelto".

Fricativas   Contacto incompleto entre los órganos activo y pasivo. El canal vocal se reduce en alguno de sus puntos a una estrechez por donde sale el aire constreñido, produciendo con su rozamiento un ruido más o menos fuerte.
Ejs: "lobo", "calva", "sabio", "razón", "paso", "calle".

Africadas   Se produce en el canal vocal un contacto que interrumpe momentáneamente (como en las oclusivas) la salida del aire. Después este contacto se resuelve suavemente, sin transición brusca en una estrechez. El paso gradual de la oclusión a la estrechez es lo característico de estas articulaciones.
Ejs: "choza", "hacha", "conyugal", "enyerbar".

Abiertas o Vocales   Abertura de los órganos, de amplitud distinta en cada caso, pero siempre suficientemente ancha para que el aire salga sin obstáculo.
Ejs: "a", "e", "i", "o", "u".

ARTICULACIONES BUCALES Y NASALES

Lo que determina esta clasificación es la intervención del velo del paladar, que da lugar a que el aire salga bien por la boca, bien por la nariz.

Bucales   Velo del paladar elevado contra la pared de la faringe, cerrando la comunicación entre la boca y las fosas nasales. La corriente de aire se ve obligada a salir únicamente por la boca. Son bucales: todas menos m, n, ñ (en español), se entiende, porque en otros idiomas, por ejemplo, el francés y el portugués, hay vocales que son, simultáneamente, nasales y bucales.

Nasales   Velo del paladar caído y separado de la faringe, dejando abierta esta entrada de la cavidad nasal. La corriente de aire sale por la nariz.
Son nasales: m, n, ñ.

ARTICULACIONES SORDAS Y SONORAS

Toda articulación, cualquiera que sea la posición de los órganos en la cavidad bucal, puede producirse sin que las cuerdas vocales vibren o con vibración de las cuerdas vocales. Lo que determina, pues, esta clasificación, es la vibración o no vibración de las cuerdas vocales en la laringe. La posición de los órganos en la boca es, a estos efectos, indiferente.

Sordas   Son las articulaciones que se producen sin vibración de las cuerdas vocales. El único efecto acústico de estas articulaciones es el producido por la explosión o fricación del aire en algún punto del canal de la voz.
Son sordas: p, f. z. t, s, ch, c (ca, co, cu), k, j, g (ge, gi).

Sonoras   Son las que se producen con vibración de las cuerdas vocales. En ellas el efecto acústico es diferente que en las sordas, pues se oyen simultáneamente, de una parte, el efecto de la explosión o fricación del aire, y de otra parte, el sonido resultante de la vibración de las cuerdas vocales en la laringe.
Son sonoras: b, v (oclusivas o fricativas), m, n, ñ, l, d, r, rr, ll, y, g (ga, gue, gui, go, gu), s y z (por ejemplo, en "rasgar" y "juzgar", es decir, cuando están en posición final de sílaba y preceden inmediatamente a otra consonante sonora. Las articulaciones sonoras por excelencia son las vocales.

ARTICULACIÓN, PUNTO DE

En toda articulación se destaca principalmente la acción de un órgano activo el cual, aproximándose o apoyándose sobre otro órgano (activo o pasivo) reduce más o menos el espacio de salida del aire en una zona determinada del canal vocal; el lugar en que dicha aproximación o contacto de los órganos se verifica es lo que se llama "punto de articulación".

Para la mayor precisión de las descripciones fonéticas se considera dividida la cavidad bucal en varios puntos, cada uno de los cuales lleva un nombre particular que sirve para designar las articulaciones que en él se forman. Se tiene en cuenta al mismo tiempo, en los casos en que interviene la lengua, qué parte de esta es la que forma principalmente la articulación, distinguiéndose en ella la punta o "ápice", el "predorso", el "mediodorso", el "postdorso" y la "raíz".

Las articulaciones españolas, por su punto de articulación, forman los siguientes grupos:

	Bilabiales	Actúa en este grupo un labio contra el otro. Órgano activo: el labio inferior. Órgano pasivo: el labio superior. Ejs: "capa", "enviar", "cambio", "labio", "ave".
	Labiodentales	Órgano activo: el labio inferior. Órgano pasivo: el borde de los incisos superiores. Ejs: "fácil", "confuso", "enfermo".
	Interdentales	Órgano activo: la punta de la lengua. Órgano pasivo: el borde de los incisos superiores. Ejs: "caza", "rueda", "juzgar", "hazte", "onza".
	Dentales	Órgano activo: la punta de la lengua. Órgano pasivo: la cara interior de los incisivos superiores. Ejs: "tomar", "conde", "cuando" "falda".
	Alveolares	Órgano activo: la punta de la lengua. Órgano pasivo: los alvéolos de los dientes superiores. Ejs: "paso", "rasgar", "mano", "luna", "cara", "carro".
	Palatales	Órgano activo: el predorso de la lengua Órgano pasivo: el paladar duro. Ejs: "lluvia", "español", "gazpacho", "nieto".
	Velares	Órgano activo: el postdorso de la lengua. Órgano pasivo: el velo del paladar. Ejs: "casa", "manga", "cinco", "rogar", "jamás".

ARTÍCULO — Escrito de mayor extensión que se publica en un periódico o publicación análoga. Significa también la parte variable de la oración que se usa para determinar el género, número y función gramatical del substantivo, y al que va siempre antepuesto.

ARTÍCULO DETERMINADO — Se antepone a un nombre que ya nos es conocido. Sus formas son, para el singular: "el", "la", "lo"; y para el plural: "los", "las". El neutro puede preceder a plural y a femenino, como: "Nos asombra lo rico que es ese hombre". Delante de nombres femeninos que comienzan por "a" o "ha" acentuada, se usa la forma "el", como: "el agua", "el hambre". Se le llama también "artículo definido".

ARTÍCULO INDETERMINADO — Se antepone a un nombre no conocido. Sus formas son, para el singular: "un", "una"; y para el plural: "unos", "unas". Se le llama también "artículo indefinido".

ARTILUGIO — Maña o ardid conducente a un determinado fin.

ASCÉTICA — Se refiere a la doctrina espiritual que busca como su centro la perfección cristiana. Se distingue de la Mística por los grados de las vías "purgativa", "iluminativa" y "unitiva", de las cuales las dos primeras pertenecen a la Ascética, y esta, seguida de la unitiva, constituyen la Mística. Grandes figuras ascéticas en España fueron, originalmente, Raimundo Lulio (1232-1315) en su "Libro de las contemplaciones" y, posteriormente, entre otros, Fray Luis de Granada (1504-1588) en su "Vida de pecadores" y Santa Teresa de Jesús (1515-1582) en su "Camino de perfección".

ASCETISMO — Véase "Ascética".

En España, este género literario llega a su cumbre durante el reinado de Felipe II, y se manifiesta en nombrados escritores como fray Luis de Granada y fray Luis de León (1527-1591).

ASIMETRÍA Lo opuesto de "simetría" (véase), es decir, que carece de ella. Sobre "simétrica" Lázaro Carreter apunta: "La que sirve para que, de dos unidades contiguas, la primera pueda ponerse de relieve a expensas de la segunda, que se pronuncia en un tono neutro", y nos cita este ejemplo: "Me está engañando, pensé". Véase la Bibliografía.

ASIMILACIÓN Proceso que consiste en la extensión o propagación de los movimientos articulatorios de un sonido a otro contiguo o próximo, inutilizándolo temporalmente; es decir, que dicho sonido se asimila. En cuanto al sentido cabal de "asimilar" o "asimilarse", quizá quedaría más claro en este pensamiento: "Tradicionalmente, los hispanos en Estados Unidos no se han asimilado al sistema general del país, a su cultura y costumbres", que equivale a decir que "no se han integrado plenamente". Por otro lado, tratándose de otras culturas, como la alemana u holandesa, sí podría decirse que "los holandeses se han asimilado perfectamente a la cultura y costumbres norteamericanas", es decir, que se han integrado plenamente.

ASÍNDETON Figura que consiste en la supresión en una oración de la conjunción u otros elementos de enlace como: "altos, gruesos, pesados".

ASONANCIA Se aplica a la igualdad de los últimos sonidos vocálicos de dos palabras. En las palabras graves, presentan asonancia las últimas palabras de los versos pares. En las agudas, la asonancia se presenta en la última vocal. En las esdrújulas, en las vocales última y antepenúltima. Cuando el acento de la palabra final del verso recae antes de la penúltima sílaba, o sea, que es esdrújula, no cuentan las sílabas intermedias; así "lámpara" y "cántaro" riman con "alma". Si se trata de diptongos y triptongos, han de coincidir para que haya asonancia las vocales acentuadas, es decir, las fuertes, como en "pienso", "cuento" (véase "Diptongos" y "Triptongos").

La Academia ofrece estas otras acepciones: "Vicio así de la prosa como de la poesía, que consiste en el uso inmotivado de voces que se correspondan unas con otras, hiriendo el oído". Y, en retórica, "Figura que consiste en emplear adrede, al fin de dos o más cláusulas o miembros del período, voces que terminan en sílaba o sílabas iguales. Sólo rara vez pueden usarse con tino".

Véase también "Rima imperfecta", "Rima perfecta" y "Consonancia".

ASONANTADO Dícese de los versos o estrofas que tienen rima asonante, como este ejemplo de Gonzalo de Berceo (1190-1264):

A levantose un ángel, dijo: "yo soy testigo",
A verdad es, no mentira, esto que yo os digo.

ASPIRACIÓN Se aplica a la pronunciación aspirada, es decir, "Soplo sordo, velar o uvular, producido mediante espiración, que acompaña a ciertos sonidos llamados aspirados" (Fernando Lázaro Carreter). La "h" en español fue aspirada, procedente de la "f" inicial latina, pero esta aspiración sólo se conserva actualmente en acentos regionales, por ejemplo, andaluz, extremeño y en América.

ASTURIANO Véase "Lengua".

ATENUACIÓN Lo opuesto a "intensificación", es decir, figura retórica que suaviza o disminuye el ímpetu o violencia de lo que se expresa.

ATICISMO Se emplea este nombre para denominar al estilo que abarca todas las cualidades propias de los escritores del Siglo de Oro. Proviene del adjetivo ático, o sea, natural de Ática o Atenas en Grecia. Con el tiempo pasó a ser una actitud purista y clasicista que culmina en el siglo II a. de Jesucristo. Modernamente equivale en la estilística a "elegante", "ameno", "sentencioso".

ÁTONA, SÍLABA Lo mismo que 'inacentuado', es decir, la sílaba menos acentuada dentro de una palabra. Ejemplo: "ciervo" ("vo"), "bota" ("ta").

ATRIBUTO Palabra mediante la cual se expresa una cualidad atribuida al sujeto por medio de un verbo que es comúnmente "ser" o "estar". Las "oraciones atributivas" son las que constan de un sujeto, verbo y un atributo como: "La mañana está hermosa". Andrés Bello nos amplía el sentido: "En las proposiciones 'el niño aprende', 'los árboles crecen', el atributo es una sola palabra. Si dijésemos 'el niño aprende mal', o 'aprende con dificultad', o 'aprende cosas inútiles', o 'aprendió la aritmética el año pasado', el atributo constaría de muchas palabras, pero siempre habría entre ellas una cuya forma indicaría la persona y número del sujeto y el tiempo del atributo. Esta palabra es la más esencial del atributo; es por excelencia el atributo mismo, porque todas las otras de que este puede constar no hace más que referirse a ella, explicando o particularizando su significado. Llamámosla 'verbo'. El verbo es, pues, una palabra que denota el atributo de la proposición, indicando juntamente el número y persona del sujeto y el tiempo del mismo atributo". ("Gramática")

AUMENTATIVOS Véase "Diminutivos".

AÚN y AUN Se presta a confusión el uso de esta palabra referente a cuándo lleva acento ortográfico y cuándo no lo lleva. Ambas son adverbios, y si lo lleva o no dependerá del significado que se les dé:

1. Va acentuada cuando es palabra aguda bisílaba y se le pueda substituir por "todavía" sin alterar el sentido de la frase.
2. Va inacentuada cuando tenga la significación de "hasta", "inclusive", "también", o "siquiera", con negación. Ejemplos de la primera regla:
"No ha llegado aún"; y de la segunda "Aun los tontos lo saben hacer".

AUTO Representaciones teatrales diversas de índole religiosa o profana. Se llamaban "Autos Sacramentales" en la segunda mitad del siglo XVI y cuyo mayor exponente fue Pedro Calderón de la Barca. Estos autores se caracterizan por su tendencia alegórica y porque los personajes representan más ideas que personas reales. Su originador en España puede haber sido Lucas Fernández en su obra "Auto de la Pasión", posiblemente compuesto alrededor de 1500, al que siguió el "Auto pastoril castelanho" de Gil Vicente (1465-1537). Otros exponentes de los Autos fueron Diego Sánchez de Badajoz (1479-1550), y posteriormente Lope de Vega (1562-1635), Juan de Timoneda (1518/152020, y Tirso de Molina (1517?-1648).

Veamos un pequeño fragmento de uno de los tres célebres autos sacramentales de Calderón de la Barca "La vida es sueño". (Los otros dos son "La cena del rey Baltasar" y "El gran teatro del mundo"). "La vida es sueño" es un auto sacramental alegórico.

AGUA. ¡Mía ha de ser la corona!
AIRE. ¡El laurel ha de ser mío!
TIERRA. ¡No hará mientras yo no muero!
FUEGO. ¡No será mientras yo vivo!

AGUA.	Este lazo de los cuatro, nunca hasta aquí dividido, no ha de romperse si yo no reino.
TIERRA.	Que en el principio 'Dios hizo el cielo y tierra' se dirá; luego debido me es el vasallaje, siendo la que a los tres me anticipo, pues será de fe que a mí a par del cielo me hizo.
AIRE.	Tierra, que árida y vacía estás, que así ha de decirlo la misma letra, si soy el Aire, a cuyos alivios has de beber los alientos, ¿Por qué compites conmigo?
AGUA.	El espíritu de Dios, inspirado de sí mismo sobre las aguas fluctúa, que son la faz de abismo; luego si sobre las aguas el Espíritu divino de Dios es llevado, al Agua debéis los demás rendiros.
FUEGO.	Un globo y masa confusa, que poéticos estilos llamarán cáos, y nada los profetas, compusimos los cuatro, pues ¿por qué, siendo hija hermosa de mis visos, la luz la primer criatura con que a todos ilumino, queréis que el Fuego no sea de los cuatro el preferido? Pedro Calderón de la Barca (1600-1681)

AUTOBIOGRAFÍA Género literario del que se vale el autor para hacer una narración de su vida en primera persona. Entre las biografías religiosas están las de Santa Teresa de Jesús y San Ignacio de Loyola (1491-1556), y en la de soldados la "Historia verdadera de la conquista de la Nueva España" de Bernal Díaz del Castillo (1492-1585), o "Comentarios a las Guerras de Las Galias" de Julio César.

AUTODIDACTA Persona que se instruye por sí misma.

AUTÓCTONO Originario de un mismo país, o que se ha originado en el mismo lugar donde se halla.

AUTÓGRAFO Todo escrito de puño y letra de un autor, incluyendo su firma.

AUTOR Así se llamaban durante el Siglo de Oro a los directores o jefes de compañías dramáticas y que hoy llamaríamos "empresarios". También se entendía por "actor". Hoy ya se sabe que se interpreta como el escritor que ha publicado una obra literaria, artística o científica. Como se entiende comúnmente, dicha obra ha de ser publicada para que al escritor de le llame autor, es decir, para que se le reconozca como tal. Hablando en un sentido amplio, escritores hay muchos pero autores muy pocos.

AXIOMA Algo que resulta tan claro y evidente que no exige demostración, por ejemplo: "Todo ser humano es mortal".

B

BABIECA Palabra que posee un sentido muy expresivo como: "estúpido". Ya se sabe que era el nombre del caballo del Cid.

BABLE Vèase "Lengua"> "Asturiano".

BALADA Composición poética con estrofas de igual número de versos, y que tratan por lo general de leyendas o sucesos basados en la tradición. En España José Zorrilla (1817-1893) escribió baladas. Ejemplo de balada de Federico García Lorca (1898-1936):

  El mar
sonríe a los lejos.
Dientes de espuma,
labios de cielo.

  --¿Qué vendes, oh joven turbia,
con los senos al aire?
--Vendo, señor, el agua de los mares.

  ¿Qué llevas, oh negro joven,
mezclado con tu sangre?
--Llevo, señor, el agua
de los mares.

--Corazón, y esta amargura
seria, ¿de dónde nace?

--¡Amarga mucho el agua
de los mares!

  El mar
sonríe a los lejos.
Dientes de espuma,
labios de cielo.
        Federico García Lorca (1898-1936)

Véanse también "Las baladas de primavera" de Juan Ramón Jiménez (1881-1958).

BARBARISMO Vicio del lenguaje consistente en pronunciar o escribir mal las palabras o usarlas impropiamente, por ejemplo "haiga" por "haga". La Academia clasifica como barbarismos a) las faltas de ortografía, como el ejemplo citado; la acentuación errónea de palabras, como "cápital" por "capital", "véstido" por "vestido"; los extranjerismos, como "fumando es malo para la salud" (anglicismo, "smoking is bad for your health") por "el fumar es malo para la salud"; los nombres extranjeros cuando existen sus equivalentes en español, como "New York" por "Nueva York", "New Zeland" por "Nueva Zelandia"; los arcaísmos, como "desfacer" por "deshacer"; las palabras nuevas opuestas a la índole propia de las españolas, como "presupuestar" por "administrarse", "administrar el dinero"; las palabras empleadas indebidamente, como "en acuerdo a" (anglicismo, "in accordance to") por "de acuerdo con", "conforme a". (Véase también "Anglicismo")

Nebrija nos habla de su origen:

"Barbarismo es vicio no tolerable en una parte dela oracion; y llama se barbarismo, por que los griegos llamaron barbaros a todos los otros, sacando a si mesmos; a cuia semejança los latinos llamaron barbaras a todas las otras naciones, sacando a si mesmos y alos griegos. I por que los peregrinos y extranjeros, que ellos llamaron barbaros, corrompian su lengua cuando querian hablar en ella, llamaron barbarismo aquel vicio que cometian en una palabra. Nos otros podemos llamar barbaros a todos los peregrinos de nuestra lengua, sacando alos griegos y latinos, y alos mesmos de nuestra lengua llamaremos barbaros, si cometen algun vicio en la lengua castellana. El barbarismo se comete, o en escriptura, o en pronunciacion, añadiendo, o quitando,o mudando o trasportando alguna letra, o silaba o acento en alguna palabra". ("Gramática")

BARDO — Se refiere principalmente a los antiguos poetas celtas, pero también se aplica a los poetas heroicos o líricos de cualquier país o época.

BARROCO — Ver "Movimiento literario"> "Barroco".

BESTIARIO — Se denominaba así en la Edad Media a los libros que trataban de animales reales o imaginarios.

BIBLIOFILIA — Interés o afición a los libros raros y antiguos.

BIBLIÓFILO — Persona muy aficionada a las ediciones originales, antiguas o raras de libros.

BIBLIOGRAFÍA — Catálogo de libros que tratan de una materia determinada. Obra capital para la literatura española es la "Bibliografía general de la literatura española" de José Simón Díaz, publicada por el Consejo Superior de Investigaciones Científicas en Madrid.

BIBLIOTECA — Local en el que se conservan libros y documentos ordenados para su lectura y uso general, como la Biblioteca Nacional de Madrid y la Biblioteca del Congreso en Washington.

BILABIAL — Véase "Articulación, Punto de".

BILINGÜE — Que habla, escribe y lee dos idiomas supuestamente a la perfección..

BILINGÜISMO — La calidad de ser bilingüe, de hablar dos idiomas cabalmente. Los escritores bilingües son comunes en España, principalmente entre el español y el portugués, y posteriormente entre español y gallego, y no casi siempre traduciendo obras de un idioma a otro, sino que autores de una lengua lo hacían en otra, como Rosalía Castro que escribía en gallego y español, y Federico García Lorca que lo hacía, aunque esporádicamente, en gallego. Con anterioridad a ellos, el Marqués de Santillana tradujo a veces a Dante, y ya antes de 1450 se leía en España a Platón, principalmente el más admirable de sus diálogos, el "Phedon", y se habían vulgarizado algunos poemas, así como la "Eneida" de Virgilio, el libro mayor de las "Transformaciones" de Ovidio, y las "Tragedias" de Lucio Aneo Séneca. Hace algunos años se descubrió una traducción al español en prosa de los cinco primeros libros de la "Ilíada", conforme al texto latino de Pedro Cándido y dedicada a Juan II, constituyendo la primera traducción española de Homero. Igualmente abundaban los traductores del griego al latín, como la "Ilíada" de Juan de Mena, el "Felón" y el "Axioco" de Pedro Díaz de Toledo, y el "Plutarco" y el "Josefo" de Alonso de Pineda, así como la "Eneida" de Enrique de Villena, a Lucano y a Séneca, la traducción del Canciller Ayala de Titio Livio, y la de Salustio de Vasco de Guzmán. Carvajal o Carvajales, uno de los poetas del "Cancionero de Stúñiga", fue el primer poeta bilingüe italo-español. También ha habido muchos escritores catalanes que escribían en español, como

	Maragall. Durante el romanticismo, muchos escritores españoles escribieron obras en inglés y francés, como Trueba y Cossío y Martínez de la Rosa. Ya a partir del siglo XX, se tradujeron al español infinidad de grandes obras inglesas, francesas, alemanas, y de otros idiomas, y asimismo del español a estos idiomas. Por ejemplo, se han traducido del español las "Cartas de relación" de Hernán Cortés, muchas de las obras de García Lorca, José Martí, Pablo Neruda, Rubén Darío, etc. y, la más traducida de todas, en al menos una docena de distintas traducciones al inglés, "El Quijote", amén de infinidad de otros idiomas. Conviene verse "Traducción".
BIOGRAFÍA	Historia de la vida de una persona contada o escrita por otra. En España, se puede considerar el "Cantar de Mío Cid" como una biografía, y la obra "Claros varones de Castilla" de Fernando del Pulgar (1436?-1493).
BIS	Del latín "bis," que quiere decir "dos veces", "repetido", como el estribillo en una copla.
BISÍLABO	Verso de Arte Menor de dos sílabas. Ejemplo: "La noche de insomnio y el alba". Noche triste viste ya, aire, cielo, suelo, mar. Gertrudis Gómez de Avellaneda (1814-1873) También muy usado por Rubén Darío. También es adjetivo que significa de dos sílabas, como la palabra "ca-sa".
BOJIGANGA	Compañía corta de farsantes, que en lo antiguo representaba algunas comedias y autos en los pueblos pequeños. (Academia)
BORDÓN	Verso quebrado que se repite al final de una copla o estrofa. También, conjunto de tres versos, normalmente un pentasílabo y los otros dos heptasílabos, que se añade a una seguidilla. Como ejemplo de una seguidilla con bordón, véase "Nanas de la cebolla" de Miguel Hernández.
BOSQUEJO	Primer intento no definido de una obra.
BUCAL	Véase "Articulaciones Bucales y Nasales".
BUCÓLICA	Género literario que trata de la naturaleza y de la vida de los pastores, y que abarca desde el idilio hasta la novela, romance, la elegía y sobre todo la égloga. En España empieza con Juan del Encina (1468-1530) en su obra "Égloga de Plácido y Victoriano", hasta llegar a su culminación en las églogas de Garcilaso de la Vega (1501-1536). Modelos magistrales del género son "La Galatea" de Cervantes y "La Arcadia" de Lope de Vega. Ejemplo de una de las églogas de Garcilaso: "Al visorrey de Nápoles" El dulce lamentar de los pastores,

　　　　Sacilio juntamente y Nemoroso,
he de cantar, sus quejas imitando;
cuyas ovejas al cantar sabroso
estaban muy atentas, los amores,
de placer olvidadas, escuchando.
Tú, que ganaste obrando
un nombre en todo el mundo
y un grado sin segundo;
agora estés atento solo y dado
al ínclito gobierno del Estado
albano, agora vuelvo a la otra parte,
resplandeciente, armado,
representando en tierra al fiero Marte;
　　agora de cuidados enojosos
y de negocios libre, por ventura
andes a caza el monte fatigando
en ardiente jinete, que apresura
el curso tras los ciervos temerosos,
que en vano su morir van dilatando,
espera que en tornando
a ser restituido
al ocio ya perdido,
luego verás ejercitar mi pluma
por la infinita innumerable suma
de tus virtudes y famosas obras,
antes que me consuma,
faltando a ti, que a todo el mundo sobras.
　　　　Garcilaso de la Vega (1503-1536)

BUFO　　Se dice de lo cómico pero rayando en lo grotesco.

BUFÓN　　o chocarrero. Personaje cómico dedicado a divertir a los reyes y su corte principalmente en la Edad Media.

BURLERÍA　　Cuento fabuloso parecido a la conseja.

BURLESCO　　Manifestación festiva empleada en España a través de toda su literatura. Los "romances burlescos" de Baltasar de Alcázar (1530-1606) fueron cultivados por muchos de los poetas del Siglo de Oro, y muy especialmente por Francisco de Quevedo (1580-1645) y Luis de Góngora (1561-1627), y mucho antes que ellos por Lope de Rueda (1510?-1565) en los "Pasos" Y Juan del Encina en sus "Disparates".

C

CÁBALA

Término complejo y de larga historia, en hebreo "Kabbalah". Según autores clásicos, como Giovanni Pico della Mirandola, la Cábala es un saber de carácter esotérico que Dios reveló originalmente a Adán y posteriormente a Abraham y a Moisés en el monte de Sinaí donde le entregó las "Tablas de la ley" que para los judíos tuvo lugar en el siglo XIII antes de Jesucristo. Cábala, pues, es una especie de enigma en el que se velan las verdades y cuyo sentido subyace en letras y números que hay que descifrar para entenderlos. Por ejemplo, el "Antiguo Testamento" contiene una serie de historias cargadas de simbolismos cuyo significado sería dificilísimo de adivinar aun para el sabio. La Academia lo define así: "Conjunto de doctrinas teosóficas (véase "Teosofía") basadas en las Sagradas Escrituras que, a través de un método esotérico--es decir, "oculto"—de interpretación y transmitidas por vía de iniciación, pretendían revelar a los iniciados doctrinas ocultas acerca de Dios y del mundo". Una gran contribución al estudio y entendimiento de la Cábala se debe a Abraham Abulafia nacido en Zaragoza en el siglo XIII. Un escritor español que escribió contra la "Cabala" siguiendo las ideas de Mirandola fue Pedro Ciruelo (1470-1548).

CABALLERESCO

Género literario que abarca todos los ideales puros y sublimes del caballero soñador, valiente, fiel, y romántico de la Edad Media, personificado en nuestra literatura por el "Cid Campeador", y llegando a su cumbre con el "Amadís de Gaula", publicado en 1508. Contra el género arremetió Cervantes en su inmoral obra de "Don Quixote" ridiculizándolo por un lado y por el otro, proponiéndoselo o no, creando un personaje desbordando humanidad, hidalguía y los más puros y profundos ideales.

CABALLERÍAS, LIBRO DE

Libro que ensalza y estimula las caracteríticas del ideal caballeresco originado por las Cruzadas. En España se le dio gran impulso a este género durante el Renacimiento, dándole nuevas formas e increíble difusión. Menédez Pelayo dividió este género en dos partes: "ciclo carolingio" que refiere los acontecimientos de la vida de Carlomagno, y "ciclo bretón" que son relatos de fábulas de aventuras y de amor. Al primero pertenecen obras como el "Espejo de caballerías" (1533), y al segundo "Historia regum Britanniae" de Jofre de Monmouth, creador de los famosos personajes "Merlín" y el "rey Artus".

CABO

Se llama así a la estrofa con la que termina un poema o canción, según nombre dado por los poetas precedentes al Siglo de Oro.

CACOFONÍA

Dícese de la repetición innecesaria y viciosa de unas mismas sílabas o letras. Ejemplo: "Ella escribió la bella canción poniendo en ello todo su corazón lleno de pasión", pudiendo simplemente decir: "Ella escribió la canción con profundo sentimiento".

CACOLOGÍA

Consiste en vicio de locución o defecto o incorrección de estilo.

CADENCIA

Es, en realidad, la terminación de una palabra a partir de su vocal acentuada. La Academia la define así: "Proporcionada y grata distribución o combinación de los acentos y de los cortes y pausas, así en la prosa como en el verso". Gramaticalmente, esas palabras se dividen en "consonantes", "asonantes" y "disonantes".

CALIGRAMA	Obra poética en la que el arreglo o tipografía de los versos sugiere una representación gráfica. Son famosos los "Calligrames" del poeta francés Guillaume Apollinaire (1880-1918). León Carbonero y Sol (1812-1902) da un ejemplo en lengua castellana de lo que él llama "cruz gamada". También, véase el "Helixes" de Guillermo de la Torre.
CALÓ	Véase "Lengua".
CAMBALEO	Así se llamaba en el Siglo de Oro a una compañía teatral constituida por cinco hombres que lloraban y una mujer que cantaba.
CANCIÓN	"Composición lírica a la manera italiana ('canzone'), dividida casi siempre en estancias largas, todas de igual número de versos endecasílabos y heptasílabos, menos la última, que es más breve".(Academia). La canción ofrece dos aspectos primordiales, el popular y culto, y tuvo su mayor boga en España durante el siglo XVI. Su origen en España se remonta a la canción gallega (estrofas paralelísticas a las que les sigue un estribillo), y la canción castellana, que empieza con un villancico seguido de estrofas. Citaremos como ejemplo de esta última al Arcipreste de Hita (1284?-1351). La canción popular influyó grandemente en los poetas del Siglo de Oro, principalmente en el teatro, incluyendo a Lope de Vega, y también Luis de Góngora. (Véase "Cancionero")

Ejemplo de canción:

¡Oh libertad preciosa
  no comparada al oro,
ni al bien mayor de la espaciosa tierra!
Más rica y más gozosa
que el precioso tesoro
que el mar del Sur entre su nácar cie-
con armas, sangre y guerra,   [rra;
con las vidas y famas,
conquistado en el mundo;
paz dulce, amor profundo
que el mal apartas y a tu bien nos lla-
en ti sola se anida   [mas;
oro, tesoro, paz, bien, gloria y vida.

Cuando de las humanas
tinieblas vi del cielo
la luz, principio de mis dulces días,
aquellas tres hermanas
que nuestro humano velo
tejiendo llevan por inciertas vías,
las duras penas mías
trocaron en la gloria que en libertad poseo,
con siempre igual deseo,
donde verá por mi dichosa historia,
quien más leyere en ella,
que es dulce libertad lo menos della".
          Lope Félix de Vega Carpio

Otro ejemplo de García Lorca:

  Córdoba
Lejana y sola.

> Jaca negra, luna grande,
> y aceitunas en mi alforja.
>
> Aunque sepa los caminos
> yo nunca llegaré a Córdoba.
>
> Por el llano, por el viento,
> jaca negra, luna roja,
> la muerte me está mirando
> desde las torres de Córdoba.
>
> ¡Ay, qué camino tan largo!
> ¡Ay, mi jaca valerosa!
> ¡Ay, que la muerte me espera
> antes de llegar a Córdoba!
>
> Córdoba.
> Lejana y sola.
>   Federico García Lorca

Aunque pocas, Luis de Góngora escribió también canciones.

CANCIONERO Se entiende por este vocablo la colección de toda la poesía medieval que se extiende hasta llegado el Renacimiento. El primer cancionero conocido en lengua castellana es el de Juan Alfonso de Baena (1375?-1434?), llamado comúnmente "Cancionero de Baena", escrito hacia 1445 y que dedica a Juan II. Anteriormente se escribieron otros cancioneros, que consistían mayormente en antologías de la poesía gallegoportuguesa, muy en boga posiblemente en los siglos XIII y XIV, como los tres más importantes recogidos en el "Cancionero de Ajuda", o el "Cancionero de Martín Codax", más conocido por "Las siete canciones de amor". De todos los cancioneros posteriores, el más importante sin duda es el llamado "Cancionero general" que reunió Hernando del Castillo y que se publicó en Valencia en 1511, donde figuran 128 poetas y unas 965 composiciones, más otras cuyos autores se desconocen, correspondiendo casi todos a la época de los Reyes Católicos. Hay otros cancioneros muy conocidos, como el de Gómez Manrique (1412?-1490) y el de Juan del Encina. Como bien señala Menéndez Pelayo, los cancioneros tienen como fondo principal lo erótico. (Véase "Canción")

CANON Precepto o regla.

CANTAR Se aplica a algunas composiciones líricas, acompañadas originariamente por música.

Ejemplo de cantares y proverbios:

> Ayer soñe que veía
> a Dios y que a Dios hablaba,
> y soñé que Dios me oía...
> Después soñé que soñaba.

> Caminante, son tus huellas
> el camino, y nada más;
> caminante, no hay camino,
> se hace camino al andar.
> Al andar se hace camino,
> y al volver la vista atrás
> se ve la senda que nunca
> se ha de volver a pisar.

Caminante, no hay camino,
sino estelas en la mar.

Bueno es saber que los vasos
nos sirven para beber;
lo malo es que no sabemos
para qué sirve la sed.

En mi soledad
he visto cosas muy claras
que no son verdad.

Tras el vivir y el soñar,
está lo que más importa:
despertar.
                Antonio Machado y Ruiz (1875-1939)

CANTAR DE GESTA

Se entiende por este nombre todo poema épico de origen popular o anónimo, cantados por los juglares durante la Edad Media. El género al que pertenece es el Mester de juglaría. En la literatura castellana, su máximo exponente es el "Cantar de Mío Cid".

Ramón Menéndez Pidal (1869-1968) nos lo explica así:

"...Eran poemas no muy extensos comparados con los de otras literaturas (el del "Cid" tenía sólo unos 4.000 versos), escritos en metro largo e irregular, predominando los versos de 14 sílabas y más tarde los de 16. Se dividían en series, o grupos de versos acabados todos en el mismo asonante; y estas series, llamadas coplas, eran también muy desiguales: las hay que sólo tienen cuatro versos; las hay que pasan de ciento. El tono de estos poemas o cantares era esencialmente narrativo, sin apenas ninguna digresión lírica; eran crónicas o novelas rimadas. Sus asuntos eran las aventuras y las hazañas, principalmente militares, de héroes pertenecientes a la alta clase de la sociedad medieval, los reyes, los condes, los ricos hombres o los simples caballeros. Era poesía aristocrática, señorial, escrita originalmente para un público de hidalgos, cantada en el palacio, en el castillo, en la casa solariega, en medio de las mesnadas preparadas para marchar al combate; era la poesía de la casta militar, heredera de la tradición de los visigodos". ("Estudio sobre el romancero"; véase la Bibliografía).

He aquí los primeros versos del "Cantar de Mío Cid", escrito hacia 1140 por autor anónimo:

CANTAR PRIMERO

Destierro del Cid.

Adios del Cid a Vivar.

De los sos ojos—tan fuertemente llorando,
  tornava la cabeça—i estábalos catando,
Vio puertas abiertas—e uços sin cañados.
alcándaras vazias—sin pielles e sin mantos
e sin falcones—e sin adtores mudados.
Sospiró mio çid—ca muchos habié grandes cuidados. (OJO: Cid, mayús.)
Fabló mio çid—bien e tan mesurado:
"¡Grado a ti , Señor Padre—que estás en alto!

"Esto me han vuolto—mios enemigos malos".
He aquí esta misma estrofa prosificada modernamente por Alfonso Reyes (1889-1959):

Con los ojos llenos de lágrimas, volvía la cabeza para contemplarlos (por última vez). Y vio las puertas abiertas y los postigos sin candados; vacías las perchas, donde antes colgaban mantos y pieles, o donde solían posar los halcones y los azores mudados. Suspiró el Cid, lleno de tribulación, y al fin dijo así con gran mesura:--¡Loado sea Dios! A esto me reduce la maldad de mis enemigos.
("Cantar del Cid"; véase la Bibliografía).

Véanse también los "Cantares del Rey Salomón" de Fray Luis de León.

CANTATA Composición poética para ser cantada o recitada con música, originada en Italia. Ha sido muy poco cultivada en España. Entre las Cantatas resalta "Si Dios no está con nosotros" de J.S. Bach. Son consideradas Cantatas "Los padres del Limbo" y "La Anunciación" de Leandro Fernández de Moratín (1760-1828).

CANTIDAD La duración de un sonido cualquiera. Se divide en 'absoluta', cuando es de número, y 'relativa' cuando se hace referencia a otro.

CÁNTICA Cantar o copla.

Ejemplo de cántica:

"Cánticas de loores de
Santa María".

Santa Virgen escogida,
de Dios Madre muy amada,
en los cielos ensalzada,
del mundo salud e vida.

Del mundo salud e vida,
de muerte destruimiento,
de graçia llena cumplida,
de coytados salvamiento,
de aqueste dolor que siento
en prisión sin mereçer,
tú me donna estorçer
con el tú defendimiento.
            Juan Ruiz Arcipreste de Hita

CÁNTICO Composiciones de los libros sagrados o litúrgicos que sublimemente dan gracias y alaban a Dios, por ejemplo: "Cánticos de Moisés". Uno de sus más excelsos exponentes en España fue Jorge Guillén (1893-1984) en su obra "Perfección". Puede verse también el "Cántico espiritual" de San Juan de la Cruz (1542-1591), del que sigue este fragmento:

Pastores, los que fuerdes
allá por las majadas, al otero,
si por ventura vierdes,
aquel que yo más quiero,
decidle que adolezco, peno y muero.

CANTIGA o "Cántiga". Composición poética galaicoportuguesa, destinada al canto, y muy en boga durante la Edad Media. Sus tres géneros son: 1) cantiga de amor, 2) cantiga de amigo, y

3) cantiga de escarnio. Sobresale entre ellas las "Cantigas de Santa María", escritas en gallego por Alfonso el Sabio (1221-1284). También se encuentran en el "Libro de Buen Amor" del Arcipreste de Hita, muchas de ellas perdidas.

CANTINELA   Canción, copla o composición poética ligera hecha mayormente para el canto.

Ejemplo de cantinela:

"De un pajarillo".

   Yo vi sobre un tomillo
quejarse un pajarito,
viendo su nido amado,
de quien era caudillo,
de un labrador robado.
Vile tan concojado
por tal atrevimiento
dar mil quejas al viento,
para que al cielo santo
lleve su tierno llanto,
lleva su triste acento.
Ya con triste armonía,
esforzado el intento,
mil quejas repetía;
ya cansado callaba,
y al nuevo sentimiento
ya sonoro volvía;
ya circular volaba,
ya rastrero corría:
ya, pues, de rama en rama,
al rústico seguía,
y, saltando en la grama,
parece que decía:
"¡Dame, rústico fiero,
mi dulce compañía?";
y a mí que respondía
el rústico: "¡No quiero¡"
         Esteban Manuel de Villegas (1589-1669)

CANTO   Poema corto del género heróico, llamado así por su semejanza con cada una de las divisiones del poema épico, al que se da este mismo nombre. Puede ser también una poesía lírica que se hace por lo general hablando. Veamos como ejemplo este fragmento del canto de Federico de Mendizábal (fragmento):

"Canto a América"

¡Hija de España, salve!
               ¡Quién pudiera
volando a tu ribera
besar tu suelo y adorar tus soles!
¡Y bajo resplandor de crucifijos,
estrechar a tus hijos
porque llevan la sangre de españoles!
   ¡Quién viese desfilar, siempre alta-
                              [neras,
de tus varios Estados las banderas

porque yo sé —mi mente no se engaña--,
que sus alas, triunfantes y agoreras,
jirones son del corazón de España!

¡Salve, América, salve!
                      un castellano,
de "aquellos" nieto, soy. ¿Sabes? ¡De
                              [aquellos
que rasgaron la paz del océano
       y en pos de los destellos
que alumbran las recónditas estelas,
luchando con las tromba de las olas,
navegando en tres pobres carabelas,
se fueron de las costas españolas
en un amanecer opaco y frío
       por los mares inciertos,
llevando solo a fe, cada navío,
sobre el mástil, temblando en el vacío,
los brazos de una cruz al cielo abier-
                              [tos!
          Federico de Mendizábal (1901-1988)

CARÁCTER   Signo de escritura o de imprenta.

CARICATURA   Deformación satírica del aspecto o facciones de alguien.

CASO   Accidente gramatical que muestra el oficio que en las oraciones desempeñan las partes declinables que la componen. Los casos son seis: "nominativo", "genitivo", "dativo", "acusativo", "vocativo" y "ablativo". He aquí las definiciones para cada uno:

"Nominativo": corresponde al sujeto de la oración, como: "Manuel se baña".

"Genitivo": corresponde al complemento del nombre, bien sea sustantivo o adjetivo, el cual va siempre precedido de la preposición "de" como: "La casa de mi abuela".

"Dativo": Hace en la oración oficio de complemento indirecto como: "Juan le hizo una pregunta al maestro".

"Acusativo": Hace en la oración el oficio de complemento directo. como: "El bombero apaga incendios".

"Vocativo": No forma parte de la oración. Sirve para invocar, llamar o nombrar, siendo a menudo precedido de las interjecciones "¡ah!", "¡oh!" como: "¡Oh, Dios mío", cuánto te extraño!"

"Ablativo": Expresa en la oración relaciones de lugar, procedencia, causa, situación, modo, tiempo, materia, etc. Va casi siempre precedido de las preposiciones "con", "de", "desde", "en", "por", "sin", "sobre", tras". Ahora bien, tratándose de tiempo, puede construirse sin ninguna, como: "Pablo trabaja los sábados". Otros ejemplos de "ablativo": "Me encontrarás en la oficina" (lugar), "Llegó de Buenos Aires" (procedencia), "No salimos por el tiempo" (causa), "Alberto está desempleado" (modo).

CASTA   Por un largo tiempo significó ascendencia o linaje en el sentido más puro, principalmente en América durante la época colonial, refiriéndose a la casta española en contraposición a la indígena o negra o a la mixta con la posible excepción de la criolla siempre y cuando uno de los ascendientes fuera español o peninsular. Igual podría decirse de la "casta de los Incas" considerada la casta o raza más pura de todo el continente. Hoy, sin embargo, de acuerdo con la Academia, "castizo" se refiere en un sentido amplio a típico, genuino o puro de cualquier país o región, pudiendo así hablar de cubanos, chilenos, o argentinos nacidos y criados en su patria de nobles familias sin necesidad de ser directamente de ascendencia española o ni siquiera europea. Entiéndese, pues, por un cubano casto el que desciende de una familia de "raíces puras", es decir, no mezcladas con otras que le son ajenas o extrañas. Igual podría hablarse de un árabe o judío o persona de cualquier otra nacionalidad. El prototipo de casto en la España de los siglos XVI y XVII era el hidalgo, considerado por su sangre perteneciente a una clase noble y distinguida, cuyo mejor ejemplo es el personaje del hidalgo en "El Lazarillo de Tormes" y no digamos el mismo Don Quijote. Véase la obra de Américo Castro (1885-1972) "Castas y casticismos" (Revista de Occidente, Madrid, 1965).

CASTELLANO, IDIOMA   El hablado en la región de Castilla, España. Equivale generalmente a "idioma español". Realmente se le llama "castellano" para diferenciarlo de las otras lenguas que se hablan en este país (catalán, gallego, vascuence, etc.) También se le llama castellano en partes de la América del Sur, en Argentina por ejemplo. (Véase "Lengua española").

CASTICISMO   Nombre que se le da al lenguaje puro y despojado de vocablos o giros que no le son propios, es decir, extraños, opuesto al "exotismo" y al "arcaísmo". Véase también "Casta".

CASTIZO   Véase "Casta".

CASUÍSTICA   Aspecto de la teología moral que se concierne con los casos de conciencia, influyendo en algunos escritores del siglo XVII principalmente jesuitas. Damos como referencia la obra de Antonio Escobar y Mendoza (1589-1669), "Summula Cassum Conscientiae" (1627) escrita en latín como todas sus obras.

CATACRESIS   Consiste en emplear una palabra con un sentido distinto al original. También se empleaba para designar las metáforas violentas en demasía, como aquella de Góngora al referirse a Polifemo: "Era un monte de miembros eminente". Por alto que fuese Polifemo, y lo era, jamás tendría la altura de un monte eminente, es decir, de una montaña. Resulta interesante este significado que le da Antonio de Nebrija: "Catachresis es cuando tomamos prestada la significación de alguna palabra, para dezir algo que propria mente no se podría dezir; como si dixéssemos que el que mató a su padre es 'omiziano'': por que 'omiziano' es propria mente el que mató ombre…y llama se catachresis, que quiere dezir abusion". ("Gramática")

CATÁFORA   Palabra con la que se anticipa una parte del discurso, por ejemplo, "esto" en "Lo que nos dijeron fue esto: que compráramos nosotros el regalo".

CATARSIS   "Purificación o purga" en su sentido original griego. Fernando Lázaro Carreter (1923-2004) la define así: "Efecto purificador de las pasiones que produce el arte, especialmente la tragedia". Este es, literalmente, el significado que tiene la palabra en griego, "purificación" o "purga". Para mejor entender el significado de este término, se sugiere la lectura de la "Poética" de Aristóteles, especialmente la traducción hecha al español por Alonso Ordóñez publicada por Sancha en 1778, de la que seguramente existe una edición moderna.

CATALÁN   Véase "Lengua".

CATALÉCTICO   Véase "Verso" y también "Hipérmetro".

CATÁSTROFE	Se refiere al desenlace de una obra dramática, principalmente en cuanto se relaciona al fin trágico del héroe.
CECEO	Pronunciación de la "s" como "c" ante "e-i" o la zeta, común en casi toda España. Ejemplos: /zabor/ por /sabor/, /zilbido/ por /silbido/.
CEDILLA	Se empleaba en el español antiguo, y consistía en una "c" con una virgulilla debajo (Ç) que equivalía a un sonido parecido a la "z".
CÉNIT	Punto culminante que logra alguien o algo. Ejemplo: "Mis padres están en el cénit de su felicidad", "Con el "Quijote" Cervantes alcanzó el cénit de su gloria", "Ese país está en cénit de su desarrollo económico".
CENTÓN	Obra literaria, en verso o prosa, compuesta principalmente de sentencias, expresiones o versos que pertenecen a otras obras del mismo autor o a otro distinto. Tuvo su mayor apogeo durante el Renacimiento, especialmente en la obra el "Centón de Lorenzo" que incorpora versos de Dante y Petrarca. Puede verse también "las tablas del Bajel despedazadas" de Luis de Góngora. Hoy este género ha caído totalmente en desuso.
CENSURA	En términos generales, dictamen y juicio que se hace sobre un escrito u obra. Reprobación y prohibición de algo, por ejemplo, de una novela, de una película, etc. En España comienza con los Reyes Católicos que prohibían imprimir cualquier escrito sin licencia y fue severamente aplicada por la Inquisición según la "Pragmática" de 1558 de Felipe II. Bajo los Borbones se crea el "Juez de Imprenta" que pasa después al Consejo de Castilla. En 1810 votan las Cortes de Cádiz la libertad de imprenta mediante la que se regulan las obras de carácter literario. En el siglo XX la situación política española hace florecer el sistema preventivo que existía en épocas anteriores.
CESURA	Pausa o corte en un lugar determinado de un verso. En ella se permite la sinalefa entre ambas partes del verso, pero no así el hiato; pero, por el otro lado, en la pausa es al revés, es decir, que no admite la sinalefa pero sí el hiato. A menudo la cesura indica que no se trata de versos completos, sino que son hemistiquios de un verso octosílabo.
CHARADA	Clase de acertijo con el que se busca adivinar una palabra haciendo una mera indicación de su significado y de las palabras que resultan valiéndose de las sílabas que contiene.
CIENCIA FICCIÓN	Literatura fantástica derivada de la literatura de ficción. Se trata de un subgénero literario nacido aproximadamente hacia 1920 y muy en boga en nuestros días, sobre todo en el cine.
CHIBCHA	Véase "Lengua".
CINISMO	Se aplica a personas que cometen actos vituperables sin sentir vergüenza por expresarlos. Tiene sus orígenes en la escuela filosófica de Sócrates, y que se manifiesta en la literatura española en las obras de Francisco de Quevedo o en el "Lazarillo de Tormes".
CIRCUNLOCUCIÓN	Véase "Perífrasis".
CIRCUNLOQUIO	Forma de expresar algo dando muchas explicaciones, es decir, dando vueltas sin concretar o ir al grano. Máximo exponente de esta forma de hablar enrevesada es el cómico mexicano "Cantinflas". Podría decirse que hoy día se habla mayormente en circunloquios, sobre todo los políticos que a pesar del mucho hablar no dicen nada.
CITA	Texto o nota con la que se busca probar o fortalecer lo que se dice o refiere, y que en literatura o lenguaje es por lo general un autor famoso en la materia de que se trate, por

ejemplo citar a Cervantes al hablar del honor, de la verdad, o a Ortega y Gasset al hablar del amor.

CLASICISMO Sistema literario o artístico que imita los modelos establecidos por la antigüedad griega o romana.

CLÁSICO Se dice del escritor o de la obra que se imita como modelo digno en la literatura o arte, principalmente el griego o el romano, y que trasciende y permanece vivo a través del tiempo. Estas palabras de Enrique Moreno Báez en su obra "Nosotros y nuestros clásicos" lo aclaran muy bien:

"¿Quiénes son los clásicos? La palabra clásico tiene distintos significados, todos ellos vivos en la lengua actual. Clásicos son los escritores griegos y latinos. De clásicas clasificamos a estas dos lenguas y a la literatura que se escribieron en ellas. Este es el significado con que hoy usamos la palabra clásico al decir que una persona traduce a los clásicos. De considerar a estos escritores como los de más valor formativo por atribuirles ciertas cualidades que en realidad eran privativas de los latinos del tiempo de Augusto nació la costumbre de llamar clásicos a los modernos que también tuviesen el equilibrio y la mesura clásica y que por tanto también pudieran ser presentados como modelos. Lo clásico se convierte en esta acepción en un conjunto de cualidades que predominan en ciertas épocas y que hasta pueden ser cultivadas y en un concepto o categoría estética, cuyos perfiles son cuidadosamente estudiados y que si en el siglo XIX se solía oponer a lo romántico, hoy solemos también oponer a lo gótico y a lo barroco. En este sentido se habla del clasicismo del Renacimiento y del de la Academia o neoclasicismo. También decimos que ciertas escuelas literarias de los tiempos modernos tienden al clasicismo, como la poesía pura por lo que tiene de reflexivo e intelectual".

CLÁUSULA Conjunto de palabras en las que se encierran una proposición o varias que guardan íntima relación unas con otras.

CLÍMAX Etapa culminante de una obra dramática o de una poesía.

CÓDICE Libro manuscrito de obra literaria. Pueden citarse como ejemplos los "Códices prehispánicos de Mesoamérica", escritos antes de la conquista española, o los tres "Códices mexicas" escritos durante la época colonial.

COGNADO Se refiere generalmente a una palabra que tiene la misma grafía o parecida y el mismo significado en español y en inglés, como: "piano", "diabetes", "tropical", "capital", "liberty" (libertad), "democracy" (democracia), "benefit" (beneficio); a estos tres últimos se les llama también "semicognados". Se cuentan entre los miles tales palabras, sobre todo en los campos de la ciencia y la tecnología. Hay también mucha similitud en el uso de los prefijos y sufijos griegos y latinos como: "cracia" de la raíz griega "kratos" (democracia-democracy), "fono" de la raíz griega "phone (teléfono-telephone), "ica" o "tica" de la raía griega "tikos" (aritmética-arihmetic), y de los prefijos latinos como "centi" (centímetro-centimeter), "extra" (extraordinario-extraordinary), "contra" (contradecir-to contradict), y sobre todo del sufijo "ción>tion" usado en miles de palabras de ambos idiomas, como "revolución" (revolution), "constitución" (constitution), en las que la única diferencia generalmente es la "t" por la "c" y el acento ortográfico sobre la "ó". También está el sufijo "able" usado en infinidad de palabras en ambas lenguas, como "inseparable", "comparable". Este conocimiento puede resultar muy ventajoso para los estudiantes de un idioma u otro, sobre todo tratándose de la lectura de textos.

COHERENCIA Congruencia o acorde, es decir, como señala María Moliner (1900-1981), "Tal que las cosas o partes de que consta se relacionan todas unas con otras de modo que constituyen un conjunto con unidad y sin contradicciones". Lo opuesto sería "incoherencia".

COLETILLA	Breve adición que se hace a un discurso o escrito.
COLOFÓN	Anotación que aparece al final de los libros que señala el nombre del editor, así como el lugar y la fecha de impresión. Actualmente esta información aparece en la página titular de los libros. Puede significar también el final de un proceso, como: "La reunión tuvo un gran colofón con las palabras del invitado de honor".
COLOQUIAL	Se aplica al lenguaje propio de la conversación a diferencia del literario o escrito; se le llama también "lenguaje familiar" o "lenguaje de la calle o callejero". Ejemplo es la palabra "leche" usada en esta oración: "Hoy está de muy mala leche", queriendo decir de mal humor o contrariado. Puede confundirse fácilmente con la jerga.
COLOQUIO	Se aplica a una composición literaria dialogada en prosa o verso, como la novela ejemplar de Cervantes "Coloquio de los perros". Fue también empleada por Lope de Vega y San Juan de la Cruz. Lope de Rueda tiene dos coloquios: uno en prosa "Tymbria y Camila", y el otro en quintillas, "Prenda de amor".
COMEDIA	Género dramático con un desenlace feliz en oposición a la tragedia cuyo final es catastrófico. Como tal género no ha tenido representación en la literatura castellana. De todas formas, se puede dar como ejemplo el intento de "Señorito mimado", de Tomás de Iriarte (1750-1791), y el "Sí de las niñas" de Leandro Fernández de Moratín.
COMPAÑÍA	Así se denominaba durante el Siglo de Oro a la agrupación teatral de más renombre.
COMPLEMENTO DIRECTO	Palabra o conjunto de palabras sobre las que recae directamente la acción del verbo. Va precedido de "a" si es persona o cosa personificada. Se sabe el complemento directo en una oración preguntándole al verbo "¿qué?", si es cosa, o "¿quién?" si es persona. Ejemplos: "El campesino cultiva la tierra". ¿Qué cultiva el campesino? "la tierra" es la respuesta y así el complemento directo. "Anoche vi a Juan". ¿A quién viste anoche? "a Juan", por cuanto "Juan" es el complemento directo y por ser persona va precedido de la preposición "a". Todo complemento directo precisa el uso de un verbo transitivo. Al complemento directo puede substituirle un pronombre que son: "me, te, lo/la, nos, os, los/las y que siempre preceden al verbo, como: "lo compré" (el vestido), "las estudié" (las lecciones), "los perdimos" (los billetes).
COMPLEMENTO INDIRECTO	Palabra o expresión que indica la persona o cosa representativas de un objeto no inmediato a la acción del verbo. Se sabe el complemento indirecto en una oración preguntándole al verbo "¿a quién?" o "¿para quién?", si indica daño, provecho o interés; y si indica fin, se le preguntará al verbo "¿a qué?", "¿para qué?" o "¿por qué?" Lleva siempre las preposiciones "a" o "para". Ejemplo: "Le he comprado un vestido rojo a mi madre". Pregunta al verbo: ¿A quién le he comprado un vestido rojo? "a mi madre" es la respuesta y así el complemento indirecto. A menudo se juntan en una oración el complemento directo y el indirecto, como en el ejemplo anterior, en el que "un vestido rojo" es el complemento dirrecto, y "a mi madre" el indirecto. También pueden substituirse por pronombres que son: "me, te, le, nos, os, les". Al juntarse ambos en la tercera persona del singular o plural el indirecto se cambia a "se" como en este ejemplo: "se lo compré" (en vez de "le lo" que no significaría nada). El orden estructural de los pronombres sería primero el directo seguido del indirecto. Ahora bien, si el verbo es infinitivo o gerundio, el orden podría ser delante del verbo o siguiéndole como en: "Se lo voy a comprar" o "Voy a comprárselo", "Se lo estoy comprando" o "Estoy comprándoselo". Tratándose del uso del imperativo, si es negativo van delante como en: "No se los compres", y si es afirmativo detrás como en: "Cómpraselos".

COMPLEMENTO CIRCUNSTANCIAL Es el constituido por un substantivo con o sin preposición o por un adverbio y que denotan lugar, tiempo, modo, instrumento, causa y cantidad. Ejemplo: "Ayer vi a María en la universidad"; "ayer" el de tiempo, y "en la universidad" el de lugar.

COMPLEXIÓN Figura retórica que consiste en la combinación de la repetición y la conversión, y en la que una serie de cláusulas comienzan con una misma palabra y concluyen con otra distinta de la primera. Ejemplo de fray Luis de Granada (1504-1588) en que la misma palabra se repite al principio y al final:

> Si honestidad deseáis, ¿qué cosa más honesta que la virtud, que es la raíz y fuente de toda honestidad?

Si la palabra se repite al principio se le llama "repetición", y si se halla al final "conversión".

COMPOSICIÓN Cualquier obra literaria o musical y aun científica.

CONCATENACIÓN La Academia la define así: "Figura retórica que se comete empleando al principio de dos o más cláusulas o miembros del período la última voz del miembro o cláusula inmediatamente anterior". Es decir, que es continuada, y por la que se comienza una frase o miembro de la misma con la misma palabra con que termina la anterior, repitiéndose de forma eslabonada. Ejemplo de Cervantes: "Y así como suele decirse el gato al rato, el rato a la cuerda, la cuerda al palo, daba el arriero a Sancho, Sancho a la moza, la moza a él, el ventero a la moza…"

CONCEPTISMO Adolfo Bonilla y San Martín (1875-1926) lo define así: "El conceptismo no disloca ni renueva el léxico ni la sintaxis, como el culteranismo, pero sí las ideas". Es decir, que así como el culteranismo se centra en las palabras, el conceptismo lo hace en las ideas. Ambos, el culteranismo y el conceptismo son corrientes literarias propias del Barroco español". Sobresalen en el conceptismo Quevedo y Gracián.

CONCEPTO Gracián lo define así: "Son los conceptos vida del estilo, espíritu del decir, y tanto tienen de perfección cuanto de sutileza". Véase la obra "Conceptos espirituales" de Alonso de Ledesma (1562-1623), realmente el creador de la palabra de la que deriva "conceptismo".

CONCORDANCIA Se dice cuando hay conformidad entre el verbo y el sujeto, es decir, cuando el verbo está en el mismo número y persona que el sujeto, como "El niño juega" y no "el niño jugamos".

CONJUGACIÓN VERBAL Conjunto de las variaciones que ocurren en un verbo para expresar todos sus modos, tiempos, número y personas.

Veamos un ejemplo:

"hablan"

Si analizamos este verbo, lo clasificaríamos así:

modo: indicativo.
tiempo: presente.
número: plural.
persona: tercera, que puede ser: ellos/ellas o ustedes.

Toda conjugación verbal consta de seis personas que son: "yo, tú, él/ella (singular), nosotros, vosotros, ellos/ellas (plural). Para el tuteo en singular se emplea el "tú"o segunda persosna del singular, y "vosotros" para el plural. Para el "usted" la tercera del singular y la tercera del plural. Ahora bien, hoy se tiende a usar la tercera del plural tanto para el tuteo como para el "usted", al menos en gran parte de Hispanoamérica.

CONJUNCIÓN Tiene, como única misión, la de enlazar o unir oraciones, como: "El hombre trabajaba y el hijo lo miraba". Pueden ser simples: "y", "e", "pues", "pero", o compuestas: "con tal que", "puesto que", "para que", etc. Se les llama también "copulativas", cuya misión es simplemente la de enlazar: "y", "e", "que", "ni; Disyuntivas" que expresan separación o diferencia: "o". (A estas se les llama también "distributivas" cuando se repiten en distintos términos e incluyen "ya", "ora", "bien", "sea", "cuando", y "que"); "Adversativas" que denotan contrariedad u oposición entre lo que se ha dicho y lo que sigue: "mas", sino "siquiera", "antes", "aunque", etc.; "Consecutivas" que indican consecuencia o deducción: "luego", "conque", "pues", "por consiguiente", "por tanto", "ahora bien", etc.; "Causales" que expresan causa, motivo o razón: "pues", "que", "porque", "puesto que", "pues que", "ya que", etc.; "Condicionales" que indican necesidad o condición: "con tal que", "si como", "siempre que", "ya que", "caso que", "dado que", etc.; "Finales" que denotan fin: "a fin de", "a fin de que", "para que", "porque", etc.; "Comparativas" que establecen comparación: "así", "así como", "lo mismo que", etc.; "Concesivas" que indican o enuncian concesión: "si bien", "aunque", "dado que", "si", "que", "puesto que", "bien", "así", "bien que", "por más que", etc., e "Ilativas" que enuncia una deducción de algo que se ha manifestado, por ejemplo "conque" en la oración: "Se ha abierto la puerta, conque mis padres están en casa".

CONMINACIÓN Figura retórica en la que se amenaza con grandes catástrofes a personas y aun a cosas personificadas, encontrándose en gran abundancia en la Biblia.

CONNOTACIÓN Se aplica a una palabra que posee dos ideas o significados: uno accesorio y el otro esencial. También, el valor secundario que se le da a una palabra según los propios valores del que habla. Por ejemplo, la palabra "vampiro" tiene para muchas personas una connotación supersticiosa o macabra, y "amante" puede tener dos connotaciones: bien el que ama o el que vive con alguien ilícitamente. Podría decirse también que "engaño" tiene una connotación o connota mala intención por parte del que lo hace.

CONQUE Y CON QUE Ha de evitarse la confusión entre la conjunción "conque" y la preposición "con" seguida del pronombre relativo "que". De no ser conjunción, "con" equivale a "el cual", "con lo cual", "con los cuales" y "con las cuales", escribiéndose en tal caso con dos palabras: "con que". Ejemplo: "Conque compra la chaqueta con que vas a la fiesta esta noche".

CONSEJA Cuento fabuloso semejante a la "patraña". Véase también "Burlería".

CONSONANCIA Se refiere a la rima perfecta en oposición a "asonancia" que es imperfecta. En estas dos se divide la rima. La rima perfecta consiste en la igualdad de todas las letras finales de los versos, a partir de la última vocal acentuada. La rima imperfecta consiste en la igualdad de todas las vocales, así como en la desigualdad de todas o varias de las consonantes, a partir de la última vocal acentuada en cada uno de los versos.

Ejemplo de Bartolomé Leonardo de Argensola (1562-1631):

   Si en los sucesos prósperos declina,
¡oh Hercinia!, la virtud de los mortales,
y generosa crece entre los males,
produciéndole glorias su rüina;

> más debes a la tierra peregrina
> que a la de tus Penates naturales;
> así como el mejor de los metales
> debe más a la llama que a la mina.

Véase también "Rima perfecta", "Rima imperfecta", "Asonancia".

CONSONANTE Todas las letras del alfabeto que no son vocales y que se sirven de estas para su sonido. En español suman 23 ó 24 si se añade la "w".

CONTEXTO Se refiere al curso o hilo de un escrito.

CONTRAPOSICIÓN Consiste en comparar una cosa con otra diversa o contraria, como en esta contraposición de Luis de Góngora que le hace al romance del "Invierno" de Luis Vélez:

Romance:

> No quieren ser los arroyos
> de los árboles espejos,
> porque los miran tan pobres
> y tan galanes los vieron.

Y escribe Góngora:

> Que no crean a las aguas
> sus bellos ojos serenos,
> pues no la han lisonjado,
> cuando la murmuran luego.

Ante estas dos contingencias, Lope de Vega no se pudo quedar callado y dijo:

> A tus quejas solamente
> daban respuestas las aguas,
> porque murmuran, Filis,
> que no porque te escuchaban.

Todos ellos, como se intuirá, se referían a la crítica.

CONTRAPUNTO "Concordancia armoniosa de voces contrapuestas". (Academia)

Ejemplo de contrapunto:

> Alegría del alma, compañera
> de este andar que me lleva por la vida
> buscándote y teniéndote, escondida,
> sin acertar la ruta verdadera.
>
> (¡Girar en torno tuyo, como un humo
> empujado por vientos y deshecho,
> contra las roquedades de este pecho
> en que, apenas nacido, me consumo!")
>
> Voy contigo y sin ti donde no quiero;
> por un camino voy que yo no elijo,
> y te me vas del alma como un hijo
> entre mis propias nieblas prisionero.

> A la alegría voy con la tristeza
> de no saber si alienta entre mis huesos;
> si este cálido acento de los besos
> quebrantará su dura fortaleza.
> Victoriano Cremer Alonso (1906-2009)

CONVERSIÓN	Véase "Complexión".
CONVERSO	Se refiere a un judío o musulmán convertido al cristianismo.
COPLA	Estrofa constituida por cuatro versos octosílabos con rima asonante en los pares, y que consta de una cuarteta, de una seguidilla o redondilla, muy usada en las canciones populares. Existen distintos tipo de coplas, por ejemplo: "copla de arte mayor" (dos cuartetos compuestos de versos de arte mayor, de los que riman sólo tres); "coplas de arte menor" (igual que la anterior pero compuesta por versos breves); "coplas de pie cuadrado" (compuesta de estrofas octosílabas con uno que otro tetrasílabo intercalado); etc. Como ejemplo de la copla compuesta de pie quebrado (46 en total), pueden citarse las "Coplas por la muerte de su padre Don Rodrigo", de Jorge Manrique (1440-1479).

"Coplas por la muerte de su padre".

> Recuerde el alma dormida,
> avive el seso y despierte
>   contemplando
> cómo se pasa la vida,
> cómo se viene la muerte
>   tan callando;
>   cuán presto se va el placer;
> cómo, después de acordado,
>   da dolor;
> cómo, a nuestro parescer,
> cualquier tiempo pasado fue mejor.
> Jorge Manrique (¿1440? – 1478)

Es interesante una copla atribuida a Juan de Mena (1411-1456) con el título "¡Ay, panadera!", sátira sobre la cobardía de los rebeldes vencidos en la batalla de Olmedo por el rey Juan II.

COPLA DE PIE QUEBRADO	Véase "Copla".
CÓPULA	Término que une el sujeto con el predicado. Los verbos "ser" y "estar" se usan frecuentemente en oraciones copulativas. Ejemplo: "Juan es maestro", "Mi padre está en la oficina".
COREO	Véase "Verso".
CORIÁMBICO	Véase "Verso".
CORO	Elemento indispensable de la tragedia griega, que se manifestaba en el diálogo y la representación.

COROLARIO	Se dice de la proposición que no necesita prueba determinada, sino que puede deducirse por lo demostrado con anterioridad. Puede verse en distintos casos en el Acto I de "La Celestina".
CORRAL	Recinto, como un patio o teatro o una casa, en la que se representaban comedias. Véase "Corrales y teatros famosos" de Federico Carlos Saínz de Robles (1898-1983).
COSTUMBRISMO	Ver "Movimiento literario"> "Costumbrismo".
CREACIONISMO	Ver "Movimiento literario">Creacionismo.
CRESTOMATÍA	Colección selecta de escritos didácticos, es decir, para la enseñanza.
CRIOLLO	Puede ser sustantivo o adjetivo con tres acepciones: hijo o descendiente de padres europeos nacido en América; persona de raza negra nacida en América por oposición a la traída de África; lo autóctono, propio y distintivo de uno de los países hispanoamericanos. Obra famosa que trata del tema es el "Ulíses Criollo" del mexicano José Vasconcelos (1882-1959.)
CRIPTOGRAFÍA	Forma de escribir enigmáticamente o mediante claves secretas. Ejemplo: No hago más que pensar en ti. Te extraño mucho. venoselmosdinjaren (nos vemos en el jardín).
CRÍTICA	Todo juicio o razonamiento que se hace sobre una obra de literatura o de arte.
CRÍTICA LITERARIA	Las definiciones abundan de este vocablo. Para Karl Schlegel (1772-1829), era: "discernir lo valioso de lo no valioso en las obras poético-artísticas". Y añade: "…no es posible interpretar la filosofía pura ni la poesía sin ayuda de la filología". "Filología es para él—agrega René Welleck—amor a las palabras, minuciosa atención al texto, lectura, interpretación. Un crítico—define Schlegel donosamente—'es un amor que rumia su pasto. Así que debe tener más de un estómago'. Esa lectura o interpretación la entiende, en todo momento, como la justa combinación de análisis pormenorizado y de atención al conjunto: 'Hemos de ejercitarnos en el arte de leer muy despacio, en un análisis constante de los detalles, y también muy aprisa, de un tirón, para llegar a una visión de conjunto'. No basta tener sensibilidad para la belleza de los pasajes sueltos; hace falta, además, llegar a la impresión total, por cuanto 'la primera condición para todo buen comprender, y también por tanto, para comprender una obra de arte, es la intuición del todo'. Schlegel desea que el crítico 'espíe y escudriñe lo que [el autor] quiso ocultar a nuestra mirada, o, al menos lo que no quería mostrarnos al principio…, los secretos designios que él perseguía calladamente, designios que nunca podremos creer excesivos… si de un genio se trata'. Intentemos descubrir lo más profundamente escondido, comprender lo incomprensible y entender a un autor incluso mejor de lo que él mismo se entiende". Emilia de Zulueta resume así su significado ("Historia de la crítica española contemporánea"): "El conocimiento intelectual de las obras literarias concretas para su posterior interpretación y evaluación". La definición de Germán Bleiberg ("Diccionario de literatura española") quizá sea la más precisa, aunque le da un sentido más amplio (resumimos): "Del verbo 'krinein', que significa juzgar, opinar. Por la etimología deducimos fácilmente lo que este concepto encierra: facultad humana de emitir un juicio, estimando o desestimando los valores que un acto, una obra o una persona poseen, según nuestro parecer".

Según nos explica Bleiberg, como primera obra sistematizada de la crítica literaria descolla la "Poética" de Aristóteles, aunque ya en Platón se notaba la inquietud del crítico literario en sus "Diálogos". Entre los críticos españoles modernos se hallan Mariano José de Larra (1809-1837), Juan Valera (1824-1905), Marcelino Menéndez y Pelayo (1856-1912) y Menéndez Pidal, estos dos últimos sobre todo en cuanto al medievalismo. No pueden dejar de citarse también, para nosotros en un sentido mucho más profundo y humano, a Miguel de Unamuno (1864-1936), José Ortega y Gasset (1883-1955) y a Azorín (1873-1967), cuya obra, "El artista y el estilo" (Aguilar) es indispensable. También decía Lope de Vega refiriéndose a la crítica: "juzgar de las cosas fundándose en los principios de la ciencia o en las reglas del arte".

De la crítica literaria se ha abusado mucho y ya hoy se tiende a pasar por alto o desestimar por su subjetividad cada vez más aparente. Alguien dijo una vez que el crítico literario es un "escritor frustrado" viendo en la obra ajena lo que a él (o ella) se le quedó en el tintero por desidia o incapacidad. Así, no hay mejor crítico de una obra que el propio lector que la juzgará según su gusto, preparación, experiencia, y condición humana.

CRÓNICA Relación de los hechos históricos de una época o pueblo. En España pueden citarse las siguientes: la "Crónica General" de Alfonso el Sabio", de las que derivan las demás, como la "Crónica abreviada" de don Juan Manuel (1320 ó 1322), la "Segunda Crónica o Crónica de 1344", la "Crónica de Veinte Reyes", la de los "Reyes de Castilla" y la tercera "Crónica General". En el siglo XIV aparece la "Grant corónica de Espanya", escrita en dialecto aragonés por Juan Fernández de Heredia (1310-1396). Entre las crónicas puede contarse "Historia general de Perú" del Inca Garcilaso de la Vega (1539-1616).

CRONICONES Se dice de las simples relaciones de hechos históricos sin poner mucho hincapié en su importancia, diferenciándose así de las "crónicas", más extensas y veraces. Como ejemplo de los cronicones podemos citar la "Crónica mozárabe" escrita en el año 754, y que manifiesta el desdén hacia los musulmanes.

CRONISTA Por lo general, escritor de anales o historias de las vidas y hazañas de los reyes.

CUADERNA VÍA Se llama así a la estrofa de cuatro versos alejandrinos divididos en dos hemistiquios de siete sílabas de rima perfecta. Es representativa de los poemas de mayor relieve del medioevo castellano. Para obras en "Cuaderna Vía" véanse "El libro de Apolonio", el "Libro de Alexandre" y "Milagros de Nuestra Señora " de Gonzalo de Berceo. De Berceo damos este ejemplo:

> La verdura del prado, la olor de las flores,
> la sombra de de los arbores, de templados sabores,
> refrescaronme todo, e perdi los sudores,
> podrie venir el omne con aquellos colores.

CUADRO Cada una de las partes en que quedan divididas las obras teatrales.

CUARTETA Estrofa de cuatro versos octosílabos, llamándose así si riman el primero con el tercero y el segundo con el cuarto. Existe una variante de la cuarteta denominada "cuarteta asonantada", como esta de Gustavo Adolfo Bécquer (1836-1870):

> Por una mirada un mundo,
> por una sonrisa un cielo,
> por un beso, yo no sé
> que te diera por un beso.

También puede ser de seis sílabas o de diez sílabas, como en este verso de José de Espronceda (1808-1842):

> Embargada y absorta la mente
> en incierto delirio quedó;
> y abrumada sentí que mi frente
> un torrente de lava quemó.

CUARTETO Combinación de cuatro versos endecasílabos, con rima entre el primero y cuarto, segundo y tercero. Se incluye este ejemplo de Lope de Vega:

> Cayó la torre que en viento hacían
> mis altos pensamientos castigados
> que yacen por el suelo derribados
> cuando con sus extremos competían.

CUENTO Se designa por este género a la narración breve de acción ficticia o imaginaria. Tiene su mayor auge en España a finales del siglo XIX, durante el llamado Romanticismo. Destacan entre sus cultivadores Fernán Caballero (1796-1877), Pedro de Alarcón (1833-1891), Valera, y Leopoldo Alas ("Clarín", 1852-1901). Resalta entre los clásicos del género "El conde Lucanor" escrito por Don Juan Manuel en el siglo XIV, y que contiene 51 cuentos de magistral belleza. Una buena lista de cuentos españoles puede verse en la obra: "Cuentistas españoles del siglo XX", Colección Crisol, Aguilar, Madrid, No.126, 1963. Como ejemplo de "Cuento fantástico" puede verse "La Pasionaria" de José Zorrilla. Se considera cuento, aunque lírico, la obra "María" de Jorge Isaacs (1837-1895).

CULTERANISMO "Sistema de los culteranos o cultos, que consiste en no expresar con naturalidad y sencillez los conceptos, sino falsa y amaneradamente por medio de voces peregrinas, giros rebuscados y violentos y estilo obscuro y afectado". (Academia). Todo este movimiento, o al menos su temática, se inspiraba en la mitología clásica, como lo demuestra la "Fábula de Acis y Galatea" de Luis de Carrillo y Sotomayor (1585-1610). Comparándolo con el Renacimiento, Dámaso Alonso (1898-1990) no lo considera una reacción contra este, sino una "condensación intensificada de su lírica". Su máximo exponente en España fue Luis de Góngora en su "Fábula de Polifemo y Galatea" y las "Soledades". Entre otros que lo cultivaron se pueden citar a Tirso de Molina en sus composiciones líricas, y en cuanto a la oratoria a fray Hortensio Félix Paravicino (1580-1633).

CULTISMO Se denomina así a toda voz cuya formación es puramente erudita y no popular, aunque ambas provienen del latín, y que llegaron a nosotros por la vía escrita y no la oral.

D

DACTILICO   Verso que lleva los acentos principales en la primera y séptima sílabas.

DÁCTILO   Véase "Verso".

DADAÍSMO   Ver "Movimiento literario"> "Dadaísmo".

DANTISMO   Influencia en las letras españolas del autor de la "Divina Comedia", Dante, que puede trazarse, a través del islamismo hispánico, a la poesía alegórica del "Cancionero de Baena", por ejemplo en el poeta Ruy Páez de Ribera (nacido entre 1460 y 1470), y también vincularse a Juan de Mena en su "Labyrintho" y el marqués de Santillana (1398-1458).

DATISMO   Repetición inapropiada y desagradable de palabras sinónimas. Fernando Lázaro Carreter nos da este ejemplo de Datismo tomado de Cervantes: "Siendo eso un menester y ejercicio que va desviado de todo lo que hacen y deben hacer las personas principales que están constituidas y guardadas para otros ejercicios y entretenimientos". Otro ejemplo sería: "Dada la necesidad y menester y aun la obligación de hacer las cosas como Dios manda": "menester y obligación" son sinónimos de "necesidad".

DATIVO   Uno de los casos de la declinación, haciendo en la oración oficio de complemento indirecto señalando la persona o cosa a la que se aplica la significación del verbo. Va casi siempre precedido de las preposiciones "a" o "para". Ejemplo: "Le di las gracias a Esteban"; "a Esteban" es el dativo o complemento indirecto.

DE, DEL Y A, AL   Ya se sabe que, por lo general, hay contracción con las preposiciones "a" y "de" seguidas del artículo definido "el". Pero hay algunas excepciones, que son las siguientes:

a. Con los nombres de lugar, puede o no usarse la contracción y decir, por ejemplo, "Vengo del Perú" o "de El Perú".

b. Con los nombres propios de sociedades comerciales, debe evitarse la contracción, y decir por ejemplo "Hace un ratito llegué de El Corte Inglés".

c. Con los títulos de obras literarias, debe asimismo evitarse la contracción, o cuando el artículo sigue a una palabra que regularmente no es sustantivo. Ahora bien, si el título de la obra es abreviado, se podrá hacer la contracción, como "Esta cita es del Quijote".

Téngase presente que en esto hay mucha ambivalencia y que, a pesar de que existen reglas fijas, no se comete gran infracción gramatical al usarse de una forma u otra, aunque sí conviene siempre ajustarse a la reglas sobre todo al escribir.

DECASÍLABO   Verso de Arte Mayor de diez sílabas.

Ejemplo: (Obsérvese que el poeta no se ha valido de su licencia poética mediante la sinéresis para obtener las 10 sílabas)

    Quiero seguir a ti, flor de flores,

siempre desir cantar de tus loores.
                Juan Ruiz Arcipreste de Hita ("Cántica de loores a Santa María")
Usado también por Gustavo Adolfo Bécquer.

DÉCIMA   Estrofas de diez versos octosílabos con rima consonante, llamadas también "espinelas", por su creador Vicente Espinel (1550-1624). La consonancia se halla en los versos primero, cuarto y quinto; segundo y tercero; sexto, séptimo y décimo; y octavo y noveno. Como obra representativa se encuentra "El Vértigo" de Núñez de Arce (1834-1903).

Ejemplo de décima:

"Décimas al mejor madrileño".

Madrileño de este día
  que tanto y tanto te afanas
por alcanzar cosas vanas
de precaria lozanía.
¿Por qué vives la agonía
de un febril y duro celo
por el cotidiano anhelo,
mientras Isidro en el prado,
tranquilamente tumbado
está ganándose el cielo?

Isidro no tiene nada.
Tú quieres tenerlo todo.
Y, sin embargo, no hay modo
de ver tu ambición saciada.
Dime: ¿por que si acordada
tu ansia está con tu recelo,
falto de todo consuelo
vas del dolor a la ira,
mientras Isidro suspira
y va de la tierra al cielo?
                Federico Carlos Saínz de Robles (1899-1982)

Otro ejemplo de Manuel Salinas:

Todas tus amigas son
las más viejas y más feas;
con ellas vas y paseas,
ya se sabe tu intención.
Estas en toda ocasión
contigo gustas traer,
para con eso poder,
Fábula siempre engañosa,
entre feas ser hermosa,
y entre viejas niña ser.

Hay veces en que la décima es reunión de dos quintillas. Luis de Góngora escribió también décimas.

(Véase también "espinela").

DECIR	Se usa comúnmente en plural: "decires". Dicho notable por la sentencia que encierra. El decir se distingue de la canción en que no tiene estribillo ni tema inicial.

Ejemplos de decires:

...Callen poetas e callen abtores,
Omero, Oraçio, Vergilio e Dante,
e con ellos calle Ovidio D'amante
en cuantos escripvieron loando señores,
que tal es aqueste entre los mejores,
commo el lucero entre las estrellas,
llama muy clara a par de centellas,
e commo la rrosa entre las flores.
        Micer Francisco Imperial (siglos XIV-XV)

Quien fue mover los vientos
e concluye las virtudes,
e nos enbia ssaludes
e más los mantenimientos,
El fiso los elementos,
los ángeles y los coros,
e sacó de sus tesoros
la ley de los mandamientos.
        Garci Fernández de Jerena (siglos XIV-XV)

DECLAMACIÓN	"Oración escrita o dicha con el fin de ejercitarse en las reglas de la retórica, y casi siempre sobre asunto fingido o supuesto. También, discurso pronunciado con demasiado calor y vehemencia, y particularmente inventiva áspera contra persona o cosas". (Academia)
DECLAMADOR	El que declama o recita principalmente el verso de memoria y en alta voz, dándole una entonación y valiéndose de unos ademanes y gestos que los resalta. Se le llama también "recitador".
DECLINACIÓN	Consiste en la serie ordenada de los casos gramaticales, que son: nominativo, genitivo, dativo, acusativo, vocativo y ablativo (véase cada uno individualmente).
DEIXIS	Señalamiento que se realiza por medio de pronombres demostrativos o de adverbios y que indican persona, lugar, tiempo, o cosa, como: "este" (demostrativo), "nosotros" (persona), "allí" (lugar), "ahora" (tiempo).
DEMASIADO	Puede ser adjetivo como en: "Le diste demasiado dinero", o adverbio que significa "excesivamente" como en: "Fue una caminata demasiado larga para ella". Como adjetivo tiene género pero no así como adverbio.
DENOMINACIÓN	Nombre que sirve para distinguir las personas y las cosas, por ejemplo: "Al que escribe versos se le denomina poeta"
DENOTACIÓN	Acción de indicar o significar algo.
DENTAL	Véase "Articulación, Punto de".
DEPRECACIÓN	Ruego o súplica ferviente, como muestran estos famosos versos de Santa Teresa de Jesús:

Sácame de aquesta muerte
mi Dios y dame vida,

>no me tengas impedida
>en este lazo tan fuerte.
>Mira que muero por verte,
>y vivir sin ti no quiero,
>y tan alta vida espero
>que muero porque no muero.

DERIVACIÓN — Se aplica a las palabras que se derivan de otras, o a la formación de vocablos nuevos por medio de adición, supresión o intercambio de sufijos. Por ejemplo: "carta">"cartero".

DERIVADO — Se refiere a la palabra compuesta por derivación. Ejemplo: "carnicero" de "carne", "jardinero" de "jardín".

DESCRIPCIÓN — Fray Luis de Granada lo define así: "…es exponer lo que sucede, o ha sucedido, no sumaria y ligeramente, sino por extenso y con todos sus colores, de modo que poniéndolo delante de los ojos del que lo oye o lo lee, como que lo saca fuera de sí y lo lleva al teatro".

DESHECHA — Terminación de algún romance o decir, por lo general en forma de breve copla o canción compuesta en octosílabos o hexasílabos. Ejemplo:

>Nuevas de gozar
> habemos sabido,
>que Dios es nacido
>para nos salvar.
>
> Allá repastando
>en nuestra majada,
>un ángel volando
>con gran relumbrada,
>con voz muy sonora
>dijo: --Aho, pastores,
>grandes y menores,
>vía levantar.
>
> Catad que es nacido
>un claro lucero,
>cuyo apellido
>Es Dios verdadero:
>soy su majadero,
>que os vengo a decir
>que sin debatir
>le vais visitar.
>   Enrique de Oliva (fines del siglo XV)

DESIDERATIVO — Se dice de lo que indica o expresa algún deseo; ejemplo: "Que la suerte te acompañe y te conceda todo cuanto deseas".

DESINENCIA — Terminación de las palabras, o como señala Fernando Lázaro Carreter "Elemento flexivo que se añade a un tema en la declinación y en la conjugación, y que puede ser de dos clases: casual y verbal". El primero indica el caso, el género y el número; y el segundo el modo, el tiempo, la persona, el número, la voz, etc. Véase también "Terminación".

DEUTEROTÓNICA — Se llama así a las palabras que llevan el acento prosódico u ortográfico en la segunda sílaba, o sea, llanas o graves, como: "hermano", "azúcar".

DIACRONÍA/ SINCRONÍA	En lingüística, se refiere al estudio de la lengua a través de su evolución histórica, indagando los diversos cambios lingüísticos del idioma desde su origin hasta el presente. También se le ha llamado antes "Gramática histórica". La "sincronía" considera la lengua en un momento dado de su existencia histórica, es decir, en su aspecto estático.
DIALECTOLOGÍA	Rama de la lingüística que estudia los dialectos.
DIALÉCTICA	Ciencia del raciocinio y de sus distintos modos de expresión, como en el dialogar, argumentar o discutir.
DIALECTO	En lingüística, la variedad de una lengua hablada y que es peculiar a una región, comunidad o grupo social. También, puede decirse que dialecto es un cierto modo de hablar derivado históricamente de otro como, por ejemplo, las lenguas neolatinas que son derivadas del latín. Para los dialectos de España, véase "Lengua".
DIALOGISMO	La reproducción textual de un relato o discurso de seres reales o imaginarios.
DIÁLOGO	Género literario en el que dialogan o platican dos o más personajes imaginarios. También plática o conversación entre dos o más personas.
DIÁSTOLE	Licencia poética que permite el alargamiento de una vocal breve por una larga. Se entiende también cuando el acento pasa a una sílaba posterior en una misma palabra. Ejemplo de Luis de Góngora:

> El conde mi Señor se va para Napóles
> y el duque mi Señor para Francía.
> Majestades, merced, porque este día
> Pesadumbre daré a unos caracoles.

En "Napóles" pasa la palabra de esdrújula a llana (Nápoles), y en "Francía" se deshace el diptongo y se adelanta el acento a la última sílaba, o sea, que de una palabra de dos sílabas se han hecho tres (Fran-cí-a).

DIATRIBA	Discurso o disputa, en particular aquella que resulta en una crítica maliciosa e injuriosa.
DICCIÓN	Sonido o conjunto de sonidos articulados mediante los que se expresa una ida o concepto.
DICCIONARIO	Libro en el que se citan alfabéticamente todas las voces de una lengua.
DICHARACHO	Dicho algo vulgar o indecente. Ejemplo: "Me tiene hinchadas las pelotas".
DICHO	Se refiere mayormente a una frase hecha que contiene una máxima de carácter popular como: "Lo comido por lo bebido", "El que la hace la paga", "Saber es poder", "Lo que no mata engorda".
DIDASCÁLICO	Se refiere especialmente a la poesía didáctica. Véase "Didáctico".
DIDÁCTICO	Se aplica al género literario cuya principal finalidad es la enseñanza práctica o moral del interlocutor, y que incluye el Poema didáctico, la Epístola, la Sátira y la Fábula.
DIDASCÁLICO	Equivale a didáctico.
DIÉRESIS	El maestro Nebrija lo define así: "es cuando una sílaba se parte en dos sílabas… llamase dieresis que quiere dezir apartamiento". En griego quiere decir exactamente eso, separación. Se aplica por ende a la licencia poética que permite medir una palabra de tal

forma. También se refiere a los dos puntitos que van sobre la "ü" en los grupos constituidos por "gue", "gui" que permite su pronunciación, como en: "lingüística", "antigüedad, Camagüey". Como licencia poética, la diéresis se emplea para deshacer un diptongo, por ejemplo, en la palabra "sü-a-ve". Como se sabe, el diptongo combina una vocal débil (ü) con una fuerte (a). Puede clasificarse como contraria a la "sinéresis" (Véase también "Metaplasmo").

Ejemplo de diéresis usada en un verso:

   No entre Scila y Caribdis, viva nave
niega a impulsos australes blanco lino,
entre nortes de luz, si aserto dino
violencia es dulce rémora süave.
          Fragmento de un poema del conde de Villamediana.

DIGRESIÓN Básicamente, desvío temporal del tema principal al hablar o al escribir, cayendo en otro sin conexión alguna con lo que se está tratando.

DIMINUTIVOS Son las palabras que denotan disminución o atenuación de las cosas, contrario a los "aumentativos" que las aumenta o intensifica. Por lo general los diminutivos se forman con la adición de un sufijo ("-ico", "-ito", "-uelo", "-illo", etc.), y asimismo los aumentativos ("-ón", "-azo", "-acho", "-ote"). Pueden ser sustantivos o adjetivos como, por ejemplo: "casita" de "casa" y "pequeñito" de "pequeño". Ocurre también, que tanto uno como el otro pueden indicar un sentimiento de menosprecio o estimación como, por ejemplo, "hombracho" que puede tener los significados de tamaño y desprecio, y "chiquitín" o "chiquilín", que además de dar la idea de pequeñez añade la de aprecio o cariño. En estos casos, los sustantivos y adjetivos reciben el nombre de "apreciativos" y "despectivos". Hay algunos sufijos que denotan casi exclusivamente desprecio (despectivos), como: "-aco", "-uza", "-ucha" ("pajarraco", "avechuza", "casucha").

DIPLOFONÍA Fenómeno que ocurre en la voz al producirse una tensión dispareja en las cuerdas vocales.

DIGO Sonorización de la velar sorda "c" en la consonante sonora "g".

DICTAMEN Opinión y juicio que se emite acerca de algo.

DIPODIA Véase "Verso".

DIPTONGACIÓN Cuando una vocal, ("e", "o", y ocasionalmente a la "i", "u") cambia de timbre en el presente de ciertos verbos, dando lugar a un diptongo. Entre los verbos de este grupo están "colgar" (cuelgo), "cerrar" (cierro), "jugar" (juego).

DIPTONGO Consiste en la unión de una vocal débil (i, u, y) con una fuerte (a, e, o), o también de dos débiles en una sola sílaba.

La lengua española ofrece un total de catorce diptongos que son los siguientes:

ai (ay)   baile, hay
ei (ey)   aceite, ley
oi (oy)   heroico, hoy
ui (uy)   ruiseñor, ¡huy!
au   raudo
eu   deuda

ou	Bouza (estos diptongos no son propiamente castellanos, y sólo se dan en palabras de origen gallego o portugués)
ia	limpia
ie	miedo
io	ripio
iu	ciudad
ua	lengua
ue	fuego
uo	continuo

DISCURSO — La comunicación del pensamiento por medio de la palabra; la expresión de ideas; la conversación.

DISEMIA — Se aplica a una palabra que, teniendo la misma forma, posee dos significados diferentes, como: "vaso", el que se usa para tomar un líquido, y "vaso", conducto por el que circula la sangre.

DISIMILACIÓN — Ocurre cuando se altera un sonido al ser influenciado por otro contiguo que es igual o semejante. Por ejemplo, en latín "carcere" y en español "cárcel".

DISERTACIÓN — Escrito en el que se razona o discurre metódicamente sobre alguna materia específica.

DISONANCIA — Cualquier sonido que resulta desagradable al oído. Ya sabemos que hay palabras terminadas en "ente" que no admiten inflexión en "a", como "estudiante", "oyente", etc. Así, disuena el siguiente uso de esta palabra en esta loa de Solís:

> Yo, mis señoras oyentas,
> Sólo tengo que deciros, etc.

E igual diríamos del adjetivo "confidente" en femenino: "confidenta", aunque ya ha recibido el visto bueno de la Academia.

DISPARATE — Composición poética alegre o festiva en la que se incorpora o glosa alguna canción del pueblo.

DISTENSIÓN — Véase "Tiempos de la articulación".

DÍSTICO — Dícese de la estrofa que sólo consta de dos versos, y que comprende cualquier número de sílabas. Ejemplo:

> Mi madre sufre por mí
> y yo mucho más por ti.

DISYUNCIÓN — En retórica, "figura que consiste en que cada oración lleve todas sus partes necesarias, sin que necesite valerse para su perfecto sentido de ninguna de las otras oraciones que preceden o siguen" (Academia).

DITIRAMBO — Entre los griegos el ditirambo se empleaba para cantar festivamente a Baco, el rey del vino. Consiste, esencialmente, en una composición poética que muestra entusiasmo por algo. No tuvo imitadores o seguidores en España, aunque este concepto se aplica a composiciones con gran variedad de metros.

DITOGRAFÍA — Véase "Ditología".

DITOLOGÍA	Consiste en repetir involuntariamente una o más sílabas en el habla, como: "cocohete" por "cohete". Si ocurre en la escritura, se le denomina "ditografía".
DOBLETE	Dos palabras o pareja de palabras que derivan de la misma y que pueden tener distinto significado como: "limpio"> "límpido", "cosa">"causa".
DODECASÍLABO	Verso de Arte Mayor de doce sílabas.

Ejemplo: (Obsérvese que el poeta hace uso de su licencia poética valiéndose de la sinalefa para obtener las 9 sílabas)

Nombre de reina. El corazón dorado
oculta su humanidad. La flor de nieve
--blanca corona al sol—ha conservado.
      María Alfaro ("A una margarita")
Usado también por Antonio Machado (1875-1939).

DOGMA	Fundamento de un sistema, doctrina, ciencia o religión.
DOLORA	Composición poética ingeniada por Ramón de Campoamor (1817-1901). Damos dos ejemplos de este autor:

    Mientras la abuela una muñeca aliña
    y, haciéndose la niña se consuela,
    haciéndose la vieja, usa la niña,
    el báculo y la cofia de la abuela.

Y este otro:

    A un alemán y a un francés
    verá el mundo hacerse hermanos.
    Tú comerás con mis manos,
    y yo andaré con tus pies.

DONAIRE	Equivale a chiste o gracia, muy usado en el teatro de Lope de Vega en boca del "gracioso".
DÓNDE, ADÓNDE, Y DONDE	"Dónde" y "adonde" son adverbios de lugar y pueden emplearse indistintamente con el mismo significado; o sea, que puede decirse en una oración interrogativa: "¿dónde vas o adónde vas?" Ahora bien, si se emplea con otra preposición, "en", por ejemplo, entonces sí hay que distinguir y se usa sólo "dónde", como: "¿en dónde están?" Igual ocurre con el uso de otras preposiciones como: "¿de dónde eres?", "por dónde es más corto?", "¿hasta dónde llega el río?", "¿hacia dónde me dirijo?" Y, de todas las preposiciones, las únicas que pueden eliminarse son "en" y "a" sin que por ello pierda valor el adverbio. Ahora bien, cuando "donde" se emplea como relativo para introducir las oraciones adverbiales de lugar, no lleva acento ortográfico, como: "ese lugar, donde tú naciste".
DORSAL	Articulación que se produce con el dorso de la lengua.
DRAMA	Representación en escena de una acción por medio de varios personajes. Puede componerse bien en prosa o verso, y se divide en actos o jornadas y estos a su vez en cuadros o escenas. Entre sus distintas manifestaciones se encuentran la tragedia, la comedia, y el entremés, que pueden ser religiosas ("La devoción de la cruz"); filosóficos ("La vida es sueño"), o trágicos ("El alcalde de Zalamea").

DRAMÁTICA Género literario al que pertenecen obras escritas con la intención de ser representadas escénicamente y cuyo argumento se desarrolla por medio de la acción y el lenguaje dialogado de los personajes.

DUBITACIÓN Se entiende en la oratoria la duda o perplejidad que hace patente el hablante respecto a lo que debe decir o hacer. Véase para ejemplos "Arte del estilo" de Baltasar Gracián (1601-1658).Ejemplo: "Oídme, no sé cómo expresarme, sacarme de dentro estos sentimientos que me agobian, deciros la verdad escueta de lo que llevo por dentro".

E

ECO   Composición poética en que se repite dentro o fuera del verso parte de un vocablo, o un vocablo entero, especialmente si es monosílabo, para formar nueva palabra significativa y que sea como eco de la anterior. (Academia). Ejemplo:

> "Galán…………..
> Si mi suerte no lo impide
> Eco.   Pide."
> Galán……………
> La que por Júpiter quiso
> ser contra Juno travieso
> Eco.   Eso".*
> *("Diccionario de literatura española", Revista de Occidente)

Otro ejemplo:

> Peligro tiene el más probado, vado;
> que no tiene que el mal le impida, pida;
> mientras la suerte le convida, vida,
> y goce el bien tan sin cuidado, dado.

Se utilizaba también para encadenar el final de un verso con el principio del siguiente. (Navarro Tomás).

ECOICO   Véase "Verso".

ÉCTASIS   Licencia poética que consiste en alargar una sílaba breve para completar la medida del verso, o cambiar una sílaba átona a una acentuada, como: "cantaro" por "cántaro". (Véase también "Metaplasmo")

ECTHLIPSIS   Consiste en la expulsión en el habla de una consonante cuando está agrupada con otra igual. Nebrija nos da esta explicación: "ectlisis es cuando alguna palabra acaba en consonante, y se sigue otra palabra que comience en letra que haga fealdad en la pronunciac[i]on, y echamos fuera aquella consonante, como diziendo 'sotil ladrón', no suena la primera l, y llama se ectlisis, que quiere decir escolamiento". ("Gramática")
(Véase también "Metaplasmo")

EDAD DE ORO   Llamado también "Siglo de Oro". Se aplica concretamente a la época del puro clasicismo español, al pleno florecimiento de sus artes y letras, coincidente con su expansión imperial. Resulta difícil enmarcarlo cronológicamente, pues para algunos comienza en 1474 con el reinado de los Reyes Católicos, para terminar en 1700, mientras que otros lo fijan en el siglo XVI, y aún los hay que lo enmarcan entre mediados del siglo XVI y la primera mitad del siglo XVII. La crítica moderna ha preferido extenderlo desde 1517 hasta 1681, es decir, desde el reinado de Carlos V hasta la muerte de Calderón de la Barca en 1681. Este gran apogeo del pensamiento español se extendió a la filosofía (Juan Luis Vives, 1493-1540), arte pictórica (Velázquez, el Greco, Zurbarán), lengua (empieza a fijarse como tal, por ejemplo, desaparece el sonido de la "x", la "h" deja de ser aspirada, y se extiende por casi todo el mundo), lírica (Garcilaso de la Vega, Juan Boscán (1490?-1542), fray Luis de León), teatro (Lope de Vega, Calderón, Tirso de Molina), épica (Alonso de Ercilla (1533-1594), Fernando de Balbuena (1562-1627), novela, Miguel de Cervantes (1547-1616), "Lazarillo de Tormes", ascética y mística (Santa Teresa, fray Luis de Granada, San Juan de la Cruz). No menos florecimiento tuvo en América con las excelentes historias o relatos de los primeros cronistas de Indias, sin los cuales no se sabría hoy nada de lo ocurrido antes o después del arribo del español a tierras americanas. Vale destacar aquí a escritores de la categoría de Pedro Mártir de Anglería, "Décadas) (1457-1526), Juan López de Velasco "Geografía y descripción universal de las Indias" (siglo XVI), Hernán Cortés "Cartas de Relación (1485-1547), Gonzalo Fernández de Oviedo, "Historia natural de las Indias" (1478-1557), Bernardino de Sahagún "Vocabulario trilingüe en castellano, latín y mexicano" (1498-1590), Francisco López de Gómara "Historia general de las Indias" (1511-1566), Bernal Díaz del Castillo ("Historia verdadera de la conquista de la Nueva España". Y no menos tuvo gran auge la literatura hispanoamericana durante esa época; basta citar a escritores como Fernando de Balbuena, Ruiz de Alarcón, Sor Juana Inés de la Cruz (1648/51-1695) y el Inca Garcilaso de la Vega.

ÉGLOGA Composición poética de índole bucólica. La primera manifestación en España fue en el teatro con las "Églogas" de Juan del Encina, primero en emplear el término.

Ejemplo de égloga:

   Desátase risueño y ya murmura
de su cárcel helada el arroyuelo,
temeroso del hielo
hasta para al mar no se asegura,
y con brazos de plata
los prados de esmeralda, ciñe y ata.
Los árboles gallardos, que mostraban
canas de nieve las humildes frentes,
ya en todo diferentes,
las verdes copas en el cielo clavan,
tan altas, que en su esfera
adornan a la aurora la carrera.
Los campos, de mil flores recamados,
no envidian las estrellas a los cielos,
y ellos, vistiendo celos,
mirándolos, cual ellos, sublimados
a sus claras estrellas,
para abrasarlos, piden las centellas.
El vagaroso viento enamorado
(que aun no es exento del amor el vien-
dice tu pensamiento   [to)
con dulce aliento al monte y verde pra-
y como amor profesa,   [do;
su yerba abraza y a sus flores besa.
¿No es, oh Fabio divino [di], a tus ojos
el verano de flores revestido?
Pues burla es y lo ha sido,
comparado a quien cuelga mis despojos,
en su divino templo
sol de hermosura, de virtud ejemplo.
            Luis Carrillo de Sotomayor (1584-1610)

Otros escritores que cultivaron las églogas fueron
Juan del Encina (1469-1533) y Garcilaso de la Vega.

ELACIÓN	Ampulosidad o hinchazón de estilo y lenguaje.
ELATIVO	Se aplica al superlativo absoluto, como: "grandísimo" o "muy grande".
ELEGÍA	En su significación originaria, era un poema fúnebre que se dedicaba a algún ser amado, como la célebre elegía de Jorge Manrique a la muerte de su padre. Después fue ampliándose su significado hasta abarcar los desengaños amorosos y la melancolía. Juan Ramón Jiménez escribió lo que él llamó "Elejías puras", Elejías intermedias" y "Elejías lamentables". Damos primero un ejemplo de una elegía de Miguel de Cervantes y después de otra de Juan Ramón Jiménez.

Cervantes:

"En la muerte de la misma reina".

   ¿A quién irá mi doloroso canto.
o en cúya oreja sonará su acento
que no deshaga el corazón en llanto?

   A ti, gran cardenal, yo le presento;
pues vemos te ha cabido tanta parte
del hado ejecutivo violento.

   Aquí verás que el bien no tiene parte:
todo es dolor, tristeza y desconsuelo
lo que en mí triste canto se reparte.

   ¿Quién dijera, señor, que un solo vue-
de una ánima beata a la alta cumbre [lo
pusiera en confusión al bajo suelo?

   Mas, ¡ay!, que yace muerta nuestra
                          [lumbre:
el alma goza de perpetua gloria
y el cuerpo de terrena pesadumbre.

   No se pase, señor, de tu memoria
cómo en un punto la invencible muerte
lleva de nuestras vidas la victoria.
            Miguel de Cervantes Saavedra

Juan Ramón Jiménez:

El sol entra en mi vida por la ventana abierta,
de modo que el rosal se ilumina de flores;
y las rosas de oro, en la casa desierta,
cantan no sé qué anjélicas sonatillas de amores.
   La armonía romántica del poniente de oro
va resbalando sobre el río vespertino...
Yo, al acordarme de ella, me desespero y lloro
una rosa y un oro, ¡lo alegre y lo divino!
            Juan Ramón Jiménez

ELIPSIS	Omisión en una oración de una o más palabras indispensables para la debida construcción gramatical, sin que con ello no quede claro su sentido, por ejemplo la "Navidad" por la "Fiesta Navideña" o "Fiesta de Navidad", o "¿cómo?" por "¿cómo así?" Ocurre mayormente en el habla como expresión de un pensamiento lógico.
ELISIÓN	Pérdida de una vocal final al entrar en contacto con la vocal inicial de la palabra que le sigue, como: "del" por "de el", "al" por "a el". Véase también "sinalefa" y "elipsis".
ELOCUCIÓN	Forma de hacer uso de la palabra para expresar los conceptos. Es también parte de la Retórica que trata de la elección y distribución de las palabras y frases.
ELOCUENCIA	Facultad que se tiene de hablar o escribir eficazmente con el propósito de conmover, persuadir o deleitar.
ELOGIO	Escrito o discurso laudatorio, muy en boga durante el Renacimiento.
ELUCIDARIO	Se dice del libro cuyo objetivo es explicar o aclarar temas confusos o difíciles. Puede citarse como ejemplo el "Lucidario" que se ha atribuido a Sancho el Bravo (1258-1295) en la Edad Media.
EMBLEMA	Símbolo en que se representa alguna figura a cuyo pie se incluye algún verso o lema que encierra su moralidad o concepto.
EMPÍRICO	Que está fundado en la experiencia.
ENTIMEMA	La Academia lo define así: "Silogismo abreviado que, por sobrentenderse una de las premisas, solo consta de dos proposiciones que se llaman antecedente y consiguiente". Ejemplo: "El sol alumbra, luego es de día".
ENÁLAGE	Se entiende por cualquier cambio de las partes o accidentes de una oración, como cuando se pone un adjetivo por otro, o el tiempo de un verbo por otro distinto. Ejemplo: "El hombre se mueve rápido" por "rápidamente", es decir, uso del adjetivo ("rápido") en vez del adverbio que es el que modifica al verbo ("moverse"), o "tú haces la tarea" por "haz la tarea".
ENCABALGAMIENTO	Final de un verso que no sigue su pausa normal sino que entronca con el siguiente, como aquel de Juan Ramón Jiménez: "…Y yo me iré. Y se quedarán los pájaros". Y ante este verso nos dice Leopoldo de Luis (1918-2005): "…¿cómo es eso de que se quedarán los pájaros? Los pájaros mueren también. Pero no es tal cosa lo que importa al poeta, sino que se quedarán cantando. Si lo perdurable no es el pájaro, sino el pájaro-cantando, lo inmortal es el canto". (Prólogo a "Segunda antolojía poética"; véase la Bibliografía)
ENCADENAMIENTO	En morfología, serie o conjunto de palabras derivadas consecutivamente partiendo de la primera. Ejemplo: libro, librero, librería; papel, papeleo, papelería.
ENCICLOPEDISMO	Doctrina intelectual que aparece en Europa a mediados del siglo XVIII, con la publicación en Francia de la 'Enciclopedia' o 'diccionario razonado de todo el saber humano'. Entre sus grandes seguidores valen citarse a Voltaire y Rousseau y, y en España, a José Cadalso (1741-1782) y Gaspar Melchor de Jovellanos (1744-1811).
ENCLISIS	Véase "Palabras proclíticas y enclíticas".

ENDECASÍLABO	Verso de Arte Mayor de once sílabas.

Ejemplo:

  Cuando del mar las ondas cristalinas
vieron nacer de Venus la hermosura,
no adornaban su frente o su cintura
mirtos de amor ni rosas purpurinas.
        Juan Bautista de Arriaza (1770-1837, "Ofreciendo a una belleza una guirnalda hecha toda de mariscos")
Empleado también por Juan Ramón Jiménez. |
| **ENDECHA** | La Academia la define así: "Combinación métrica que se emplea repetida en composiciones de asunto luctuoso por lo común, y que consta de cuatro versos de seis o siete sílabas, generalmente asonantados. La endecasílaba consta de tres versos, heptasílabos por lo común, y de otro, además, que es endecasílabo y forma asonancia con el segundo".

Ejemplo de endecha:

  El pastor más triste,
que ha seguido el Cielo,
dos fuentes sus ojos,
y un fuego su pecho,
llorando caídas
de altos pensamientos,
solo se querella
riberas del Duero.
El silencio amigo,
compañero eterno
de la noche sola,
oye su tormento.
Sus endechas llevan
rigurosos vientos,
como su firmeza
mal tenidos celos.
        Francisco de la Torre (hacia 1534-1594) |
| **ENDECHA REAL** | Composición métrica formada por tres versos heptasílabos y de un cuarto verso endecasílabo. Ejemplo de endecha real de Sor Juana Inés de la Cruz:

Divina Lysi mía:
perdona si me atrevo
a llamarte así, cuando
aun de ser tuya el nombre no merezco.

Y creo, no osadía,
es llamarte así, puesto
que a ti te sobran rayos,
si en mí pudiera haber atrevimiento. |
| **ENDÍADIS** | Figura retórica mediante la cual se emplean dos nombres coordinados para expresar un concepto o pensamiento, como por ejemplo en: "estaremos allí en carne y hueso". Ambos sustantivos transmiten una sola idea. |

ENEASÍLABO	Verso de Arte Mayor de nueve sílabas, no muy arraigado en la literatura española.

Ejemplo:

Vamos alegres por los montes
luz encontrando tras la niebla,
vamos alegres, casi niños,
pájaros dulces sin ausencia.
        José Vidal Beneyto (1927-2010,"Vamos alegres")

Empleado también por Rubén Darío (1867-1916).

ÉNFASIS	Realce de expresión o de entonación en lo que se dice o lee.
ENIGMA	Composición poética parecida a los acertijos. Véase "El coro de las musas" de Miguel de Barrios (1625-1701) publicado en Bruselas en 1672, y "Musa práctica" de Bartolomé Ramos de Pareja (1440-1522), así como "Enigmas literarios" de Gaspar Sánchez (1640-1710). El enigma tuvo su apogeo en España durante el Barroco.
ENSAYO	Escrito breve de un tema sin grandes pretensiones eruditas. Uno de los mejores ensayistas fue José Ortega y Gasset, en España, y Montaigne en Francia y Pope en Inglaterra. También en España Unamuno y Ángel Ganivet (1865-1898) y el gran Azorín. En Hispanoamérica, gran ensayista fue Juan Montalvo (1832-1889) en su obra los "Siete tratados".
ENTONACIÓN	Conjunto de los tonos de las sílabas de una frase o grupo fónico. Al respecto, Tomás Navarro Tomás (1884-1979) nos señala: "La entonación, según la dirección de la línea descrita por la voz, será "ascendente, "descendente", "aguda", "grave", "uniforme", "ascendente-descendente", etc. En cada individuo, la voz se eleva o desciende según aumenta o disminuye la tensión de sus cuerdas vocales; en un estado de equilibrio entre la tensión y la relajación, que es el estado más frecuente en el lenguaje ordinario, las cuerdas vocales se mueven generalmente en torno de una misma nota, que es la que en cada sujeto caracteriza la entonación normal".
ENTREMÉS	Obra teatral breve y de índole cómica. Entre sus grandes exponentes hay que citar en primer término a Cervantes, seguido de Luis Quiñones de Benavente (1589?-1651). Quizá la mejor definición es la dada por Agustín de Rojas Villandrando (1572-1618) que dice así en su "Viaje entretenido":

"Y entre los pasos de veras
mezclados otros de risa
que, porque iban entremedias
de la farsa, le llamaron
entremeses de comedias
y todo aquesto iba en prosa
más graciosa que discreta".

Sobre ellos, nos dice Cervantes: "De modo que, como los entremeses solían acabar por la mayor parte en palos" ("Coloquio de los perros", IV, 271).

ENUNCIACIÓN	Expresión breve y sencilla de una idea.
EPANADIPLOSIS	Repetición al finalizar una cláusula o frase de la misma palabra con que se empieza. Ejemplo: "aumenta su ira, y el confrontamiento aumenta". El maestro Nebrija nos da como ejemplo este verso de Juan de Mena: "Amores me dieron corona de amores". ("Gramática")

EPANALEPSIS	Véase "Epanadiplosis".
EPÉNTESIS	Equivale a metaplasmo, o sea, añadir una letra en medio de una palabra, como: Ingalaterra" por "Inglaterra". (Véase también "Metaplasmo")
ÉPICA	Véase 'Poema épico'.
EPICEDIO	Composición en verso de carácter elegíaco que lamenta la muerte de un ser amado o personaje. José Gómez Hermosilla (1771-1837) la define así: "…cuando un poeta se lamenta de la desgraciada o temprana muerte de algún personaje, hace un epicedio".
EPICENO	Se refiere a nombre o apelativo de animal que tiene un solo género gramatical bien sea masculino o femenino como: "el ave", "la ardilla", "el buitre". Andrés Bello (1781-1865) lo define así: "Hay sustantivos que sin variar de terminación significan ya un sexo, ya el otro, y piden, en el primer caso, la primera terminación del adjetivo, y en el segundo, la segunda. De este número son "mártir", "testigo", pues se dice "el santo mártir", "la santa mártir", "el testigo" y "la testigo". Estos sustantivos se llaman "comunes", que quiere decir, comunes de los dos géneros masculino y femenino.
	Pero también hay sustantivos que denotando seres vivientes, se juntan siempre con una misma terminación del adjetivo, que puede ser masculina, aunque el sustantivo se aplique accidentalmente a la hembra, y femenina, aunque con el sustantivo se designe varón o macho. Así, aun hablando de un hombre decimos que es "una persona discreta", y aunque hablemos de una mujer, podemos decir que es "el dueño de la casa". Así también "liebre", se usa como femenino, aun cuando se habla de macho; y "buitre" como masculino, sin embargo de que con este sustantivo se designe la hembra. Se le da el nombre de "epicenos", es decir, más que comunes". ("Gramática")
EPIFONEMA	Sentencia que se coloca al final de una narración.
EPIGLOTIS	Lámina cartilaginosa que cierra la laringe en la deglución y que la deja abierta al hablar.
EPÍGONO	El que sigue o continúa el estilo, obra o escuela de la generación anterior, resultando por lo general de calidad inferior.
EPÍGRAFE	Título con el que se resume el contenido de los capítulos o partes en que se divide una obra literaria o científica.
EPIGRAMA	Composición poética breve en que se expresa algún pensamiento ingenioso, agudo o satírico.

Ejemplo de epigrama:

Voy a hablarte ingenuamente.
Tu soneto, don Gonzalo,
si es el primero, es muy malo;
si es el último, excelente.
          Manuel Bretón de los Herreros (1796-1873)

Veamos también este epigrama traducido del latín por Manuel Salinas:

    Escribiendo tú siempre con dulzura
epigramas que tienen más lisura
que la tez de una fe, que estiraba
está dedl albayalde, y blanqueda.

    Ni en ella sólo un grano se percibe
de la gustosa sal, que el gusto avive;
ni de la amarga hiel la mordicante
gota que irrite. ¿Quieres, ¡oh ignorante!,
que corran, que se lean tus poesías,
a todos, enfadando por tan frías?
Advierte que el manjar de más agrado
cuando está con el agrio sazonado.

    Ni es hermosa una cara, si en el ceño
no afecta alguna vez lo zahareño;
dales melcochas, dátiles e higos
a los niños, que de esto son amigos;

pero para mi gusto, la pimienta,
la naranja y mostaza me presenta.
También escribió epigramas José Iglesias de la Casa (1748-1791).

Tomás de Iriarte lo define así:

    A la abeja semejante,
para que cause placer,
el epigrama ha de ser
pequeño, dulce y punzante.

EPÍLOGO	Parte final de una composición literaria o discurso en el que se recapitula lo expresado.
EPÍMONE	Consiste en repetir una misma palabra para darle mayor énfasis a una composición o verso. Ejemplo: "Y llovía esa noche, llovía sin cesar hasta el amanecer".
EPINICIO	Himno triunfal. Como ejemplo, veamos un fragmento de esta silva de Sor Juana Inés de la Cruz:

"Epinicio gratulatorio al conde de Galve (por la victoria de la Armada Barlovento sobre los franceses")

No cabal relación, indicio breve
sí, de tus glorias, Silva esclarecido,
será el débil sonido
de rauca voz, que a tus acciones debe
cuantos sonoros bebe
de Hipocrene en la fuente numerosa
alientos soberanos,
que el influjo reciben de tus manos.

¡Oh síncopa gloriosa
de tan regia ascendencia esclarecida,
si siempre verde rama!
La dulce ardiente llama
del pecho anima escaso,
que a copia tanta limitado es vaso,
y —pólvora oprimida—
los conceptos aborta mal formados,
informes embriones,
no partos sazonados,

> si bien e lumbres claras concebidos.
> Cuando hijos no lucidos,
> o partos no perfectos
> lucientes serán fetos
> del divino ardimiento
> que tu luz engendró en mi entendimiento.
>   Sor Juana Inés de la Cruz

EPISODIO Suceso que se enlaza con otros que forman un todo, bien en un poema épico o dramático, novela u otra obra cualquiera. Por ejemplo, "un episodio de la vida de Santa Teresa".

EPÍSTOLA Composición poética dirigida a una persona real o imaginaria y que tiene por fin moralizar, instruir o satirizar; generalmente va escrita en tercetos o en versos libres. Véase la "Epístola moral a Fabio" de autor anónimo, y las "Letras" (epístolas) de Fernando del Pulgar (1436?-1493?).

EPÍTASIS Es el nudo de la acción en la tragedia, precediendo a la catástrofe y siguiendo a la prótasis.

EPODO Véase "Verso".

ESCANDIR Consiste en medir el verso, en determinar el número de pies o sílabas que lo componen.

EPISTEMOLOGÍA Doctrina que trata sobre los fundamentos y métodos del saber científico.

ESPÍSTOLA Tiene dos acepciones: una, carta misiva que se le escribe a una persona ausente; y la otra composición poética que se dirige a alguien, real o imaginario, y cuyo fin es moralizar o instruir. Se escribe generalmente en tercetos o en verso libre.

Ejemplo de epístola:

"Epístola de Fabio a Anfriso".
(Descripción de el Paular)

> Desde el culto y venerable asilo
>   do la virtud austera y penitente
> vive ignorada y, del liviano mundo
> huida en santa soledad se esconde,
> el triste Fabio al venturo Anfriso
> salud en versos flébiles envía.
> Salud le envía a a Anfriso, al que, inspi-
> de las mantuanas musas, tal vez suele [rado
> al grave son de su celeste canto
> precipitar del viejo Manzanares
> el curso perezoso: tal süave,
> suele ablandar con amorosa lira
> la altiva condición de sus zagalas;
> ¡Pulguiera a Dios, oh Anfriso, que el cui-
> a quien no dio la suerte tal ventura   [tado
> pudiese huir del mundo y sus peligros!
>   Melchor Gaspar de Jovellanos (1744-1810)

También tenemos esta epístola que le dirige Garcilaso de la Vega a Boscán y de la que copiamos sólo el principio:

"Epístola a Boscán"

>   Señor Boscán, quien tanto gusto tiene
> de daros cuenta de los pensamientos,
> hasta las cosas que no tienen nombre,
> no le podrá faltar con vos materia,
> ni será menester buscar estilo
> presto, distinto, d'ornamento puro
> tal qual a culta epístola conviene.
> Entre muy grandes bienes que consigo
> el amistad perfetta nos concede
> es aqueste descuydo suelto y puro,
> lexos de la curiosa pesadumbre;
> y assí, d'aquesta libertad gozando,
> digo que vine, quanto a lo primero,
> tan sano como aquel que en doze días
> lo que sólo veréys á caminando
> quando el fin de la carta os lo mostrare.
>   Garcilaso de la Vega

EPISTOLARIO Libro que recoge las cartas o epístolas de un autor que dirige a diferentes personas y que tratan de diversos temas. Ejemplo notable de epistolario es el de Cicerón que se ha conservado en gran parte, con cartas muy personales e íntimas dirigidas a sus amigos y a su esposa Terencia.

EPITAFIO Breve poema elegíaco que se inscribe en una sepultura.

Ejemplo de epitafio:

>   Eres, piedra, la virtud:
> entereza que es nobleza,
> y piedad que es fortaleza,
> corazón que es rectitud.
> Y brillo. Piedra encendida
> por un sol de humanidad,
> eres luz, calor y vida.
> ¡Oh, piedra, yo te venero!
> Tu piedad quiso cubrir
> los muertos que yo más quiero;
> por los que, viviendo, muero,
> y muerto, habrán de vivir.
>   Juan Soca (1890-)

También tenemos este otro epitafio que le hizo Lope de Vega al inglés Henrico:

>   Mas que de esta losa fría
> cubrió, Enrique tu valor
> de una mujer el amor
> y de un error la porfía.
>
>   ¿Cómo cupo en tu grandeza
> querer, engañado inglés,
> de una mujer a los pies
> ser de la Iglesia cabeza?
>   Lope Félix de Vega Carpio (1562-1635)

Y este otro de San Juan de la Cruz:

Aquí yacen de Carlos los despojos;
la parte principal volvióse al cielo;
con ella fue el valor, quedóle al suelo
miedo en el corazón, llanto en los ojos.
San Juan de la Cruz (1527-1591)

Resalta asimismo el "Epitafio al túmulo del príncipe don Carlos de Fray Luis de León. Este epitafio de Francisco de Quevedo es muy ingenioso:

Epitafio de Alejandro Macedón:

Lícito te será, buen caminante,
poner en esta losa
los ojos, no los pies.

EPITALAMIO   Poema que se canta en una boda y que consiste en alabar a los novios. Pueden verse epitalamios en "Bodas de Sangre", Acto II, de Federico García Lorca, y también la novela de Ramón J. Sender (1902-1982) "Epitalamio del prieto Trinidad" (1942), así como las obras de los clásicos griegos Calímaco y Safio que lo compusieron.

EPITASIS   Componente del poema dramático al que le continúa la prótasis y es anterior a la catástrofe. Se aplica también al enredo que ocurre en dicho poema.

EPÍTETO   Nebrija lo define así como figura retórica: "es cuando al nombre propio añadimos algún adjetivo que significa alabanza o denuesto", como "la digna mujer". O sea, que subraya la cualidad sin modificar su extensión o comprensión, frente al adjetivo calificativo que especifica su compresión ("la mujer digna").

Veamos estos epítetos contenidos en los siguientes versos de Bartolomé Leonardo:

El águila juntó una vez sus aves,
porque se lo pidió la golondrina
para tratar de ciertos puntos graves.

Atravesó la rústica gallina
de ligústico mar, y la africana
desamparó sus palmas y marina.

El pavo, raro un tiempo en mesa humana,
que la nueva y voraz gula española
tiene ya por comida cotidiana.

………………………………..

Las torpes ocas y silvestres patos
y los muelles pichones, los palomos
dichos torcazos y en latín torquatos.

………………………………

Gorriones, cuervos y la solitaria
tórtola, llorado de sus duelos;
la altiva garza, en sus caprichos varia.

………………………………..

> Las grullas, que con diestras centinelas,
> el ático carácter de su hueste,
> preservan de las súbitas cautelas.
>
> ………………………………………..
>
> Dióles superlativos arrogantes,
> para captar común benevolencia,
> al uso de escolásticos pedantes.

EPÍTOME Resumen de una obra extensa que incluye solamente lo más fundamental y notorio.

EPÍTROPE Figura retórica que consiste en aceptar temporalmente una objeción para después rebatirla enérgicamente.

EPODO o "epoda". Dístico que se forma por un verso largo con otro corto. Puede ser también el último verso de una estancia repetido numerosas veces. Véase también "Verso" para el uso de este vocablo en la poesía griega.

EPÓNIMO Nombre de una persona, personaje heroico o literario que da su nombre a un pueblo o a una época. Por ejemplo: "Aristóteles" (época aristotélica), "Carlomagno" (época carolingia).

EPOPEYA Poema épico que narra los hechos o vidas sobresalientes. Se divide en cuatro partes que son: popular, culta, religiosa y la heroico-burlesca. Como ejemplo de la primera tenemos el "Poema del Cid".

Sobre la epopeya castellana nos dice Menéndez Pidal:

"La epopeya castellana, aristocrática en su origen, ensanchó el campo de sus oyentes y se dirigió a un público numeroso y heterogéneo; perdió el cerrado carácter militar que tuvo, como poesía de nobles, para buscar muy variados matices; buscó más bien la aventura novelesca que la hazaña heroica; con la pintura del amor, y de otras pasiones como el amor más humanas, desconocidas casi de los viejos cantares de gesta, procuró agradar a un público más extenso y así fue evolucionando de poesía heroico-caballeresca que era, en poesía propiamente novelesca, de interés más general". ("Estudios sobre el romancero", véase la Bibliografía).

EQUIVALENCIA "Igualdad en el valor, estimación, potencia o eficacia de dos o más cosas". (Academia). En cuanto a la "equivalencia funcional", Fernando Lázaro Carreter, citando a Ch. Bally, nos dice: '…la que se establece entre piezas del sistema gramatical que pueden intercambiarse a causa de su función común, sin que sus valores semánticos y estilísticos sean necesariamente idénticos. Compárense los equivalentes funcionales siguientes… [la casa] de la cual es propietario mi padre, que posee mi padre, que pertenece a mi padre, poseída por él y, en fin, casa de mi padre'. "El concepto de equivalencia coincide con el de concurrencia y el de equivalentes funcionales con el de elementos concurrentes".

EQUÍVOCO Palabra que puede usarse con distintas significaciones, como "hilo", "vela". También, que se presta a varios sentidos o interpretarse de diversas formas. En retórica, se entiende por usar en una misma cláusula palabras homónimas con el propósito de jugar con su significado, que Gracián llamaba "ingeniosos equívocos".

ERASMISMO Doctrina filosófica de Desiderio Erasmo (1465-1536), llamado "de Rotterdam", considerado el humanista de mayor influencia de su tiempo. Arranca su influencia en las letras españolas a partir de 1520, principalmente entre los humanistas, intelectuales y alumbrados, como Diego López de Cortegana (siglo XV-XVI) que traduce al español el libro de Erasmo "Querella pacis". Poco a poco se va infiltrando la influencia erasmista principalmente en la sátira y la dramática con autores tales como Vicente de Torres Naharro (1485-1530?) y de Diego Sánchez de Badajoz (finales del siglo XV-1549). Marca el inicio de su decadencia en España la muerte del arzobispo Manrique en 1538, ocurrida dos años después que Erasmo, aunque ya desde la muerte de este se había prohibido la difusión de sus obras. Para el estudio de la influencia erasmista en la literatura española, se recomienda la lectura del libro de Marcel Bataillon (1895-1977) "Erasmo en España", traducido por Antonio Alatorre (1922-2010) y publicado en México en 1950.

ERÓTICO Perteneciente o relativo al amor. Puede citarse como ejemplo de poema erótico "¡Al Floralba!", poema del "Sueño erótico" de Francisco de Quevedo y Villegas.

ESBOZO Simple bosquejo (véase) no perfilado o terminado.

ESCATOLOGÍA Creencia o doctrina que se refiere a la vida de ultratumba.

ESCOLÁSTICO Se aplica al lenguaje en el que resaltan las expresiones y las formas de construcción eminentemente cultas, así como a los escritos que las emplean. Se emplea también la "Escolástica", consistente en el sistema filosófico-teológico imperante en la Edad Media, y que se originó en las escuelas escolásticas fundadas por Carlomagno que tenían como base primordial estudiar el pensamiento y obras de Aristóteles.

ESCOLIO Nota que se le añade a un texto para explicarlo. El término fue usado por primera vez por Cicerón. Como ejemplos de escolio véanse los comentarios de Eustacio de Tesalónica sobre Homero y de Servio sobre Virgilio.

ESCRIBA Se denominaba así al copista en la Antigüedad.

ESCRIBANO Persona autorizada oficialmente para dar fe de algún escrito.

ESCRITO Cosa escrita de cualquier índole y extensión.

ESCRITURA Cualquier cosa escrita; arte de escribir.

ESDRÚJULA, PALABRA Véase "Acentuación, Normas de".

ESPARSA Composición breve, de cierto tono epigramático del siglo XV, cuya fuente se remonta a la poesía cortesana de Juan II.

Ejemplo de esparsa:

Las aves andan bolando,
Cantando canciones ledas,
Las verdes hojas temblando,
Las aguas dulces sonando,
Los pavos hacen las ruedas:
Yo, sin ventura amador,
Contemplando mi tristura,
Dessago por mi dolor
La gentil rueda de amor
Que hize por mi ventura.
          Antonio de Guevara (1480-1545)

ESPERPENTO	Género literario cuyo creador fue el escritor español de la Generación del 98 Ramón del Valle-Inclán (1866-1936). En él se presenta deformada la realidad con rasgos grotescos y desatinados y con una elaboración muy personalizada del lenguaje coloquial. El término lo define el mismo autor en "Luces de Bohemia", diciendo que "el sentido trágico de la vida española solo puede ofrecerse con una estética sistemáticamente deformada", y abundan los ejemplos en "Los cuernos de don Friolera" del mismo autor. Son esperpentos obras como: "La marquesa Rosalinda" y "Divinas palabras".
ESPINELA	Creación de Vicente Martínez Espinel (1550-1624), y a la que también se le llama "décima", autor de "Rimas" y de la novela picaresca "Marcos de Obregón" que tanto influyó en el "Gil Blas" de Le Sage. Su combinación métrica es de diez versos octosílabos, de los que generalmente rima el primero con el cuarto y el quinto; el segundo con el tercero; el sexto con el séptimo y el último, y el octavo con el noveno. En Hispanoamérica se le conoce mayormente por "décima" (véase), muy popular por ejemplo en la Cuba de antaño.
ESPIRACIÓN	Derivado del latín "spirare" que significa "exhalar". Se aplica a expulsar el aire mediante los órganos de la respiración.
ESPONDEO	Véase "Verso".
ESQUEMA	Resumen de algún escrito o discurso en el que se resaltan sólo los caracteres más significativos.
ESTANCIA	Combinación de versos heptasílabos y endecasílabos, procedente de Italia, y muy en boga entre los poetas líricos renacentistas. Cuando esos versos se repiten, dispuestos de la misma forma y con igual rima, se le llama "canción".

Ejemplo de estancia:

   Amor, amor, quien de tus glorias cura,
busque el aire y apriételo en la mano,
conocerá el placer cómo es liviano
y el pesar cómo es grave y cuánto dura;
goce el mísero amante su ventura
como el que es convidado del tirano,
que ve sobre el cabello estar colgada
de un frágil pelo una tajante espada.

   Abrase el corazón, mas por de dentro,
como no me condene por mi boca;
siéntalo el alma sola que le toca,
pues allá recibió el mayor encuentro.
Cualquiera confianza, aunque sea poca,
me pondría en lo más hondo del centro.
El goloso que come y que revienta
no se espante, si ayuna, que lo sienta.

Yo me vi en otro tiempo de alegría
por voluntad ajena o por mi hado,
mas poco me duró este dulce estado,
porque mi alma no lo merecía.
Alzóse un ciego y súbito nublado,
que hizo noche oscura el claro día
en que vivo señora, y vivir quiero,

hasta volverme a ver como primero.
Diego Hurtado de Mendoza (1503-1575)

ESTÉTICA Ciencia que trata del conocimiento sensitivo y la impresión que nos produce lo artístico, bello y elegante. También, conjunto ya temáticos ya estilísticos que dan carácter a un movimiento literario o a un autor, por ejemplo, "la estética de Antonio Machado". Es importante conocer la obra del filósofo alemán Immanuel Kant (1724-1804) en la que expone su pensamiento estético, y antes que él a Platón, Aristóteles y Santo Tomás. En España, abordaron el tema Marcelino Menéndesz y Pelayo (1856-1912) y Manuel Milá y Fontanals (1818-1884).

ESTÉTICO Artístico, bello, elegante, en general, todo lo relacionado con las Bellas Artes que dependerá, claro está, de la sensibilidad de cada cual.

ESTICOMITIA Tiene dos acepciones: 1. En el diálogo dramático tiene lugar cuando cada uno de los versos que lo componen es recitado por actores distintos verso a verso. 2. En la métrica, verso en el que coinciden la sintaxis con la métrica.

ESTILÍSTICA Estudio del estilo o del lenguaje en general. Amado Alonso nos lo explica así:

"La estilística, como ciencia de los estilos literarios, tiene como base a esa otra estilística que estudia el lado afectivo, activo, imaginativo y valorativo de las formas de hablar fijadas en el idioma. Lo primero que se requiere, pues, es una competencia técnica en el análisis afectivo, activo, imaginativo y valorativo del lenguaje. ¿Qué hace y qué se propone la estilística con esa preparación? Atiende preferentemente a los valores poéticos, de gestación y formales (o constructivos o estructurales), o constitutivos' la "forma" como un hacer del espíritu creador), en vez de los valores "históricos, filosóficos, ideológicos o sociales atendidos por la crítica tradicional"…La estilística atiende preferentemente a lo que de creación poética tiene la obra estudiada, o a lo que de poder creador tiene un poeta. Y como el placer estético es el acompañamiento específico de la creación artística, la estilística procura llegar a su objeto por los caminos de la delicia estética. La obra de arte puede y debe tener contenidos valiosos por muchos motivos; pero si es obra de arte, una cosa le será esencial: que nos cause placer estético. La crítica tradicional—todas sus clases—estudia metódicamente esos contenidos y su valor; pero ¿no es también obligación de la ciencia de la literatura intentar el conocimiento metódico de lo poético en la obra literaria? Eso es lo que intenta la estilística. Ante una estatua de mármol, el naturalista ve el mármol como un valor en sí; el crítico de arte ve qué es lo que con el mármol ha hecho el escultor. La crítica tradicional ha estudiado el mármol de las creaciones literarias un poco a lo naturalista; a la disciplina más consecuente, que quiere estudiarlo como forma o creación artística, la llamamos estilística".

ESTILO Séneca nos lo explica así: es "el rostro del alma; tal es el estilo en los hombres como en su vida". Para Ortega y Gasset: "El estilo del lenguaje, es decir, la selección de la fauna léxica y gramatical, representa sólo la parte más externa y, por tanto, menos característica del estilo literario tomado íntegramente". La Academia ofrece una definición más amplia: 1. "Manera de escribir o de hablar, no por lo que respecta a las cualidades esenciales y permanentes del lenguaje, sino en cuanto a lo accidental, variable y característico del modo de formar, combinar y enlazar los giros, frases y cláusulas o períodos para expresar los conceptos. Según los antiguos retóricos, se divide en tenue o sencillo, medio o templado, y grave o sublime; y se le aplican otros muchos calificativos tomados de los distintos géneros, tonos o cualidades a que puede pertenecer o acomodarse, o porque se puede distinguir; como didáctico, epistolar, oratorio, festivo, irónico, patético, amanerado, elegante, florido, etc. Se califica también por el nombre de algunos países en que predominó con cierto carácter especial, y así se le llama asiático, ático, lacónico o rodio; 2. Manera de escribir o de hablar peculiar y primitiva de un escritor o de un orador, o sea, carácter especial que, en cuanto al modo de expresar los conceptos, da un autor a sus obras, y es como sello de su personalidad literaria". Por otro lado, Dámaso Alonso lo define así: "Para mí, estilo es todo lo que individualiza a un ente literario: a una obra, a un escritor, a una época, a una literatura. El estilo es el único objeto de la crítica literaria. Y la misión verdadera de la historia de la literatura—esa lamentable necrópolis de nombres y de fechas—consiste en diferenciar, valorar, concatenar y seriar los estilos particulares". Por otro lado, Azorín lo define con estas palabras:

"…El estilo era un punzoncito con el que se escribía en las tablas recubiertas de cera. Y yo, claro está que no tengo ese punzón. El estilo es una entelequia (situación perfecta que se imagina pero no existente en la realidad); se habla de estilo cuando no se tiene estilo y entre quienes no saben lo que es escribir. Si quieres que te dé una definición del estilo te diré lo siguiente: Cuando se lee a alguien que de veras tiene estilo y se cierra el libro, no se sabe cómo ha escrito el autor de la prosa que acabamos de leer. No sabemos tampoco del olor y del sabor del agua cristalina que hemos bebido en una fontana. Si lo supiéramos, ya esa agua no sería límpida. Algo habría en ella ajeno a su transparencia y a su insipidez. Fíjate en que todos los reputados por estilistas no tienen ideas. Ni tienen ideas ni hay sensaciones en su prosa. La prosa de los estilistas es cosa muerta, sin vitalidad. He usado yo de un vocablo expresivo para designar esas prosas; este: charro, o sea, artificioso, artificioso el estilo, por recargado o por alambicado. Cervantes no es, por fortuna, estilista; lo es, por ejemplo, Cristóbal Suárez de Figueroa, enemigo, por cierto, de Cervantes… El estilo es un enigma. No se sabe en qué consiste. No se sabe si consiste en la supresión intrépida de las transiciones. Esa supresión, tan difícil, estriba en pasar de un salto de una especie esencial a otra especie esencial. ¿Y cómo se hace el milagro? ¿Cómo suprimimos lo embarazoso y accesorio? No te lo podría decir. El caso es que los que quieren hacer estilo recargan adjetivos y nos dan una prosa que a los que entendemos algo de técnica nos hace sonreír. Advertimos al punto que esa prosa es, como quien dice, de cartón pintado…

--No tiene estilo Cervantes.
--¿No tiene estilo Stendhal?
--No tiene estilo Stendhal.
--¿Hay que escribir desaliñadamente.
--¡El desaliño!¡Cuánta puerilidad! Lo que se tiene por desaliño, ¿qué importará en una prosa rica de ideas y sensaciones!"

En cuanto al estilo de los poetas, a su poesía, valga recordar aquello que nos dijo Gracián:

"Ni todo ha de ser jocoso, ni todo amoroso, que tantos sonetos a un asunto liviano, más sentidos que entendidos, en el mismo Petrarca, en el mismo Herrera, empalagan".

ESTOICISMO Escuela fundada por Zenón y que consiste en el dominio de la propia sensibilidad. Séneca es una de sus figuras sobresalientes.

ESTRAMBOTE Se entiende por la estrofa que se añade a veces al final de algunas composiciones métricas, y que enlaza con la anterior por la rima. No hay mejor ejemplo de estrambote que el de este soneto de Cervantes:

"Al túmulo del rey Felipe II en Sevilla"

   Voto a Dios que me espanta esta grandeza
y que diera un doblón por describilla:
porque ¿a quién no sorprende y maravilla
esta máquina insigne, esta riqueza?

Por Jesucristo vivo, cada pieza
vale más de un millón, y que es mancilla
que esto no dure un siglo, ¡oh gran Sevilla!
Roma triunfante en ánimo y nobleza.

Apostaré que el ánima del muerto
por gozar este sitio hoy ha dejado
la gloria donde vive eternamente.

Esto oyó un valentón, y dijo: --Es cierto
cuanto dice voacé, señor soldado.
Y el que dijere lo contrario, miente.

Y luego in continente
caló el chapeo, requirió la espada,
miró al soslayo, fuése, y no hubo nada.

ESTRIBILLO Expresión en verso que se repite al final de una estrofa en la poesía lírica.

Ejemplo de estribillo (fragmento):

Vencedores son tus ojos,
    mis amores,
tus ojos son vencedores.

Fue de tal contentamiento
mi querer de tu beldad,
que te di mi libertad
a troque de pensamiento,
e me hallo más contento
que todos los amadores.
    Mis amores,
tus ojos son vencedores.

Rematada está la cuenta,
pues mi fe te da la paga;
que no hay cosa que no haga
por tener a ti contenta.
Yo no sé quién se arrepienta
de sufrir por ti dolores;
    Mis amores,
tus ojos son vencedores.

Aunque ponga duda en ella,
tienes mi fe tan vencida,
que por ti perder la vida
en poco tengo perdella.
¿Quién te puede ver tan bella
que en mirar no le enamores?
    Mis amores,
tus ojos son vencedores.
    Juan del Encina (1469-1529)

ESTRO	Capacidad creadora de los poetas y de los artistas en general. La Academia lo define así: 'Ardoroso y eficaz estímulo con que se inflaman, al componer sus obras, los poetas y artistas capaces de sentirlo".
ESTROFA	Cada una de las partes en las que se dividen las composiciones poéticas, y que constan del mismo número de versos ordenados de forma igual.
ETCÉTERA	Del latín "et cetĕra" que quiere decir "y lo demás". La Academia lo define así: "Se usa para sustituir el resto de una exposición o enumeración que se sobrentiende o que no interesa expresar. Se expresa generalmente en la abreviatura "etc."
ETIMOLOGÍA	Se dice del origen y evolución de una palabra, así como de su significado y forma lo cual se logra por lo general mediante la metodología de la lingüística comparada. Para Miguel de Unamuno, la verdadera etimología es: "…estudiar el proceso de significación de un vocablo, su semiótica, la evolución de su sentido". Obra clave para el estudio de las etimologías españolas es la de Vicente García de Diego (1878-1978), "Etimologías españolas"; véase la "Bibliografía".
ETOPEYA	Descripción de figura pintoresca que trata del retrato escrito de las cualidades morales de una persona.

Ejemplo de etopeya:

  A la entrada de un valle, en un desierto,
do nadie atravesaba ni se vía,
vi que con extrañeza un can hacía
extremos de dolor con desconcierto;

  ahora suelta el llanto al cielo abierto,
ora va rastreando por la vía;
camina, vuelve, para, y todavía
quedaba desmayado como muerto;

  y fue que se apartó de su presencia
su amo, y no le hallaba, y esto siente;
mirad hast dó llega el mal de ausencia.

  Movióme a compasión ver su accidente,
díjele lastimado: "Ten paciencia,
que yo alcanzo razón y estoy ausente".
          Garcilaso de la Vega

EUFEMISMO	Se dice del vocablo o frase que resulta menos expresivo y directo, pero a la vez menos desagradable y ofensivo que otro. Es, en realidad, una forma de ocultar, o si se quiere, dulcificar, una expresión directa, sin rodeos, que pudiera ofender o herir la sensibilidad de otra persona. Ejemplo: "físicamente afectado" por "incapacitado", "envejeciente" por "anciano", "fallecer" por "morir", "daños colaterales" por "muerte de civiles".
EUFONÍA	Sonoridad del lenguaje desde un punto de vista estético auditivo. Es lo opuesto a "cacofonía". Andrés Bello nos hace esta observaciñn: "La eufonía ha hecho igualmente que se suprima la "s" final de la primera persona de plural antes del enclítico "nos", v.gr. "sentémonos" (en vez de "sentémosnos), "vámonos" (en vez de "vamosnos", según lo advierten la Academia y Salvá". ("Gramática")
EUSKERA	Véase "Lengua">"Vascuence".

EXCLAMACIÓN	Figura de dicción que consiste en fingir sentimientos tales como el temor, la ira, el placer, la admiración. Se le confunde a menudo con el "apóstrofe" por usarse frecuentemente como vocativo.
EXECRACIÓN	Figura retórica consistente en condenar o maldecir con autoridad religiosa o en nombre de algo sagrado.
EXEQUIAS	Honras fúnebres, o solemnidades de tipo religioso que se le hacen a los difuntos. He aquí estas exequias que le hizo el pueblo de Zaragoza al rey Felipe "el Piadoso":

En esa candidez, ilesa y pura,
que lisonjera en néctar se desata,
cuando sencilla y fácil, de la plata
a los labios traslada su dulzura;

la más gallarda edad estar segura
no pienses, que tal vez la muerte ingrata
en el lecho se mezcla y arrebata,
juntas, edad, salud, vida y ventura.

¡Por cuán estrecho paso recibimos
y damos el aliento alternamente,
pues queda como un átomo impedido!

¡Oh, vida, frágil bien! ¿Por qué vivimos
dudosos por instantes, si pendiente
estás de un pelo en el licor caído!

EXORDIO	Se aplica al preámbulo de un discurso.
EXPLETIVO	Se refiere al uso de palabras o expresiones que no son necesarias para el sentido de la frase, pero que se emplean para hacerla más armoniosa y expresiva, como: "Él mismo hizo el trabajo". En esta oración, se observa que "mismo" se emplea como una forma de recalcar o subrayar que él, y nadie más, hizo el trabajo, pero realmente el uso de tal palabra es innecesario para el cabal entendimiento de la expresión.
EXPOLIACIÓN	Presentación de un mismo pensamiento con distintas formas, o el conjunto de varios de ellos con el mismo significado. Federico Carlos Saínz de Robles (1898-1983) nos facilita este ejemplo de Homero:

"¡Anciano!, en todo la verdad dijiste;
pero Aquiles pretende sobre todos
los otros ser, a todos dominarlos,
sobre todos mandar, y como jefe
dictar leyes a todos; y su orgullo
inflexible será".

EXPRESIÓN	Consiste en la representación mediante palabras o gestos de las ideas o de los sentimientos.
EXPRESIONISMO	Movimiento artístico de comienzos del siglo XX, especialmente en el género dramático, caracterizado por el uso subjetivo de símbolos, personajes estereotipados, etc. para dar expresión objetiva a las experiencias espirituales.

F

FABLA Imitación convencional del español antiguo que se hace en ciertas composiciones literarias con finalidad estética. Cervantes hizo uso de este recurso, así como también Juan Ruiz de Alarcón (1581?-1639). Algunas palabras usadas del español antiguo son: "non" por "no", "fazer" por "hacer", "e" por "y", "podiera" por "pudiera", "hayades" por "hayas", "vos" por "usted".

FABLIELLA Nombre con el que se denominaba en la Edad Media a los cuentos o novelas.

FÁBULA Para los preceptistas, esta palabra era sinónimo de "apólogo". Sus fuentes en España son Esopo, La Fontaine y John Gay. La Academia le da dos acepciones: 1. "Composición literaria, generalmente en verso, en que por medio de una ficción alegórica y de la representación de personas humanas y de personificaciones de seres irracionales, inanimados o abstractos, se da una enseñanza útil o moral". 2. En los poemas épico y dramático y en cualquiera otro análogo, serie y contexto de incidentes de que se compone la acción y de los medios por que se desarrolla". Entre los representantes de las fábulas en España valen citarse las "Fábulas literarias", de Iriarte, y las "Fábulas en verso castellano" de Félix María de Samaniego (1745-1801). Lope de Vega le da mayormente un sentido teatral.

Damos a continuación un ejemplo de fábula de Góngora. Se trata sólo de un fragmento:

"Fábula de Polifemo".

   ¡Oh, bella Galatea, más süave
que los claveles que troncó la aurora,
blanca más que las plumas de aquel ave
que dulce muere y en las aguas mora;
igual en pompa al pájaro que grave
su manto azul de tantos ojos dora
cuantas el celestial zafiro estrellas;
oh tú, que en dos incluyes las más be-
                              [llas

   "Deja las ondas, deja el rubio coro
de las hijas de Tetis y el mar vea,
cuando niega una luz un carro de oro,
que en dos la restituye Galatea;
pisa la arena, que en la arena adoro
cuantas el blanco pie conchas platea,
cuyo bello contacto puede hacerlas,
sin concebir rocío, parir perlas.

   "Sorda hija del mar, cuyas orejas
a mis gemidos son roncas al viento,
o dormida te hurten a mis quejas
purpúreos troncos de corales ciento,
o al disonante número de almejas,
marino, si agradable no, instrumento,

coros tejiendo estés, escucha un día
mi voz, por dulce, cuando no por mía.
          Luis de Góngora Argote

FACSÍMILE	Reproducción exacta y original de un impreso o documento cualquiera, por ejemplo, una edición facsímil o facsimilar del "poema del Cid" o de "La Celestina".
FACUNDIA	Se refiere a la facilidad que tiene una persona en el hablar.
FALACIA	Engaño o fraude con el que se intenta inferir daño a alguien, o apariencia engañosa o falsa. Un ejemplo de falacia sería para un ateo decir que "Dios existe", y otro ejemplo sería "Todos los peces viven en el mar", o "Todos los cielos son claros".
FALEUCO	Véase "Verso".
FANTOCHE	Equivale a títere o marioneta.
FARÁNDULA	Se refiere principalmente a un grupo teatral del Siglo de Oro; se componía de tres mujeres y de siete o más hombres y hacían sus representaciones por los pueblos. Procede el vocablo del provenzal "farandoulo" o del germano "fahrender" que quiere decir "vagabundo". Su verdadera acepción es: "profesión de farsantes".
FARSA	Nombre que se daba en la antigüedad a las obras propias del teatro profano o religioso. Sobre la farsa nos dice Martín de Riquer (1914-): "La farsa, o teatro francamente cómico y satírico, adquiere caracteres definidos a lo largo del siglo XV francés, y no raramente escenifica asuntos de "fabliaux" o de cuentecillos de origen italiano. Una verdadera obra maestra es la farsa titulada "Maistre Pierre Pathelin", escrita por un anónimo hacia 1464…Nos encontramos frente a una de las primeras manifestaciones de la comedia moderna y frente a un escritor que conoce los recursos teatrales para hacer reír a su público… Con "Maistre Pierre Pathelin" el teatro medieval se ha convertido en moderno y se ha creado la comedia de costumbres con características que aún perduran". Buen escritor de farsas fue Federico García Lorca, encontrándose entre ellas: "La zapatera prodigiosa" y "El amor de don Perlimplín y Belisa en su jardín". Puede verse también "El señor Pigmalión" de Jacinto Grau (1877-1958).
FASCÍCULO	Libro que se publica por partes o secciones.
FÉNIX	Ave fabulosa que según los antiguos no tenía igual y que renacía de sus propias cenizas. En sentido figurado, todo aquello considerado exquisito y único en su clase. A Cervantes se le llamaba el "fénix de los ingenios", y él mismo nos dice que "en el mundo no más de cinco fenizes" ("Viaje al Parnaso", VI, 14).
FERECRACIO	Véase "Verso".
FESTIVO	Se refiere a las obras literarias de carácter humorístico, como algunas del Arcipreste de Hita, Francisco de Quevedo y Luis de Góngora.
FICCIÓN	Se refiere a obras bien literarias o cinematográficas centradas en sucesos y personajes imaginarios, es decir, de pura inventiva. En inglés se utiliza el término para denominar a la novela en contraposición a "non-fiction" o "no ficción".
FIDEDIGNO	Digno de fe y confianza, de irrefutable autoridad, por ejemplo, una fuente fidedigna, como si dijéramos cualquier trabajo de Ramón Menéndez Pidal o de Tomás Navarro Tomás.

FIGURA DE DICCIÓN En retórica, cualquier desviación de las reglas de analogía o sintaxis; una construcción poco usual.

FILOLOGÍA Ciencia que se encarga del estudio de los idiomas. Puede dividirse en varias ramas, como por ejemplo, la filología clásica que estudia el griego y latín, la filología moderna que estudia lo que llamaríamos lenguas vivas, etc. No debe confundirse con la lingüística, pues si bien ambas estudian el lenguaje, lo hacen de distinto modo, como nos lo aclara Fernando Lázaro Carreter: "La Filología lo estudia [el lenguaje] con vistas a la mejor comprensión o fijación de un texto; la lingüística, en cambio, centra exclusivamente su interés en la lengua, hablada o escrita, utilizando los textos, cuando existen y los precisa, solo como modelo para conocerla mejor". Y el mismo autor nos da dos ejemplos de una y otra: "La edición y estudio del 'Cantar del Mío Cid', realizados por Menéndez Pidal, son una buena muestra de trabajo filológico; los 'Orígenes del español' del mismo autor, o las modernas investigaciones dialectales, deben ser clasificadas como trabajos lingüísticos".

FLEXIÓN Se dice de la alteración que sufren las voces conjugables y declinables debido al cambio de desinencias. La flexión verbal es lo que llamamos conjugación. (Véase también "Conjugación verbal").

FLORESTA En algunos autores, "antología", como en: "Floresta de romances viejos".

FOLCLORE Palabra de origen inglés, de "folk", pueblo, y "lore", ciencia, que son las manifestaciones en costumbres, creencias, artesanía, lengua, literatura, etc., de un pueblo, es decir, lo popular. Echó raíces hacia la mitad del siglo XIX.

FLORILEGIO Equivale a antología. Más concretamente, colección de trozos o fragmentos literarios selectos. Puede citarse como ejemplo la obra "Florilegio de Sor Juana Inés de la Cruz: poesía, teatro, prosa", selección y prólogo de Elías Trabulse, Promexa Editores, México, 1979.

FONACIÓN Del griego "phoneo", que significa "emitir la voz". Se aplica a la emisión de la palabra o voz. Más detalladamente, como nos explica Fernando Lázaro Carreter, "Proceso mediante el cual el aire que sale de los pulmones a través de los bronquios y la tráquea, da origen al sonido articulado". Véase también "Articulación del sonido".

FONEMA Consiste en cada uno de los sonidos simples en que se descompone el lenguaje hablado. Francisco Rodríguez Adrados (1922-) lo define así: "…unidad distintiva mínima de la lengua, aquella en que se organiza la segunda articulación. La sustitución de un fonema por otro, en la prueba que llamamos conmutación, trae por consecuencia que el significado del signo a que pertenece cambie porque, sencillamente, pasamos de un signo a otro diferente. La Academia nos ofrece otra explicación muy precisa con ejemplos: "Cada una de las unidades fonológicas mínimas que en el sistema de una lengua pueden oponerse a otras en contraste significativo, p. ej.: las consonantes iniciales de "pozo" y "gozo", las interiores de "cala" y "cara", las finales de "par" y "paz", las vocales de "sal" y "sol"."

FONÉTICA Parte del estudio del lenguaje que se relaciona con los sonidos del habla, de su producción, combinación y representación mediante símbolos escritos. La fonética se divide en las siguientes ramas principales:

"General": Se ocupa de fijar las características precisas de los sonidos en función de fenómenos del habla, así como las normas y tendencias que gobiernan su orden y evolución.

"Descriptiva": De acuerdo con Fernando Lázaro Carreter, "es la que actúa en el plano sincrónico, y caracteriza los sonidos de una lengua con todas sus variedades, ya espontáneas, ya condicionadas por los sonidos vecinos".

"Experimental": Es la que se vale de distintos aparatos para el conocimiento más cabal de los sonidos componentes de una lengua.

"Histórica": Se ocupa de la descripción evolutiva de los sonidos, es decir, de cómo se han ido desarrollando a lo largo de la historia.

FONOGRAMA — Letra o conjunto de letras representativas de un fonema.

FONOLOGÍA — Rama de la lingüística que estudia los sonidos fónicos o fonemas. Emilio M. Martínez Amador establece una marcada distinción entre la fonética y la fonología, en base a la que la propia Academia considera a la primera como sinónimo de la segunda. De acuerdo con este escritor, "Corresponde a la fonética tratar de los fonemas, como entidades semánticas conscientemente buscadas, y la fonología explica los sonidos existentes en el idioma vivo. F. de Saussure establece la distinción llamando fonología a la fisiología de los sonidos articulados…, pues (siguen palabras de Saussure hasta terminar) la fonética ha empezado por designar y debe continuar designando el estudio de la evolución de los sonidos, y no hay por qué confundir en un mismo nombre dos estudios absolutamente distintos. La fonética es ciencia histórica, que analiza acontecimientos y transformaciones, y se mueve en el tiempo. La fonología está fuera del tiempo, ya que el mecanismo de la articulación permanece siempre igual a sí mismo. Y lejos de confundirse estos dos estudios, ni siquiera se pueden oponer".

FRAGMENTO — Parte o trozo de una obra literaria.

FRASE — Conjunto de palabras que por sí solas forman sentido y que no llegan a constituir una oración completa. Ejemplo: "de tal padre tal hijo", "como anillo al dedo".

FRASE O EXPRESIÓN IDIOMÁTICA — Realmente equivale a "modismo", y por "idiomática" se entiende que es propia o peculiar de un idioma determinado. En el caso del español, frases idiomáticas serían: "de armas tomar", "caerse de una nube, "mirar por encima del hombro", "sin ton ni son", etc. La diferencia entre modismo y refrán es bien explicada por Francisco Rodríguez Marín (1855-1943) en su obra "Los refranes"; dice así: "El refrán contiene, más o menos veladamente, una enseñanza; el modismo no es más que un tropo".

Emilio M. Martínez Amador tiene esto que decir al respecto basándose en un estudio de Julio Casares (1877-1964): "Casares resume un estudio sobre los modismos que abarca cuatro capítulos de su "Introducción a la lexicografía moderna", diciendo que el modismo no corresponde a una figura lingüística definible. Unas veces es una frase proverbial y otras una locución que ha de ser de las que llama significativas, cuyo elemento semántico ha de conservar cierta vitalidad en sentido recto o traslaticio. Añade que no todas las locuciones son modismos, y que las dominativas (buque escuela, ciudad jardín, punto filipino, brazo de gitano) no lo son nunca. El término modismo, "al ser confrontado e interrogado con criterio científico", dice "resulta irresponsable e inservible". Y añade: "lo que vagamente designamos con este nombre en el lenguaje común podría representarse por una sombra de densidad variable en su extensión, de contornos irregulares y de límites insensiblemente desvanecidos, proyectada sobre un plano donde se hubieran extendido las locuciones y las frases proverbiales".

Modismo equivale en inglés a "Idiom", que el "Diccionario Webster" define así: "Frase, construcción o expresión aceptada, contraria a los modelos usuales del lenguaje o que poseen un significado distinto al literal". Esta definición está muy clara, pues si tomamos el modismo español "de armas tomar", cada una de esas palabras tiene un significado propio que pierde al juntarse en la frase con las demás, es decir, que pierden su significado literal. En otras palabras, si tomásemos esa frase en su sentido literal, nada tendría que ver con la acepción que se le da en dicho modismo, que equivale a "ser una persona dispuesta a confrontar cualquier situación o eventualidad".

FRASEOLOGÍA   Forma de ordenar las frases conforme a la peculiaridad de un escritor.

FRICATIVA   Véase "Articulación, Modo de".

FUTURISMO   Movimiento en arte, literatura, música, etc., nacido en Milán a principios del siglo XX, y que se oponía al tradicionalismo.

G

GALICISMO La Academia le da tres acepciones: "Idiotismo propio de la lengua francesa; vocablo o giro de esta lengua; empleo de vocablos o giros franceses en distinto idioma". En español, son galicismos "boutique" y "chef".

GALLEGO Véase "Lengua".

GANGARILLA Se llamaba así a un grupo de actores en el teatro del Siglo de Oro.

GARRULO Persona muy habladora o charlatana.

GAUCHISMO Se refiere a la literatura popular de las Pampas o las llanuras rioplatenses, derivada mayormente de las composiciones regionales españolas transportadas por los colonizadores y que dio origen a la "vidalita", el "cielito", entre otras. Son canciones líricas empleando un dialecto típico, acompañadas por guitarra y cantadas por el payador que improvisa muchas de ellas. Figuras que sobresalen son Bartolomé Hidalgo (1778-1823) con sus trovas de "Paulino Lucero", el payador Santos Vega (siglo XIX) con su poema "Los mellizos de la flor", y Estanislao del Campo (1834-1880) con su poema "Fausto" y, el más conocido de todos, José Hernández (1834-1886) con su célebre "Martín Fierro".

GENERACIÓN DEL 98 Ver "Movimiento literario">"Generación del 98".

GENERACIÓN DEL 27 Ver "Movimiento literario">"Generación del 27".

GENÉRICO Común a muchas especies.

GÉNERO Accidente gramatical que se emplea para indicar el sexo de las personas, los animales y las cosas. Puede ser masculino, femenino y neutro. Vale advertir que en español no existe un nombre propiamente neutro; así, tal género se representa bien substantivando a los adjetivos o mediante los pronombres "esto", "eso", "aquello", "ello" y "lo". No tiene forma plural. Ejemplos" "lo exquisito", "lo tuyo", etc.

GÉNERO LITERARIO En términos generales, puede definirse como las manifestaciones de índole varia en que se ha producido el arte de la literatura. Para los clásicos existían tres clases de géneros: épico, lírico, y dramático, pero que hoy se consideran incompletos.

GÉNERO CHICO Obras teatrales modernas menores que comprenden principalmente sainetes de costumbres, aunque también comedias y zarzuelas de uno o dos actos. La primera obra de esta categoría se considera "Cuadros al fresco" de Tomás Luceño (1844-1933) estrenado en el teatro en 1870. Es, en realidad, una reacción contra la zarzuela y la opereta venida de Italia, y se basa mayormente en lo madrileño, como en la obra "La Gran Vía" de Felipe Pérez González (1854-1910). Muchos de estos sainetes se exhibieron en el famoso teatro "Apolo" de la capital española. Véanse también las obras en este género de los hermanos Quintero (Serafín, 1871-1938, Joaquín, 1873-1944).

GENITIVO Uno de los casos de la declinación, mediante el cual se denota relación de propiedad, posesión o pertenencia, llevando siempre antepuesta la preposición "de". Ejemplo: "Este libro es de mi padre".

GENTIL Entre los judíos el que profesa otra religión.

GEÓRGICA Obra relacionada con la agricultura o el campo, y por antonomasia las de Virgilio, así llamadas.

GERMANÍA La Academia lo define así: "Jerga o manera de hablar de ladrones y rufianes, que usaban ellos solos y compuesta de voces del idioma español con significación distinta de la genuina y verdadera, y de otros muchos vocablos de orígenes muy diversos".

GERMANISMO Vocablo de origen germano, como: "guerra", "sala", "jabón" que llegaron al español a través del latín, y durante la era de los visigodos "ropa", "agasajar", "espía", "tapa", entre otras.

GERUNDIO Forma verbal invariable perteneciente al modo infinitivo, y cuya terminación regular se forma con "-ando" para los verbos de la primera conjugación, y "-iendo" para los de la segunda y tercera. Ejemplos: "cantando", "comiendo", "viviendo". Puede denotar una acción durativa, como: "me estoy bañando", "Estamos descansando"., por lo general usando el auxiliar "estar".

GERUNDIO COMPUESTO El que se forma con el gerundio del verbo auxiliar "haber", y el participio del verbo conjugado, como: "habiendo cantado", "habiedo comido".

GESTA Denominación que se aplica a los hechos o hazañas de un personaje histórico o legendario, como los cantares de gesta. Entre ellos sobresalen el "Cantar de Mío Cid", "Roncesvalles", "Cantar de Rodrigo", y que son los únicos conservados hasta hoy.

GIRO Estructura especial de la frase, o manera de estar ordenadas las palabras para expresar un concepto. (Academia)

GITANISMO Palabras trasmitidas al español popular por influencia del elemento gitano, como: "postín", "parné", "camelar".

GLICONIO Véase "Verso".

GLOSA Este vocablo tiene varias acepciones. Por un lado se entiende por las traducciones o comentarios de palabras latinas en lengua vulgar que se encuentran, por ejemplo, en las "Glosas Emilianenses", donde muchas de estas palabras aparecen al margen de un códice latino, posiblemente escrito entre los siglos VIII y X. Dichas glosas pertenecían al monasterio de San Millán. Otra acepción es cualquier aclaración, comentario, nota o explicación que se añade a un texto. Y otra, composición poética en la que se repiten uno o más versos al final de todas las estrofas que lo componen. Ramón Menéndez Pidal nos lo explica así: "Las Glosas del siglo X, escritas en los conventos de San Millán, en la Rioja, y de Silos, en Castilla, son muy semejantes. Ambas son explicaciones ocasionales que un monje fue poniendo al margen y entre líneas de sendos libros latinos, para facilitar a lectores indoctos la inteligencia de vocablos y frases del latín. El lenguaje que ambas glosas emplean no es de igual tipo que el de los documentos notariales más vulgares del siglo X aquí estudiados; sólo se asemeja más al de los romanceados del siglo XI que hallamos en Aragón…Las dos glosas no son trabajos primerizos de romanceamiento. Suponen algún glosario anterior latino-romance, pero dispuesto por orden alfabético, sin duda hecho para estudiantes de latín, especialmente en los monasterios…Entre los mozárabes se hacían también diccionarios, pero su principal objeto tenía que ser el relacionar las dos lenguas latina y árabe, así que solo por descuido o vulgarismo involuntario nos habrán de dar formas romances". ("Orígenes del español"; véase la Bibliografía).

GLOSARIO — Vocabulario de palabras difíciles o dudosas de un texto con su correspondiente explicación. Por ejemplo: "Glosario de informática".

GLOTOGONÍA — Se refiere a una rama de la lingüística que estudia el origen del lenguaje.

GLOTOLOGÍA — Equivale a "lingüística". Se originó por los lingüistas italianos, pero hoy día se encuentra casi en desuso.

GNÓMICA — Composición literaria perteneciente al género sentencioso y didáctico moral. Damos este breve ejemplo de los "Proverbios morales" de Sem Tob (1290-1369):

> Sy mi rason es buena
> non sea despreciada (Ojo: cedilla en la "c".)
> por que de hombre suena
> rrahes, que mucha espada.

GONGORISMO — Modo o manera literaria comenzada a principios del siglo XVII por el poeta español Luis de Góngora. Ejemplo de gongorismo: "Era del año la estación florida" por "primavera". ("Soledades").

GOZO — Composición religiosa en verso bastante cultivada en la literatura española antigua, por ejemplo, las coplas de las virtudes y de las vidas de los santos. Generalmente estas coplas son redondillas de arte mayor, algunas veces de rima asonante pero la mayoría consonante. Véase la obra "Arte métrica española" de Juan Díaz Rengifo (1553-1615) en la Bibliografía.

GRAFÍA — Signo o signos (letra) con los que se representan los sonidos o fonemas.

GRAMÁTICA — De las palabras griegas gramma (letra) y tikos (perteneciente a). Parte del estudio del lenguaje que trata sobre las formas y estructura de las palabras (morfología) y con su disposición o arreglo acostumbrado en frases y palabras (sintaxis), y que se distingue hoy del estudio de la pronunciación (fonología) y el del significado de las palabras (semántica). Bello la define también como "teoría del idioma", y Fernando Lázaro Carreter como "ciencia que estudia el sistema de una lengua". Este escritor incluye como partes integrantes de la Gramática las siguientes: Fonología, Fonética, Morfología, Sintaxis y la Lexicología. Y para María Moliner: "Ciencia de la estructura del lenguaje o de una lengua determinada, que es la fijación, sistematización y depuración de las normas consagradas por el uso para el empleo y unión de sus elementos". Por otro lado, la Academia, en su "Gramática de la lengua castellana", edición de 1908, nos dice que: "Gramática es el arte de hablar y escribir correctamente. Propónese, por ejemplo, enseñar a conocer el valor y oficio de las palabras, el modo de formar con ellas oraciones y el de pronunciarlas o escribirlas; y se divide en cuatro partes, llamadas: Analogía, Sintaxis, Prosodia y Ortografía, las cuales corresponden a los cuatro indicados fines de conocer (Analogía), ordenar (Sintaxis), pronunciar (prosodia) y escribir correctamente (ortografía)". Nótese que unos le llaman "ciencia" y otros "arte". Emilio Martínez Amador no le da mayor importancia al uso de uno u otro, pareciéndole ambos propios. (Véase su "Diccionario gramatical" bajo "Gramática", para un análisis muy detallado de este término). Las modalidades de la gramática son: "empírica" (descripción de un sistema con una finalidad básicamente didáctica); "comparada" (estudia dos o más idiomas comparándolos entre sí); "general" (trata de los principios fundamentales de todos los idiomas); "histórica" (trata de la evolución histórica de una lengua).

Apuntamos esstos comentarios sobre la gramática de Andrés Bello: "Siendo la lengua el medio de que se valen los hombres para comunicarse unos a otros cuando saben, piensan y sienten, no puede menos de ser grande la utilidad de la Gramática, ya para hablar de manera que se comprenda bien lo que decimos (sea de viva voz o por escrito), ya para fijar con exactitud el sentido de lo que otros han dicho; lo cual abraza nada menos que la acertada enunciación y la genuina interpretación de las leyes, de los contratos, de los testamentos, de los libros, de la correspondencia escrita; objetos en que se interesa cuanto hay de más precioso y más importante en la vida social". ("Gramática")

La Gramática se diferencia de la Retórica en que la primera nos enseña las reglas para hablar y escribir correctamente, mientras que la segunda nos enseña, o trata de enseñarnos, a hablar y escribir con propiedad y principalmente con cierta elegancia y belleza.

GRAMÁTICA COMPARADA   Véase "Gramática".

GRAMÁTICA EMPÍRICA   Véase "Gramática".

GRAMÁTICA GENERAL   Véase "Gramática".

GRAMÁTICA HISTÓRICA   Véase "Gramática".

GRAMÁTICA PRECEPTIVA   Véase "Gramática".

GRANDILOCUENCIA   Fecunda y elevada elocuencia.

GRAVE O LLANA, PALABRA   Véase "Acentuación, Normas de".

GREGUERÍA   Se refiere a los escritos ingeniosos del escritor español Ramón Gómez de la Serna (1888-1963) que muestran aspectos generales de la vida real, lanzados por él en 1912. He aquí dos ejemplos: "El día que se case un pensamiento con una violeta quedará consumada la felicidad del jardín", "Camoens y Cervantes son como dos compañeros de asilo, el uno tuerto y el otro manco".

GRUPO FÓNICO   Locución o porción entre dos pausas de la articulación, que puede ser reducida a una sola palabra. Estas pausas se representan en la escritura mediante los signos de puntuación. Ejemplo: "Por las noches/terminada la cena/voy a casa de mis padres".

GUAJIRA   Canto popular cubano cuyo tema primordial es el campesino y que se acompaña con guitarra. Se denomina también a la lengua de filiación arahuaca que hablan los guajiros de la península Guajira al noroeste de Venezuela. También se le llama "Punto guajiro". Una guajira muy popular es "Al vaivén de mi carreta"; he aquí una estrofa:

> Andando por el camino
> se lamenta un carretero
> entre angustia y desespero
> de llegar a su destino.
> A lo lejos se divisa

> la montaña y el palmar
> y ya pronto ha de llegar
> añorando una caricia.
> Antonio Fernández

GUARANÍ   Véase "Lengua".

GUAYCURÚ   Véase "Lengua".

GUIÓN   Se aplica principalmente al argumento de una obra cinematográfica. Gramaticalmente, véase "Signos de puntuación".

H

HABÍA O HABÍAN
Cuando "haber" se usa como impersonal, y se aplica a la existencia de algo, de una cosa, debe ir siempre en singular aunque su complemento esté en plural. Por ejemplo, en el imperfecto, decimos "había muchos invitados", y no, "habían muchos invitados". Esto, según Andrés Bello, es un vicio muy corriente en el habla que debe evitarse.

HABLA
facultad o acción de hablar, de expresar y comunicar ideas y sentimientos mediante la palabra viva, sonidos vocálicos, y gestos.

HAGIOGRAFÍA
Se dice de la historia de los santos. Entre los escritores más conocidos resalta Gonzalo de Berceo en su obra "Vida de Santo Domingo de Silos" y en sus otras historias de santos, así como muchos del Siglo de Oro con poemas de temas semejantes, como Lope de Vega, en el "Isidro", y Francisco de Quevedo con "Vida de San Pablo", y otras.

HAIKU ó HAIKÚ
Poesía de origen japonés que consta de tres versos: el primero de cinco sílabas, el segundo de siete, y el tercero también de cinco sílabas. Guillermo de Torre (1900-1971) incluye uno de estos versos en "Helixes" que dice así:

> La tijera del viento
> corta las cabelleras
> de las espigas más esbeltas.

HAPLOLOGÍA
Se refiere a la eliminación de una sílaba en una palabra cuando junto a ella hay otra igual o parecida. Por ejemplo: "impudicia" por "impudicicia".

HEBRAÍSMO
Giro o manera de hablar propio de la lengua hebrea. Por medio del latín llegaron al español en la Edad Media multitud de hebraísmos, tales como: "amén", "sábado", "aleluya". Respecto a la literatura hispanojudía, esta comienza en España en el siglo X hasta llegar al poeta Jehudá Haleví (1085-1143) con sus "Siónidas" y su obra en prosa "Cuzari", cuya estructura fue imitada por Don Juan Manuel. En el campo filosófico, vale mencionar a Ben Gariol (Avicebrón, hacia 1021-1070) y a Maimónides (1135-1204) escritor de varias obras de medicina. En ciencia y erudición, resalta la Escuela de traductores de Toledo creada en el siglo XII bajo el patrocinio del arzobispo don Raimundo, cuya misión era traducir al latín y a las lenguas vulgares textos árabes y hebreos. Para más detalles de la época y obras de la época hispanojudía, véanse los trabajos de Marcelino Menéndez y Pelayo y Adolfo Bonilla y San Martín.

HEDONISMO
Doctrina que asevera el placer como el único sentido y fin de la vida.

HELENISMO
Giro o modo de expresarse propio de la lengua griega. Los helenimos son mayormente de carácter científico, como "hemorragia", "hematología" y que por lo general pasaron al español por vía del latín. Históricamente, comprende la época que abarca desde Alejandro el Magno hasta Augusto.

HEMISTIQUIO
Mitad igual o desigual de un verso, separada de la otra por una cesura. Damos como ejemplo este verso del mexicano Amado Nervo (1870-1919):

> Ha muchos años que busco el yelmo,
> ha muchos años que vivo triste,
> ha muchos años que estoy enfermo,
> ¡y es por un libro que tú escribiste!

HENOTEÍSMO Forma de las religiones en que hay una divinidad suprema a la vez que otras inferiores a ella. (Academia)

HEPTASÍLABO Verso de Arte Menor de siete sílabas.

Ejemplo: (véase que la última palabra del cuarto verso es aguda, por cuanto se le añade una sílaba)

> Yo sé cómo susurran,
> con diferentes voces,
> marchitas en septiembre
> jugosas en abril;
> José Zorrilla

Empleado también por Lope de Vega.

HERÉTICO Perteneciente a la herejía.

HERMENÉUTICA Interpretación de textos, sobre todo de los sagrados.

HEXÁMETRO Verso propio de la métrica clásica, poco cultivado en España.

HEXASÍLABO Verso de Arte Menor de seis sílabas. Los más comunes son los que van acentuados en las sílabas segunda y quinta, y los acentuados en la primera y quinta.

Ejemplo: (obsérvese que el poeta no hace uso de la sinéresis como licencia poética)

> Lo que yo más veo,
> nunca ver quisiera;
> no ve mi ceguera
> lo que más deseo.
> José Iglesias de la Casa (1748-1791 "Préstame tus ojuelos para esta tarde").

Usado también por el Marqués de Santillana.

HIATO La pronunciación de dos vocales seguidas o juntas que no se pronuncian como una misma sílaba sino como dos distintas. Como ejemplo podemos citar la palabra "suave", que con hiato se pronunciaría 'su-a-ve', es decir, con separación del diptongo que no sería correcto.

Como decíamos al referirnos a la sinalefa (véase), esta es corriente y normal en la lengua española cuando se dan las circunstancias debidas. No obstante, algunas veces y aun dándose dichas circunstancias, en el habla lenta o enfática o bien por licencia poética, las vocales que normalmente se fundirían en una sinalefa, es decir, en una sílaba, pueden distribuirse en dos o más. Esto es lo que se llama "hiato", del que puede decirse que repugna a la lengua española, pues lo espontáneo, lo normal, es la sinalefa. (Véase también "sinalefa")

HIEROGLÍFICO Véase "Jeroglífico". Obra de consulta es: "Hieroglíficos de conversión" de fray Juan Baptista de Lagunas (siglo XVI).

HILO	En un sentido figurado, se aplica a la continuación o serie lógica de una exposición o discurso u obra literaria.
HIMNO	Canto mediante el cual se alaba a alguien o a algo. Entre los escritores más destacados se encuentran Hurtado de Mendoza (1503-1575) y José de Espronceda.

Ejemplo de himno:

"Himno al sol".

   Para y óyeme, ¡oh Sol!, yo te saludo
y extático ante ti me atrevo a hablarte;
ardiente como tú mi fantasía,
arrebatada en ansia de admirarte,
intrépida a ti sus alas guía.
¡Ojalá que mi acento poderoso,
sublime resonando
del trueno pavoroso
la tremenda voz sobrepujando,
¡oh, Sol!, a ti llegara
y en medio de tu curso te parara.
¡Ah, si la llama que mi mente alumbra
diera también su ardor a mis sentidos,
al rayo vencedor que los deslumbra
los anhelantes ojos alzaría,
y en tu semblante fúlgido atrevidos
mirando sin cesar los fijaría.
¡Cuánto siempre te amé, Sol refulgente!
¡Con qué sencillo anhelo,
siendo niño inocente,
seguirte ansiaba en el tendido cielo,
y extático te vía
y en contemplar tu luz me embebecía!
           José de Espronceda

Veamos este otro himno de Fernán Pérez de Guzmán (1376?-1460) en el que honra al rey Pelayo (fragmento):

   Señor, tú fieres e sanas,
Tú adoleces e tú curas,
Tú das las claras mañanas
Después de noche oscuras;
Tú en el gran fuego apuras
Los metales más preciados,
E purgas nuestros pecados
Con tribulaciones duras.

Véase también "Himnos" de Gabriela Mistral (1889-1957).

HIMNODIA	Conjunto o colección de himnos.
HIPÉRBATON	Figura de construcción mediante la cual se altera el orden de las palabras conforme al arreglo sintáctico regular. Como, por ejemplo, decir: "lo se doy" por "se lo doy".

HIPÉRBOLE	Figura que consiste bien en aumentar, bien en disminuir excesivamente la verdad de aquello que se dice o habla. El maestro Nebrija nos lo explica así: "Hyperbole es cuando por acrecentar o menguar alguna cosa dezimos algo que traspassa dela verdad, como si dixesses: "dava bozes que llegavan al cielo". ("Gramática") He aquí varias hipérboles en verso (fragmento):

>   Vos sois la que yo elegí
> Por soberana mestressa,
> Más fermosa que deesa,
> Señora de quantas vi.
> Vos soys la por quien perdí
> Todo mi franco albedrío,
> Doncella de honesto brío,
> De cuyo amor me vencí.
> ………………………………
> Gentil dama, tal paresce
> La cibdat de vos partistes,
> Como las campañas tristes
> Do el buen capital fallesce.
> De toda beldat caresce,
> Ca vuestra philosomía
> El centro esclarescería
> Do la lumbre se aborresce...
>   Paresce como las flores
> En el tiempo del estío,
> A quien fallesce rocío
> E fatigan las calores.
> ………………………………
>   Marqués de Santillana

HIPÉRMETRO	Nebrija lo define así: "Cuando enel verso redunda y sobra una sílaba, llamase hipermetro: quiere dezir que, allende lo justo del metro, sobra alguna cosa. Cuando falta algo llamase catalectico: quiere dezir que por quedar alguna cosa es escasso. I enestas dos maneras los versos llamanse cacometros: quiere dezir mal medidos. Mas si en los versos, ni sobra ni falta cosa alguna, llamanse orthometros: quiere dezir bien medidos, justos y legítimos". ("Gramática")
HIPÓTESIS	Suposición de la que se saca una consecuencia. Véase también "Prótasis".
HIPOTIPOSIS	Descripción viva o plástica de los objetos de tal forma que nos parece que los estamos viendo. Ejemplo: "Ahí estaba el león agazapado, listo a dar el salto, tieso, con los ojos clavados sobre la inocente presa, con la lengua en péndulo y chorreando por ambos lados de las fauces una baba espesa como si ya la estuviera saboreando".
HIPOZEUGMA	Ver "Zeugma".
HISPANIDAD	Véase "Hispanismo".
HISPANISMO	La Academia le da cuatro acepciones: "Giro o modo de hablar propio y privativo de la lengua española; vocablo o giro de esta lengua empleada en otra; empleo de vocablos o giros españoles en distinto idioma; afición al estudio de la lengua y literatura españolas y de las cosas de España". Pero hoy no puede limitarse el significado de esta palabra exclusivamente a lo referente a España, sino que hay que darle un sentido mucho más amplio que abarque a la totalidad del mundo hispánico, incluyendo a los hispanos que habitan en Estados Unidos. La Hispanidad es, pues, la fusión plena de tres culturas

principales: la española, la indígena, y la africana, sin desestimar a otras que se han ido integrando a través de los años, como la árabe, asiática y europea.

En Inglaterra fueron grandes hispanistas Thomas Shelton, Tobías Smollet y Charles Jarvis (traductores del "Quijote"), George Henry Lewis, que se especializó en el Siglo de Oro, y el historiador de la universidad de Harvard Charles F. Lummis con su obra "Los exploradores españoles del siglo XXI". En Francia, Louis Viardot, traductor al francés del "Quijote", Raimundo Foulché-Delbose, y Léo Rouanet, editor de varias obras dramáticas del siglo XVI. En Alemania, Jacobo Grimm, el filólogo C.G. de Humboldt, y M. Meyer-Lübke con su "Manual de filología romance". En Estados Unidos, vale también mencionar como figura prominente a Washington Irving (1783-1859), entre cuyas obras se encuentra "Los cuentos de la Alhambra" publicada en 1832.

HISPANISTA Persona, generalmente extranjera, conocedora o versada en la lengua, literatura, y cultura hispánica. Entre los grandes hispanistas extranjeros se encuentran:

En Estados Unidos: Charles F. Lummis, profesor de la Universidad de Harvard y autor de la obra "Los exploradores españoles del siglo XVI", Washington Irving, entre cuyas obras figura "Los cuentos de la Alhambra", Archer Milton Huntington, que fundó The Hispanic Society of America en Nueva York. En Inglaterra, Thomas Shelton, Tobias Smollet, y Charles Jarvis que tradujeron "El Quijote", y George Henry Lewis que se especializó en el Siglo de Oro. En Francia Louis Viardot, traductor de "El Qujote", Raimundo Foulché-Delbose, Leo Rouanet, editor de varias obras dramáticas del siglo XVI, y Marcel Bataillon, presidente de la Sociedad de Hispanistas Franceses, catedrático, autor y traductor. En Alemania Jacobo Grimm, el filólogo C.G. de Humboldt, y M. Meyer-Lübke. También en Estados Unidos valdría incluir a Hubert Howe Bancroft, por su espléndida biblioteca hispánica que donó a la Universidad de California en Berkeley.

HISTEROLOGÍA Nebrija lo define así: "...es cuando lo postrero dezimos primero, como san Matheo enel principio de su Evangelio: 'Libro dela generacion de Jesu Christo, hijo de David, hijo de Abraham', y llama se hysteron proteron, que quiere dezir lo postrero primero". ("Gramática") O sea, alterar el orden lógico de las ideas, diciendo con antelación lo que debería decirse posteriormente.

HISTORIA Lo que ha ocurrido en la vida o desarrollo de gentes, pueblos, instituciones, etc., y su narración sistemática la cual generalmente incluye análisis y explicación.

HOMILÍA Plática que se emplea en la oratoria religiosa en la que se explica algún tema de religión o se discuten textos de las "Escrituras".

HOMÓFONA Dicho de una palabra que al pronunciarla suena igual que otra pero que tiene significado distinto, como "tubo">"tuvo", "hojear">"ojear". O también una letra con un mismo sonido, como en castellano la "c" ante "i" "e", y la "z", en ejemplos como "circo", "cero", "zanahoria".

HOMÓNIMAS, PALABRAS Se dice de palabras iguales pero con distinto significado. He aquí los monosílabos homónimos más comunes que se distinguen entre sí mediante el acento diacrítico:

él............	pronombre	Trabajo con él.
el	artículo	Pinté el automóvil.
mí	pronombre	No puede vivir sin mí.
mi	adjetivo	Estudio con mi hermano.
mi	nota musical	Después del re viene el mi.

sí	pronombre	Lo guardó para sí.
sí	adverbio	Sí, señor.
si	conjunción	Si viene, me marcho.
si	nota musical	Repita ese si.
más	adverbio	Quiero más café.
mas	conjunción	Callo, mas no apruebo.
sé	verbo saber	No sé hablar ruso.
se	pronombre	Se ha marchado ya.
dé	verbo dar	Quiero que me lo dé.
de	preposición	Casa de madera.
té	nombre de planta	Sírvame más té.
te	nombre de letra	La te es una consonante.
te	pronombre	Juan te anda buscando.

HOMONIMIA   Antes que nada, no debe confundirse con la "polisemia" (véase esta). Este vocablo significa igualdad en la forma de palabras pero con significados distintos como: "cuna", camita para niños, y "patria o lugar de nacimiento". También cabe un tercer significado que es: "estirpe o linaje". Contrario a la "homonimia" es la "sinonimia", vocablo que consiste en multiplicar las palabras a los significados y que, usadas en un mismo texto, no alteran su significado como los verbos "tener" y "poseer", por ejemplo: "El Sr. Martínez tiene (posee) una gran biblioteca".(Véase también "Sinonimia").

HUMANISMO   Movimiento intelectual y cultural que se originó del estudio de las literaturas y culturas griega y latina en la Edad Media, y que influyó en la formación del Renacimiento. Se caracteriza por resaltar los intereses humanos sobre los del mundo natural o religioso. La obra humanística más importante de España es la "Bibli políglota complutense", iniciada en 1502.

HUMORADA   Poema romántico humorístico creado por Ramón de Campoamor. Véase "El nuevo servidor: Humorada" por los hermanos Quintero.

HUMORISMO   Aptitud que consiste en hacer ver las cosas por su lado gracioso, risueño o ridículo. Comparando a la tragedia con el humorismo o comicidad, decía Platón que el primero era el más parecido a la verdad, mientras que el segundo era el menos parecido, y para Oscar Wilde, el humor era "la gentileza de la desesperación". Grandes humoristas fueron el inglés Charles Chaplin y el mexicano Mario Moreno "Cantinflas".

I

IBEROAMERICANO Con esta voz, que puede ser sustantivo o adjetivo, quiere agruparse la raza y cultura de la península Ibérica y de toda la América exceptuando a la sajona, pero incluyendo al Brasil. Sobre el tema recomendamos el trabajo titulado "El apelativo Ibero-americano" de Adolfo Bonilla y San Martín y Juan C. Cebrián, que aparece en la revista "Raza Española", Madrid, 1925, publicada por La Acción Católica de la Mujer.

ICONOGRAFÍA Tratado en el que se incluyen imágenes o retratos de cualquier índole. Ponemos como ejemplo la obra: "Iconografía de las ediciones del Quijote" de Manuel Henrich publicada en Barcelona en 1905.

IDEALISMO Conducta o pensamiento basado en la concepción de las cosas como deberían ser o como se quisiera que fueran.

IDEARIO Conjunto sistemático de las ideas de un autor, de una escuela o colectividad. Recuérdese el "Idearium español" de Ángel Ganivet.

IDEOGRAFÍA Representación de las ideas mediante imágenes o símbolos.

IDEOGRAMA Cada uno de los signos de que se compone la escritura ideográfica.

IDILIO Nombre que daban los poetas clásicos de la antigüedad a las obras de carácter pastoril. Es difícil fijar normas al idilio, aunque Juan Meléndez Valdés (1754-1817) gusta de versos de seis sílabas, y Gaspar Melchor de Jovellanos (1744-1811) del romance heptasílabo.

Ejemplo de idilio:

"El despecho inútil".

   Tu nombre, que en un aliso
grabé, enamorado y ciego,
ya, fementida, lo borro
con el vengativo acero.
Mas, ¡ay!, ¿qué importa arrancarlo
de un inmóvil tronco yerto,
si tu encantadora imagen
queda reinando en mi pecho?
           Alberto Lista (1775-1848)

IDIOTISMO Expresión indebida desde el punto de vista gramatical o que por su forma carecería de sentido, como: "No dar pie con bola".

IDOLOPEYA Figura retórica consistente en poner un discurso o algún dicho en boca de un muerto. Buen ejemplo son las palabras pronunciadas por don Rodrigo en las "Coplas por ls muerte de su padre" de Jorge Manrique.

ILACIÓN "Acción y efecto de inferir una cosa de otra. 2. Trabazón razonable y ordenada de las partes de un discurso". 3.(filología) Enlace o nexo del consiguiente con sus premisas (Academia). Para "ilativo", Fernando Lázaro Carreter lo define así: "Valor que adquiere,

	a veces, el acusativo de dirección para expresar el fin del movimiento que supone la acción del verbo".
ILATIVO	Ver "Ilación".
ILUMINISMO	Doctrina místico-religiosa, llamándose a sus partidarios iluminados o "alumbrados". Proviene en España de una corriente mística que arranca de los gnósticos con sus raíces más próximas en la Edad Media. Es una doctrina que, fundamentalmente, se declara en contra de las normas eclesiásticas e institucionales de la Iglesia Romana. Figura que resalta del iluminismo es Juan Valdés (1509-1541).
ILUSTRACIÓN	Movimiento filosófico y literario racionalista del siglo XVIII, caracterizado por la extrema confianza del hombre en el uso de su razón para resolver todos los problemas de su existencia. Entre los ilustrados de España se encuentran José Caldalso (1741-1782) y Gaspar Melchor de Jovellanos (1744-1811).
IMPRECACIÓN	Figura retórica cuyo verbo es imprecar, o sea, proferir palabras mediante las que se manifiesta un vivo deseo de que se le haga mal o daño a una persona. La "Biblia" contiene infinidad de imprecaciones.
IMPRESIONISMO	"Sistema pictórico y escultórico que consiste en reproducir la naturaleza atendiendo más a la impresión que nos produce que a ella misma en realidad". (Academia) En el Impresionismo es la luz tal como la capta el artista con su vista lo que cuenta, desatendiendo a la realidad objetiva. Lo cultivaron en España, entre otros, Joaquín Sorolla, y entre los franceses Renoir, Degas y Monet, y también Van Gogh. Entre los escritores extranjeros se pueden citar a Oscar Wilde y Marcel Prust.
INCONGRUENCIA	Falta de sentido o lógica, como decir que "el espacio es finito" o que "el habla es estática".
INCUNABLE	Todo libro impreso desde la invención de la imprenta hasta principios del siglo XVI.
INÉDITO	Escrito o autor que no ha sido publicado.
ÍNDICE	Enumeración de los componentes o contenido de una obra o libro.
INDIGENISMO	Trasmisión al español de voces propias de las lenguas americanas, principalmente del arahuaco y caribe, nahua (hablado por los aztecas), quechua (hablado por los incas), aimara (hablado en la región andina) y guaraní (hablado en la cuenca del Paraná-Paraguay). Algunos ejemplos son: "canoa", "tabaco", "huracán", "hamaca", "tiburón".
IDILIO	Nombre que daban antiguamente los griegos a sus composiciones pastoriles. Poema corto, generalmente amoroso y tierno. Se sustituyó el nombre luego por el de "égloga", aunque para algunos retóricos el idilio posee más sentimientos tiernos y es más amplio en su temática. Autores de este género fueron Meléndez Valdés y posteriormente Gerardo Diego en su obra "Poemas adrede". Referente a su métrica, es difícil establecer normas. Algunos autores, como Meléndez Valdés, prefieren los versos de seis sílabas asonantados, mientras que Gerardo Diego ha preferido la "lira".
ILUSTRACIÓN	Movimiento filosófico y literario racionalista del siglo XVIII, caracterizado por la extrema confianza del hombre en el uso de su razón para resolver todos los problemas de su existencia. Entre los ilustrados en España se encuentran José Cadalso (1741-1782) y Gaspar Melchor de Jovellanos (1744-1811).
INCISO	Expresión independiente que se intercala en otra para explicarla.

INDOEUROPEO	Se refiere a la lengua latina con toda su descendencia, a las otras lenguas itálicas, célticas (bretón, irlandés, galés, escocés), el griego, el albanés, las lenguas germánicas (alemán, inglés, holandés, lenguas escandinavas), y las lenguas eslavas (ruso, polaco, checo, búlgaro, serbocroata.) También pertenecen a esta familia fuera de Europa el persa y las lenguas indias antiguas y modernas, del que deriva el gitano y el caló.
INFIJO	Véase "Afijo".
INFLEXIÓN	Cada una de las terminaciones del verbo en todos los modos, tiempos, números y personas, así como las del pronombre en sus distintos casos, y las de todas las partes variables que componen una oración con respecto a sus géneros y números. Ejemplo valiéndonos como modelo del verbo "cantar":

canto:
modo: indicativo
tiempo: presente
número: singular
persona: primera

También, cada una de las variantes de la entonación.

INGENIO	Equivale a talento, y en el Siglo de Oro se entendía por poeta, dramaturgo o novelista.
ININTELIGIBLE	Que no es inteligible, que no puede entenderse u oírse.
INTELIGIBLE	Que puede entenderse u oírse claramente.
INTENSIÓN	Véase "Tiempos de la articulación".
INTERDENTAL	Véase "Articulación, Punto de".
INTERJECCIÓN	Sirve para expresar estados de ánimo, tales como dolor, asombro, sorpresa, alegría, indignación, etc.: "¡ay!", "¡oh!", "¡ojalá!" Por lo general no forma parte de una oración, sino que equivale a una oración por sí sola, y su significación depende mayormente de la entonación con que se pronuncia y de la situación imperante del momento. Por ejemplo, "¡ah!" puede expresar bien asombro o amenaza.

Las interjecciones se dividen en propias e impropias. A la primera pertenecen, entre otras: "¡ah!", "¡oh!", "¡uf!", "¡ay!", "¡huy!", "¡olé!", "¡puf!", "¡adiós!", "¡ya¡", "¡hurra!", "¡ajajá!", y a la segunda: "¡fuera!", "¡calla!", "¡vaya!", "¡dale!", "¡caracoles!", "¡hombre!", "¡cómo!" Se denominan impropias porque se utilizan como exclamaciones a pesar de tener otro valor gramatical.

INTERLOCUTOR	Cada uno de los dialogantes, es decir, de cada persona que dialoga o forma parte de un diálogo.
INTERLUDIO	Intermedio en la música instrumental.
INTROITO	Prólogo con que empezaban las obras dramáticas con anterioridad a Lope de Vega.
IRONÍA	Método de expresión humorística o sarcástica en que el significado que se pretende en el uso de las palabras es lo opuesto de su significado usual. Cicerón le llamaba "Disimulación", o sea, que dice lo contrario de lo que da a entender, pero para Quintiliano era mejor llamarle "ironía".
ISLAMISMO	Véase "Arabismo".

ISMO — Afijo que significa adhesión a una doctrina, como en "Clasicismo", "Romanticismo", "Modernismo", etc. Contemporáneamente, en especial a partir de los movimientos de vanguardia de finales del siglo XIX, los llamados "ismos" se aplican a los movimientos artísticos y literarios que reaccionan contra la ideología, doctrina, escuela o tendencias tradicionales. Un buen libro que los aclara es "Ismos", de Ramón Gómez de la Serna.

ISOSILÁBICO — Son los versos con el mismo número de sílabas, y los más comunes en la versificación española. Como ejemplo de estos versos, véase la obra de Juan Ramón Jiménez "Noche de todos los santos" que contiene 34 versos isosilábicos simples de Arte Menor.

ITALIANISMO — Giro o modo de hablar propio y privativo de la lengua italiana; vocablo o giro de esta lengua; empleo de vocablos o giros italianos en distinto idioma. (Academia) Ejemplos de italianismos: "novela", ópera", "soneto".

J

JÁCARA   Consiste en un romance festivo, en que por lo general se hacía referencia a cosas propias de la gente rufianesca.

Ejemplo de jácara:

"Pendencia mosquito".

  A la salud de las marcas
y libertad de los jacos,
se entraron a hacer un brindis
en la bayuca del Santo
Ganchoso el de Ciempozuelos,
Catalinilla de Almagro,
Isabel de Valdepeñas,
y Andresillo el desmirlado.
A la carrera de sorbos
y al apretón de los tragos,
nunca ha dado yegua el Betis
potro que pueda alcanzarlos.
Un cogollo de lechuga
fue el violón de este sarao;
que el que es bailarín castizo
no repara en lo templado.
              Francisco de Quevedo Villegas

JARCHA   Nombre árabe con el que se denomina la estrofa final de una "moaxaja" de algunos poemas árabes o hebreos, y que muchos consideran la más importante. Sobre las jarchas mozárabes o muladíes nos comenta Claudio Sánchez Albornoz (1893-1984):

"Entre los más sorprendentes hallazgos de los últimos tiempos figura el de las jarchas, coplas redactadas en romance andalusí que sirvieron de estribillo a las [moaxajas] o poemas estróficos en árabe o hebreo escritas en la España musulmana a lo menos desde el siglo IX. Esas jarchas han comprobado la existencia de una lírica mozárabe y muladí, derivada de una línea popular hispano-latina pre-musulmana y matriz de la lírica hispano-arábiga que acabó desbordando las fronteras del Al-Ándalus hacia el mundo islámico". Y seguido nos da un ejemplo (fragmento):

Miradas de dulce embrujo
de amor me han llenado el alma,
más la grana de esa boca
que aún al censor es sagrada.
Si el corazón de esa cierva
se ablanda, posará el mío.
De su rebaño no cuida
ni ve que el mío se ha huido.
Ella es todo para ella,
y para mí, y la he perdido.
Éstas son, ay mi censor,

de amor señas declaradas,
suspiros abrasadores,
aunque se aneguen en lágrimas.

Lo que ese talle de palma
carga sobre mí me abruma.
Que yo vele y ella duerma
me conduce a la locura.
No halla el corazón respiro
de tanto amor y amargura.
Deja de mi ser un poco
(ni creo que a quedar vaya),
y así veras a qué extremos
me conduce mi desgracia.

También para un estudio más detallado de las jarchas, consúltese Emilio García Gómez (1905-1995): "Veinticuatro jarchas romances" en "Al-Andalús", XVII, 1, 75 y siguientes y, desde luego, los trabajos sobre la lengua española de Ramón Menéndez Pidal y Rafael Lapesa (1908-2001).

JERGA Lenguaje empleado por personas de una misma clase, profesión u oficio como pescadores, impresores, etc. También puede hablarse de jerga culta, como la del lenguaje científico. En un sentido más amplio, y como nos comenta Manuel Seco en su obra "Gramática esencial de la lengua española" (págs. 390-91, véase la Bibliografía): "no hay un solo lenguaje científico, sino tantos como ciencias y técnicas; y en cuanto a las jergas, hay que distinguir las de distintos oficios y las de los delincuentes, reducidas unas y otras, muchas veces, a localizaciones muy limitadas. Como los usuarios de las lenguas especiales las emplean solo para una determinada parcela de su actividad, y fuera de esa parcela hacen uso de la lengua común, frecuentemente pasan a estas préstamos procedentes de aquellas, los cuales acaban fijándose en la lengua general, no raras veces con cambios de sentido". A menudo la jerga se confunde con el argot y con algunas palabras y expresiones idiomáticas o modismos.

JERIGONZA "Lenguaje especial de algunos gremios, jerga; lenguaje de mal gusto, complicado y difícil de entender. (Academia) Véase la obra de Francisco de Quevedo "Libro de todas las cosas y otras muchas más". La jerigonza la puede crear cualquier persona, simplemente alterando de alguna forma la escritura de las palabras como por ejemplo añadiendo la sílaba "pa" antes del acento prosódico de la palabra "manzana", y así decir: "manpazana".

JEROGLÍFICO Consiste en la escritura, particularmente la de los egipcios, cuyos signos representan dibujos de objetos casi imposible de descifrar. Véase para ejemplo "Coro de las musas" de Miguel de Barrios (1625-1701).

JOCOSERIO Equivale a tragicómico.

JOCOSO Obras festivas de poca extensión poéticas o dramáticas.

JORNADA Se llamaba así en las obras teatrales al acto durante el Siglo de Oro.

JUEGO DE ESCARNIO Dramatización en el teatro profano de las costumbres propias de la época. Son también una expresión primitiva del teatro de los juglares en el que se representaban sátiras muy violentas.

JUGLAR Ramón Menéndez Pidal lo define así: "Juglares eran todos los que se ganaban la vida actuando ante un público para recrearle con la música, la literatura, o la charlatanería, o con juegos de manos, de acrobatismo, de mímica, etc." En España se menciona por primera vez al juglar entre 1116 y 1136 en que aparece en la corte de León. La poesía que recitaba el juglar era la compuesta por el trovador. Entre los juglares más importantes se encontraban: el "juglar lírico" y el "juglar narrativo" que era el que se recitaba en los "cantares de gesta". Para más detalles de la vida del juglar véanse las "Crónicas" y las "Partidas" de Alfonso X.

JUGLARÍA Arte de los juglares de la Edad Media.

L

LABERINTO — Composición poética artificiosa en que los versos pueden leerse bien al derecho o al revés así como de otras maneras, sin faltarles sentido y cadencia. Puede verse como ejemplo el soneto retórico que nos cita Juan Caramuel y Lobkowitz (1606-1682), en el que se verá que puede leerse de dos formas distintas sin perder su sentido:

> Yo mismo de mi engaño me sustento
> y no quiero más vida que mi engaño.
>
> o,
>
> Más vida que mi engaño ya no quiero
> me sustento yo mismo de mi engaño.

LABIODENTAL — Véase "Articulación, Punto de".

LACONISMO — Brevedad de expresión.

LADINO — Lenguaje romance hablado por los judíos y algunos moros en España durante la Edad Media. También, como se llamaba el romance castellano antiguo, o lengua religiosa de los sefardíes.

LAICO — No religioso o independeinte de cualquier organización, como "educación laica".

LAÍSMO — Uso del pronombre "la" y "las" en los casos en que correspondería usar "le" o "les". Ejemplo: "la traigo un regalo de bodas", por "le traigo un regalo de bodas".

LANCE — Suceso o acontecimiento notable que tiene lugar en la novela o en el poema dramático.

LATÍN, BAJO — El hablado por los clérigos en la Edad Media.

LATÍN CLÁSICO — Esencialmente el latín literario y más depurado, correspondiente a la época de Cicerón y Augusto.

LATÍN VULGAR — Lenguaje hablado por los hispano-godos dominados por los árabes, llamado también "Romance" o "Habla rústica". En su tiempo era el latín conversacional y popular hablado en Roma compaginando con el latín literario. De este latin vulgar se originó el español.

LATINISMO — El empleo de giros o construcciones propias del latín en otras lenguas. En español tendríamos locuciones tales como: "ex abrupto" (hecho de forma brusca o arrebatada), "a priori" (con anterioridad), "habeas corpus" (derecho de la persona que se ha detenido a ser oída).

LATINIZANTE — Que latiniza, es decir, que da forma latina a las palabras de otra lengua. Palabras latinizantes españolas son, entre muchas otras: "ejercicio", "bálsamo", "aspirar", "discurrir".

LATINO Así se denomina hoy por lo general al hispano en Estados Unidos, en contraposición al sajón, anglosajón, o germánico. Es apelativo equívoco pues según la Academia de la Lengua será "latino" toda persona de Europa o América que hable una lengua derivada del latín, por cuanto "latino" también incluiría a un francés o canadiense. Por otro lado, "latino" se refiera a la lengua latina y no a su cultura como es el caso al referirse al latino en Estados Unidos.

LATIVO Caso de la declinación que sirve para indicar la dirección hacia donde uno se dirige.

LAUDATORIO Expresa o contiene alabanza.

LAUDE Equivale a "alabanza".

LECCIONARIO Libro de coro en el que se contiene las lecciones de los maitines.

LEÍSMO Se refiere al uso de los pronombre "le", "les" cuando debería o podría emplearse "la" o "lo" como: "Le hallé en el suelo", cuando en realidad debería ser "Lo hallé en el suelo" (refiriéndose a un libro). Esta es una tendencia muy generalizada que hace referencia a todos los nombres masculinos y tanto para complemento directo como indirecto de la tercera persona del singular o plural. Ejemplos: "lo vi" (a él), "la vi" (a ella), "los vi" (a ellos), "las vi" (a ellas).

LEITMOTIV o "Leitmotivo". Vocablo alemán que se refiere a la idea primordial o central alrededor de la cual se desarrolla un discurso, conferencia, etc. Por extensión, puede ser también una idea que se repite como foco o tema de una conversación.

LEMA Nota o título que se antepone a una obra literaria para indicar brevemente su asunto o pensamiento.

LENGUA Conjunto de palabras y modos de hablar de cada nación. (Academia). Las lenguas se dividen en: "Monosilábicas" (cuyos vocablos carecen de formas gramaticales, como la china)); "Aglutinantes" (la que unen a una misma raíz otras raíces tales como prefijos y sufijos, juntando de tal forma varias palabras en una, sin fundirlas, como la japonesa; "Flexionales" (las que modifican sus palabras mediante desinencias, como la española). Resultará interesante traer aquí estas palabras que nos dice Dámaso Alonso sobre la función de la lengua: "…la lengua no sólo sirve para expresar ideas y conceptos, sino también y quizá ante todo, para expresarnos a nosotros mismos". ("Materia y forma en poesía", véase Bibliografía).

En esta sección hablaremos someramente de las lenguas (o grupos lingüísticos) indígenas de la América meridional, así como de otras lenguas habladas en España. Muchas de estas lenguas siguen vigentes en la actualidad, aunque reducidas a grupos minoritarios. A los interesados en la materia, les sugerimos la obra capital de Lorenzo Hervás y Panduro (1735-1809), "Catálogo de las lenguas", que si no las abarcas todas, al menos presenta la mayoría de ellas. En este aspecto, téngase presente que, en general, las lenguas indígenas de América meridional no han sido hasta ahora estudiadas debidamente, como ha ocurrido con las lenguas de Canadá y Estados Unidos (las lenguas "iroquesas", "algonquinas", "sioux, "chinuk, etc.). Queda aún mucho por hacer. Quizás se deba ello a la multiplicidad casi inacabable (muchos centenares) de lenguas distintas, habladas por infinidad de tribus cazadoras que poblaron el continente sur y su aislamiento entre unas y otras. Así y todo, algunas o muchas lograron cierto acercamiento a lo largo de los años, influenciándose mutuamente en sus culturas, costumbres y lenguaje.

América meridional:

"Aimara" (también llamado "aymará"): lengua predecesora del quechua, y hablada hoy en las zonas montañosas de Perú, Bolivia y el lago Titicaca. Se aplica también a ciertos indios que habitan en la región de este lago.

"Arahuaco y Caribe": habladas en la zona del mar Caribe. Se aplica también al gran pueblo que ocupó la región desde el Alto Paraguay hasta las islas Lucayas (Caribe o Antillas).

"Chibcha": hablada principalmente en Colombia, pero también en zonas comprendidas en el sur de Centroamérica y el norte de los Andes. Se aplica también a los indios que habitaron la región de Bogotá.

"Guaraní" (grupo "Tupí-guaraní"): hablada en la cuenca del Paraná-Paraguay y en la provincia Argentina de Corrientes. En el Paraguay coexiste actualmente con el español como lengua familiar y corriente. Se aplica también a los indios de la zona que se extiende desde el Orinoco hasta el Río de la Plata.

"Mapuche": La hablada por el pueblo amerindio en la época de la conquista española.

"Maya": hablada en la región de Yucatán, Honduras y Guatemala. Se aplica también a los indios del Yucatán. A este grupo lingüístico pertenecen el maya del Yucatán, el "quiché" y el "cakchikel" de Guatemala, zonas de una rica literatura mitológica y religiosa, que dieron obras como "Chilam Balam" y el "Popol Vuh".

"Quechua": hablada en el antiplano boliviano, la zona andina de la Argentina, y entre los ríos Angasmayo y Biobío. Se aplica también a los indios que durante la colonización española habitan en la región del norte y oeste del Cuzco.

"Utoazteca": hablada en la América del Norte, entre la que se encontraban los grupos azteca (central) y nahuas (sur). En cuanto a territorio, el utoazteca se extiende desde los Estados Unidos hasta la meseta de México y la América Central. El "nahuatl" era la lengua hablada en el imperio azteca, también llamada "lengua azteca o mexicana". Con respecto a la misma, el franciscano fray Bernardino de Sahagún nos dice: "…todos los que hablan claro la lengua mexicana, que les llaman 'náhuas', son descendientes de los dichos toltecas…"

Entre otras lenguas indígenas de la América meridional se encuentran los grupos: "pano" hablada en la cuenca occidental del Amazonas; "arauk", "guaycurú" y "mataco", en la región del Chaco; "araucano o mapuche", en Chile; las lenguas "patagónicas", entre ellas el "tehuelche", y el "ona"; y las habladas en la Tierra del Fuego, como el "yagán" y el "alakaluf".

Aunque queda fuera de América, nos toca mencionar aquí al "tagalo" que, por un tiempo fue la lengua oficial de Filipinas junto al español e inglés. En este país, actualmente, un número muy reducido de personas aún hablan español. Tagalo también se aplica al individuo de origen malayo que habita Filipinas.

España:

"Asturiano": Se hablaba antes en el principado de Asturias. Hoy se le llama "llingua asturiana" que se propone substituir al español como lengua oficial. Se le llama también "bables asturianos", hablado mayormente por los aldeanos.

"Catalán": Se habla en las cuatro provincias de Cataluña, las Islas Baleares y en las antiguas provincias del reino de Valencia. Se habla también fuera de España, por ejemplo en la ciudad de Alguer, Cerdeña, en Andorra y en el Rosellón. Parte de esta lengua es el dialecto valenciano.

"Gallego": Se habla en las cuatro provincias de Galicia, y es una de las ramas de la antigua lengua galaico-portuguesa. La otra rama es el portugués. Entre todas las otras lenguas de España, es el gallego el que guarda mayor uniformidad. No así los otros que presentan distintas variedades, como el mallorquín y menorquín en cuanto al catalán, o el bable asturiano que comprende un gran número de hablas locales.

"Vascuence": lengua prerromana que se habla hoy en las provincias de Vizcaya y Guipúzcoa y parte de Navarra, fragmentada en siete dialectos distintos. Con el propósito de unir estos siete dialectos en una sola lengua, hoy se le llama al vascuence "euskera batua" (pronunciado "batúa"), es decir, "vasco unificado".

Aquí debe añadirse también el "caló" o "gitano", derivado del grupo de lenguas indias antiguas y modernas.

También se hablan en España varios dialectos, siendo los más importantes el andaluz, el murciano, el extremeño y el canario.

LENGUA CLÁSICA Por antonomasia, la latina y la griega antiguas, ambas ya muertas.

LENGUA ESPAÑOLA Los tres dialectos romances originados del latín vulgar fueron el catalán, el del grupo central que incluía el castellano, y el gallego-portugués. El castellano fue el que más se desarrolló por el predominio de Castilla durante los siglos XII y parte del XIII, llegando a consolidarse en el XVI y XVII y más aún en el XVIII debido a la pluma de insignes escritores. A partir de la expansión imperial española que comienza en el siglo XVI, el castellano, ahora llamado español, se extiende por todo el mundo y es hablado hoy por 21 países y por más de 50 millones de personas en Estados Unidos. Es, pues, lengua romance derivada del latín e influenciada en su léxico por infinidad de vocablos de otras lenguas como el árabe, francés y en tiempos modernos por el inglés, principalmente en la ciencia y tecnología. Como lengua es una, por su estructura y sintaxis, si bien con ciertas variaciones mayormente léxicas o morfológicas y de pronunciación, como el "seseo" y el "yeísmo", en el amplio mundo hispánico. Es erróneo, pues, hablar de "español cubano", "español mexicano", "español argentino", y aún referirse a ellos como dialectos, como lo es hablar de "American English" (inglés norteamericano) para diferenciarlo del inglés británico. Básicamente, el inglés hablado en Estados Unidos y Gran Bretaña son idénticos en su estructura y sintaxis, si bien hay vocablos, giros, acepciones, modismos, pronunciación, propias de cada país debido a su peculiar historia y cultura, como lo son también el portugués hablado en Portugal y Brasil.

LENGUAJE Conjunto de sonidos articulados de que se vale el ser humano para manifestar sus pensamientos y sensaciones, y que se origina por medio de ciertos movimientos orgánicos.

LEONIO Véase "Verso".

LETANÍA "Enumeración seguida de muchos nombres, locuciones o frases". (Academia) Veamos como ejemplo esta letanía en verso (fragmento):

"Letanía de la rubia miope"

¡Oh rubia miope,
reina sin corona,

que por cetro luces
tus lentes de concha!
Con tus ojos claros
de mirar de tórtola,
con tus lentos ojos
¡mírame, señora!

Cuando tus pupilas
a placer reposan
tras los lentes finos
como en una alcoba,
tras los finos lentes
de pulida concha,
con tus suaves ojos
¡mírame, señora!

Cuando, sabia, inquieta,
la actitud nerviosa
tras los lentes marca
tus ojeras novias,
por tus dos ojeras
del Pecado joyas,
con tus ojos sabios
¡mírame, señora!
    Cristóbal de Castro y Gutiérrez (1880-1953)

LETRA   Cada uno de los signos con que se representan los sonidos de un idioma, como la "a" o la "b".

LETRILLA   Composición poética de índole amorosa, festiva o satírica, dividida en estrofas, repitiendo al final un estribillo.

Ejemplo de letrilla:

 Ande yo caliente
y ríase la gente.

 Traten otros del gobierno
del mundo y sus monarquías,
mientras gobiernan mis días
mantequillas y pan tierno,
y las mañanas de invierno
naranjada y aguardiente,
y ríase la gente.

 Coma en dorada vajilla
el príncipe mil cuidados
como píldoras doradas;
que yo en pobre mesilla
quiero más una morcilla
que en el asador reviente,
y ríase la gente.

 Cuando cubra las montañas
de plata y nieve el enero,
tenga yo lleno el brasero

de bellotas y castañas,
y quien las dulces patrañas
del rey que rabió me cuente,
y ríase la gente.
        Luis de Góngora y Argote

Buen ejemplo también de letrilla es la "Letrilla satírica" de Francisco de Quevedo. Luis de Góngora y Bretón de los Herreros (1796-1873), entre otros muchos, también escribieron letrillas.

LÉXICO	Vocabulario de una lengua.
LEXICOGRAFÍA	Se encarga de los principios teóricos en que se basa la composición de diccionarios.
LEXICOLOGÍA	El estudio de las palabras en cuanto a su origen, formación y significado.
LEYENDA	Relato de algún suceso fantástico que se transmite a lo largo de generaciones a un pueblo, y que se cree basado en algún hecho histórico no verificado. Se aplica también al texto con el que se acompaña a un cuadro, grabado, mapa, etc. para explicarlo. Como ejemplo de leyenda puede verse "Leyenda de Muhamad Al-Hamar el Nazarita, rey de Granada", de José Zorrilla, u otras del mismo escritor, o las de Gustavo Adolfo Bécquer, como "El Cristo de la calavera".
LIBELO	Escrito empleado para denigrar o infamar a personas, ideas, o cosas. Como ejemplo citamos el panfleto del holandés Guillermo de Orange titulado "Apología" contra el rey español Felipe II publicado en 1580 que dio lugar a la Leyenda Negra contra España.
LIBRETO	Obra dramática a la que se le pone música bien sea a toda la letra o a una parte de la misma.
LICENCIA POÉTICA	Consiste en la libertad que se le da al poeta para alterar el lenguaje literario de forma que le facilite sus composiciones, bien en el uso de las palabras con sentido metafórico o distinto del actual, en la creación de nuevas palabras (que no excluyen a los extranjerismos), o en el cambio o desplazamiento del acento a una sílaba anterior ("diástole", véase) o posterior ("sístole", véase). También le es permitido al poeta añadir sílabas o suprimirlas (véase "prótesis", "epéntesis", "paragoge"). En cuanto a la medida del verso, la licencia métrica abarca a la sinalefa, diéresis y sinéresis (véase cada una individualmente).
LINGÜÍSTICA	Ciencia del lenguaje.
LINGÜÍSTICA APLICADA	Identifica, investiga, y ofrece soluciones a problemas del lenguaje relacionados con la vida, o con los que el lenguaje plantea como medio de ralación social.
LINGÜÍSTICA COMPARADA	La que tiene como propósito estudiar las relaciones que puedan existir entre dos o más idiomas.
LIPOGRAMA	Omisión deliberada en un escrito o texto de las palabras que contienen una letra o grupo de letras que suelen ser en español la "a" o la "e". Pueden verse ejemplos de textos lipogramáticos en "Flor de sainetes" de Francisco de Navarrete y Ribera (1592-1652), o los lipogramas de Alonso de Alcalá y Herrera (1599-1682) publicados en 1641con el título de "Varios effectos de amor en cinco novelas exemplares" en los que el autor omite la letra "a".

LIRA Consta de cinco versos. El primero, tercero y cuarto son heptasílabos y riman entre sí, mientras que el segundo y quinto son endecasílabos con otra rima común. Es también la forma de expresarse un poeta. La palabra toma su nombre de la composición de Garcilaso que empieza: " Si de mi baja lira tanto pudiera el son que en un momento aplacase la ira del animoso viento" (Canción Quinta, Égloga III).

Ejemplo de lira:

"Lira del corazón".

¡No ha paradoja en decirlo!
Lo pongo en todas las cosas
sin pensarlo y sin sentirlo.

Está tan a flor de piel
como en la rosa el color,
como en la risa la miel.

¡Qué importa la explicación!
Saber o no que se tiene,
pero dar el corazón.

Todo está en ser sensitivo.
El que no sabe vibrar
está más muerto que vivo.

La vida es eso: emoción.
Cada cual pulsa su lira.
¡Y yo la del corazón!
    Juan Soca

Veamos esta otra lira de Sor Juana Inés de la Cruz:

Amado dueño mío,
escucha un rato mis cansadas quejas,
pues del viento las fío,
que breve las conduzca a tus orejas,
si no se desvanece el triste acento
como mis esperanzas en el viento.

Óyeme con los ojos,
ya que están tan distantes los oídos,
y de ausentes enojos
en ecos, de mi pluma mis gemidos;
y ya que a ti no llega mi voz ruda,
óyeme sordo, pues me quejo muda.

Si del campo te agradas,
goza de sus frescuras venturosas,
sin que aquestas cansadas
lágrimas te detengan, enfadosas;

que en él verás, si atento te entretienes,
ejemplos de mis males y mis bienes.
    Sor Juana Inés de la Cruz

Recomendamos también "Lira a la Magdalena" de Fray Luis de León.

LÍRICA El vocablo proviene del instrumento "lira". Aplícase a la poesía en la que el poeta expresa sus más íntimos sentimientos y emociones, es decir, lo inefable. Es uno de los tres géneros principales en que se divide la poesía y, en términos generales, abarca a todas las obras poéticas que no son épicas o dramáticas. Existe también la llamada prosa lírica, como la de "Platero y yo". La lírica está muy emparentada con la música. Entre los egregios líricos españoles se encuentra Fray Luis de León, llamado el "Príncipe de nuestros líricos", y Francisco de Quevedo.

LIRISMO Cualidad de lírico. Exaltación de un poeta en sus composiciones. Sobre este vocablo nos dice José Ortega y Gasset: "El lirismo es la cosa más delicada del mundo. Supone una innata capacidad para lanzar al universo lo íntimo de nuestra persona. Mas, por lo mismo, es preciso que esta intimidad nuestra sea apta para semejante ostentación. Un ser cuyo secreto personal tenga más o menos carácter privado producirá una lírica trivial y prosaica. Hace falta que el último núcleo de nuestra persona sea de suyo impersonal y esté, desde luego, constituido por materias trascendentes". ("Sobre el amor").

LITERATURA Todo escrito en prosa o verso, especialmente el de carácter crítico o imaginario, sin reparar en su grado de excelencia, y que se distingue generalmente de otros escritos de índole varia como son los científicos. También todo escrito imaginario o creativo, especialmente el de reconocido mérito o valor artístico. María Moliner le da esta clara ysucinta definición: "Arte que emplea como medio de expresión la palabra escrita". Cualquier escrito perteneciente a una época, pueblo o región.

LÍTOTE En griego significa sobriedad, sencillez. Figura retórica que consiste en no expresar aquello que en realidad se quiere dar a entender. Se llama también "atenuación".

Ejemplo de lítote:

   Y mientras miserable-
mente se están los otros abrasando
con sed insaciable
del peligroso mando,
tendido yo a la sombra esté cantando.

A la sombra tendido,
de hiedra y lauro enterno coronado,
puesto el atento oído
al son dulce acordado
del plectro* sabiamente meneado.
          Fray Luis de León ("Vida retirada")
(*) palito que empleaban los antiguos para tocar varios instrumentos de cuerda.

LITÚRGICO Perteneciente a la liturgia, es decir, el santo sacrificio de la misa.

LOA Prólogo que se usaba en la comedia del Siglo de Oro español y que sustituyó al 'introito', casi siempre para alabar o elogiar a la persona a la que se le dirigía o para describir su argumento. En el caso de Calderón de la Barca, llegó a convertirse en "sacramental" con carácter alegórico, representándose con anterioridad al "auto" en la festividad del Corpus. Es famosa la loa de Francisco de Quevedo que aparece en el prólogo de la comedia "Amor y celos hacen discretos". También es un poema dramático breve en que se celebra alegóricamente a una persona destacada o un gran acontecimiento.

Ejemplo de loa:

"Loa de un retrato en el que están dos damas".

¿Os recordáis aún?
Yo sí recuerdo.
El agua sonreía en las acequias;
estallaban los huertos;
veníais junto a mí, en la mañana,
bajo el azul del cielo.
Tú, con la veste blanca,
eras mi flor de almendro.
Ella, joven no más que tú,
iba de negro.
¡Quién os pudiera oír de nuevo ahora,
en vuestra voz carnal, en vuestro acen-
Musicales, alegres, desprendidas   [to
del teclado de un sueño.
   Antonio Oliver Belmas (1903-1968)

LOCALISMO	Preferencia por lo local.
LOCUAZ	Que habla en demasía.
LOCUCIÓN	La Academia lo define así: "Combinación estable de dos o más palabras, que funciona como elemento oracional y cuyo sentido unitario no se justifica, sin más, como suma del significado normal de los componentes". Y para María Moliner: "Expresión pluriverbal de forma fija que se inserta en el habla como una pieza única, constituida por una oración simple o compuesta o una parte de oración. Pueden ser de distintas clases, entre ellas: Adjetiva, cuando hace función de adjetivo como en: "de maravilla". Adverbial, cuando hace ofunción de adverbio como en: "de súbito". Conjuntiva, cuando hace función de conjuncción como en: "con tal que". Interjectiva, cuando equivale a una interjección como en: "¡Ave María!" Preposicional, cuando hace función de preposición como en: "alrededor de". Pronominal, cuando hace función de pronombre como en: "alguno que otro". Sustantiva, cuando hace función de sustantivo como en: "el que dirán". Verbal, cuando hace función de verbo como en: "caer en lo cierto".
LOCUOCIDAD	Se refiere al mucho hablar, a hablar en exceso.
LOGOPEDIA	Método o conjunto de métodos con los que se enseña a alguien con dificultad la pronunciación de una fonación normal.
LOGOGRIFO	Especie de enigma que resulta de diferentes combinaciones con las letras de una palabra, por lo que resultan otras cuyo significado no es evidente. Obra en la que se encuentran muchos logogrifos es: "Poetas líricos del XVI y XVII, de la Biblioteca de Autores Españoles (véase "Bibliografía").
LOÍSMO	Se refiere al uso de "lo" singular y "los" plural para la función de complemento indirecto que hace referencia a nombres masculinos, como: "Los perdimos la huella" por "Les perdimos la huella".
LOOR	Equivale a alabanza.

LUNFARDO Lenguaje de la considerada gente baja de Buenos Aires y sus alrededores.

LUSISMO Palabra o giro de origen portugués, como "arisco".

LL

LIANA   Véase "Acentuación, Normas de"

LIANITO   Véase "Spanglish".

M

MACROLOGÍA   Nebrija lo explica así: "Macrología es cuando se dize alguna luenga sente[n]cia, que comprehende muchas razones no mucho necessarias, como diziendo: 'despues de idos los embaxadores fueron a Carthago, de donde no alcançada la paz, tornaron se a donde avian partido'; por que harto era dezir 'los embaxadores fueron a Carthago, y no impetrada la paz, tornaron se, y llama se macrología, que quiere dezir luengo rodeo de razones y palabras". ("Gramática") En realidad, consiste en una extensión desmedida del discurso, en un dar rodeos para expresar un pensamiento. Equivale a "circunlocución (véase).

MADRIGAL   Composición lírica de breve extensión cuyo tema era el amor, y cuya forma generalmente es la silva.

Uno de los más conocidos madrigales es el de Gutierre de Cetina (1519-1554):

A unos ojos.

   Ojos claros, serenos,
si de un dulce mirar sois alabados,
¿por qué si me miráis, miráis airados?
si cuanto más piadosos,
más bellos parecéis a aquel que os mira,
no me miréis con ira
porque no parezcáis menos hermosos.
¡Ay, tormentos rabiosos!
Ojos claros, serenos,
ya que así me miráis, miradme al menos.

Cubrir los bellos ojos
con la mano que ya me tiene muerta,
cautela fue por cierto;
que ansí doblar pensastes mis enojos.

   Pero de tal cautela
harto mayor ha sido el bien que el daño;
que el resplandor extraño
del sol se puede vedr mientras se cela.

   Así que, aunque pensastes
cubrir vuestra beldad, única, inmensa,
yo os perdono la ofensa;
pues, cubiertos, mejor verlos dejaste.
                Gutierre de Cetina

MAITINES   Primera de las horas canónigas que se reza al amanecer. Ejemplo de maitines escritos por fray Juan Alberto de los Carmenes :

   Cuando la muda medianoche toca
la cima del ciprés y lo estremece,

tu salmo que se enciende por mi boca
en el aire dormido resplandece.

    Vienes, para abrasar la maravilla
de tu laude inmutable.
El sueño huyó…¡Ya es todo la Sencilla
Presencia Formidable!

    La carne macerada y contenida
del sacrificio largo,
la estás ungiendo, Amor, de toda Vida…
¡Qué dulce el vino del racimo amargo!

    Suble el temblor del alma, hecho salte-
                                 [rio,
y lo recibe el seno del Misterio
entre la muda medianoche oscura.

¿Y cuándo, Amor, cuándo
será tu Laude Viva?
¡La cima del ciprés está temblando
su vocación de llama fugitiva!
                fray Juan Alberto de los Carmenes (1915-1999)

MARINISMO   Escuela barroca italiana que se extendió por Europa a principios del siglo XVII, y cuyo poeta más conocido fue Marino en su obra "Adonis". Se caracteriza por estar recargado de figuras e imágenes extravagantes, como el gongorismo de Góngora.

MATACO   Véase "Lengua".

MAYÚSCULA, LETRA   La de mayor tamaño. Se emplea por lo general al principio de un escrito y después de punto, así como en todo nombre y apellido. Se acentúa igual que la minúscula. Tratándose de las consonantes dobles, va en mayúscula sólo la primera como: "Chocolate", "Lluvia". En español no se escriben con mayúscula los gentilicios como: "peruano", "inglés", etc.

MÁXIMA   Frase invariable, proverbial o escrita por alguien, que expresa un principio moral, algún consejo o enseñanza. Pueden verse también las "Máximas políticas" de Antonio Pérez (1539-1611) que le mandó a hacer el rey Enrique IV de Francia durante su exilio en ese país. Había sido secretario del rey Felipe II y el autor de la obra "Relaciones" que, junto a la "Apología" de Guillermo de Orange, contribuyeron grandemenete a propagar la Leyenda Negra contra España.

MAYA   Véase "Lengua".

MECENAS   Se dice del que patrocina y protege a las artes, como en el caso Cervantes el Conde de Lemos al que le dedica varias de sus obras, o el duque de Alba para Garcilaso de la Vega.

MEDIDA   Se refiere al número de sílabas de las que consta un verso, y la sílaba se mide por el número de vocales, teniendo presente que los diptongos y triptongos cuentan como una sola sílaba. Ahora bien, como el acento final debe recaer en la penúltima sílaba, si la última palabra de un verso es aguda, se le añade una sílaba, y caso de ser esdrújula, se le quita una sílaba, y de ser llana se cuentan las sílabas justas de que conste la palabra.

MEDIEVALISMO	Movimiento de la última parte del siglo XVIII que buscaba renovar y revivir la temática literaria de la Edad Media.
MEDIO y MEDIA	Puede usarse como adjetivo o adverbio. Cuando es adjetivo es variable, y cuando es adverbio invariable. Por ejemplo, como adjetivo: "A media mañana dio un paseo por el parque" (variable en género y número); como adverbio: "El niño está medio dormido" (invariable), y aun si el sujeto fuera femenino, sería invariable también, como: "La niña está medio dormida". No se olvide que los adverbios son siempre invariables en cuanto a género y número, y que los adjetivos son siempre variables en ambos.
MÉLICO	Perteneciente o relativo al canto y a la poesía lírica.
MELODÍA	Se emplea regularmente por "entonación".
MELODRAMA	Obra teatral, literaria o cinematográfica en la que se exageran todos los sentimientos.
MEMORIAS	Escrito autobiográfico y cronológico en los que se cuentan los hechos más sobresalientes de la vida de una persona o de un período histórico. En España destacan las de Juan Valera y Alcalá Galiano (1824-1905), Ramón de Mesonero Romanos (1803-1882), "Memorias de un setentón natural y vecino de Madrid" (1880), y José Zorrilla.
MESOZEUGMA	Véase "Zeugma".
MESTER DE CLERECÍA	Género literario propio de los clérigos y personas cultivadas de los siglos XIII y XIV. El primer escritor en este género fue Gonzalo de Berceo, y su último representante el Canciller Pero López de Ayala (1332-1407). (Véase también "Cuaderna Vía").
MESTER DE JUGLARÍA	La epopeya española cantada por los juglares en la Edad Media, y que tiene como base la tradición oral y las gestas. Tuvo su máximo desarrollo en España durante los siglos XII y XIII. Los géneros que cultiva son la poesía narrativa, la dramática, y la lírica.
METÁBASIS	Dícese cuando una palabra perteneciente a una categoría en particular pasa a ejercer otra función correspondiente a otra categoría. Por ejemplo: "la sangre es roja", adjetivo, y "lo rojo de la sangre", sustantivo. Véase también "Adjetivación".
METÁFORA	José Ortega y Gasset lo define así: "el instrumento capital de estilización en las artes del decir". Por otro lado, Julián Marías nos dice al respecto: "Literalmente, transposición o traslación. En la metáfora se traspone un nombre, se emplea en una significación que no es la suya primera y propia, pero conservando la conciencia de ella; sirve para pensar y expresar un objeto que no es directamente accesible o enunciable, y que es aludido por medio de otro, cuyo sentido recto e inmediato se elude". Estas palabras de Miguel de Unamuno nos parecen también muy acertadas: "En la metáfora propende, y es propensión reveladora de mucho, a apoyar lo concreto y real en los abstracto e ideal, lo definido en lo indeterminado, como si el mundo de la abstracción nos fuese más inmediato y directo que el mundo de la realidad concreta y objetiva. Así nos habla de una "franja de cielo oscuro, invariable, como una franja de dolor sobre una vida". Nebrija lo explica así: "Metáphora es cuando por alguna propiedad semejante hazemos mudanza de una cosa a otra, como diziendo "es un león", "es un Alenxandre", "es un azero", por decir fuerte y rezio; i llamase metaphora, que quiere dezir transformacion de una cosa a otra" ("Gramática").

Ejemplos de metáfora: |

119

"Ojos guarnecidos de lágrimas" (Valle-Inclán, "Sonatas").
"Pájaros como cítaras de pluma" (Góngora).
"Y perderse en el viento sobre el trueno del mar" (Rubén Darío).
"Canas de nieve" (Luis Carrillo de Sotomayor).
(El mar) "dientes de espuma; labios de cielo" (García Lorca).
"Se vistió de carne el verbo" (Sor Juana Inés de la Cruz)
"Mientras el viento triste galopea matando mariposas" (Pablo Neruda, 1904-1973)
"Se desviste la lluvia" (Pablo Neruda)
"La plaza y los naranjos encendidos" (Antonio Machado)
"Los pinares se han dormido" (Juan Ramón Jiménez)

METAGOGE "Tropo, especie de metáfora, que consiste en aplicar voces significativas de cualidades o propiedades del sentido a cosas inanimadas, como "reírse el campo". (Academia)

METALEPSIS Figura retórica mediante la cual se toma el antecedente por el consiguiente, o al contrario, trasladando a veces el sentido no solamente de una palabra sino de toda una oración. Ejemplo: "No olvides la promesa que me hiciste" que equivale a decir "cúmplela".

METAPLASMO Alteraciones en la estructura habitual de ciertas palabras a las que se llama figuras de dicción. Tales alteraciones tienen diversos nombres como: "próstesis", "epéntesis", "paragoge", "aféresis", "síncopa", "apócope", "metátesis". El maestro Nebrija añade otros siete nombres, que son: "estasis", "sístole", "diéresis", "sinéresis", "sinalefa", "ectlipsis", antítesis", es decir, catorce en total. Véase la definición de cada uno individualmente. Esto es lo que nos dice Nebrija: "Del metaplasmo: Assi como el barbarismo es vicio no tolerable en una parte dela oracion, assi el metaplasmo es mudança dela acostumbrada manera de hablar en alguna palabra, que por alguna razon se puede sofrir, y llama se en griego metaplasmo, que en nuestra lengua quiere dezir transformacion, por que se trasmuda alguna palabra delo proprio alo figurado, y tiene catorze especies". ("Gramática")

METÁTESIS Cuando se invierte el lugar correspondiente a una letra o sílaba, como: "centilena" por "centinela". Nebrija le llamaba "transportación". (Véase también "Metaplasmo")

METONIMIA Nebrija define así esta palabra: "Metonymia es cuando ponemos el instrumento por la cosa que con el se haze o la materia por lo que se haze della, como Juan de Mena 'De hechos passados cobdicia mi pluma' por dezir mi verso; I assi dezimos que alguno 'murio a hierro, por murio a cuchillo' i llamase metonymia, que quiere decir trasnominacion". Dicho de otro modo, es la alusión al efecto por su causa o viceversa, como "un Velázquez"=un cuadro de Velázquez, o al objeto por su símbolo, como "bandera"=tierra o patria.

MÉTRICA Arte que trata de la medida o estructura de los versos, de sus varias especies y de las distintas combinaciones que con ellos puede formarse o, también, la medida de los versos, las reglas a que se atienen y las diversas clases de metros, o lo que es igual, poesía.

Por su longitud, a los versos se le denomina (véase cada uno individualmente):

bisílabo
trisílabo
tetrasílabo
pentasílabo
hexasílabo
heptasílabo
octosílabo
eneasílabo

decasílabo
endecasílabo
dodecasílabo

También existen versos de trece, catorce, quince y dieciséis sílabas (véase cada uno individualmente).

Aunque algunos los denominan "tridecasílabos", "tetradecasílabos" (o "Alejandrino"), "pentadecasílabos", y "hexadecasílabos", respectivamente, y aún "heptadecasílabos" (los de diecisiete sílabas), "octodecasílabos" (los de dieciocho sílabas), y "eneadecasílabos" (los de diecinueve sílabas), nos parece muy extraño que la Real Academia de la Lengua no registre ninguno de ellos, ni que tampoco aparezcan en varias obras claves consultadas. Así los hemos incluido en este diccionario conforme al número de sílabas (Versos de trece sílabas, Versos de catorce sílabas, etc.). Observamos, no obstante, que ortográficamente son correctos, puesto que los prefijos, todos griegos, "tri", "tetra", "penta", "hexa", "hepta", "octo", "enea", significan respectivamente "tres", "cuatro", "cinco", "seis", "siete", "ocho" y "nueve", y "decasílabo" (del latín y este del griego) "diez". Así, "heptadecasílabos" serán los de diecisiete, y los "eneasílabos" los de diecinueve.

METRO — La medida que se aplica para la debida organización de las palabras en el verso.

MILAGROS — Hechos sobrenaturales atribuidos a la Virgen María en la tradición medieval.

MÍMESIS — Se escribe con o sin acento. La Academia de la Lengua da a este término el significado siguiente; "En la estética clásica, imitación de la naturaleza que como finalidad esencial tiene el arte". Ahora, bien, la palabra fue creada por Aristóteles y se tradujo al español por "imitación", si bien para algunos literatos, como el profesor Sir Arthur Quiller-Couch de la universidad de Cambridge, viene a ser más una "expresión" que "imitación" sobre todo cuando se la aplica a la poesía. Sobre el particular, véase el artículo "Poética" en El "Diccionario de Literatura Española" publicado por la Revista de Occidente.

MINISTRIL — Persona que tiene por oficio regular tañer instrumentos de cuerda o de viento.

MINÚSCULA, LETRA — La más pequeña, usada regularmente en la escritura y distinta a la mayúscula: "l", "t", "u".

MÍSTICA — Véase "Movimiento literario"> "misticismo".

MITO — Fábula o ficción alegórica. Por ejemplo, el llamado "mito de las mujeres amazónicas" o simplemente "amazonas" en tiempo de la conquista española, o el de los tesoros fabulosos de "El Dorado", o el de la "Fuente de la Juventud" de Juan Ponce de León. En literatura, algunos de los personajes que pueden clasificarse como mito son "don Juan" o la "Celestina".

MITOLOGÍA — Historia de los fabulosos dioses y héroes de la gentilidad. Conviene leer "Las metamorfosis" de Publio Ovidio que contienen sobre 240 leyendas mitológicas. Juan de Mena basó parte de su obra en temas mitológicos al igual que Luis de Góngora.

MODERNISMO — Ver "Movimiento literario"> "Modernismo".

MODISMO — Véase "Frase o expresión idiomática".

MODO VERBAL	Es la manera general de significar la acción del verbo. En español son cinco: Infinitivo, Indicativo, Potencial, Subjuntivo e Imperativo. Algunos gramáticos incluyen el modo Potencial en el Indicativo, entre ellos Samuel Gili Gaya.
MODULACIÓN	Se aplica a cambiar armoniosamente de un tono a otro en el lenguaje o la música.
MOJADO	Equivale a sonido "palatizado", o palatal, es decir, el que se produce aplicando el dorso de la lengua contra el paladar. Por ejemplo, la "y" española es un sonido mojado o palatizado, al menos lo es más que la "ch".
MOJIGANGA	Breve composición propia del teatro y de índole cómica. Véase la "Mojiganga de la muerte" de Pedro Calderón de la Barca (1600-1681).
MONISÍLABA	La palabra que contiene una sola sílaba, como: "el", "si", "un", "mi".
MONOGRAFÍA	Tratado o descripción de una materia que es sólo parte muy limitada de una ciencia.
MONÓLOGO	Recitación llevada a cabo por una sola persona. Se aplica también a una especie de obra teatral en la que interviene un solo personaje. Véase también "Soliloquio".
MONORRIMA	Versos que tienen una sola rima o ritmo. Muchos de los romances españoles son de versificación asonantada monorrima, como esta del "Cantar de Mío Cid":

> Con estas alegrías e nuevas tan ondradas
> aprés son de Valencia a tres leguas contadas.
> A Mío Cid, el que en buena cinxo espada
> dentro a Valencia en mandólol levavan.

MONOSEMIA	Se refiere a vocablos que tienen un solo significado, en oposición a la "polisemia" que tiene muchos. Son vocablos mayormente característicos de la terminología científica como: "óxido", "tórax, "apendicitis".
MONOSÍLABO	ver "monosílaba".
MONÓSTROFE	Composición poética que consta de una sola estrofa, como los epigramas y las décimas, como en este Cantar de Antonio Machado:

> Encuentro lo que no busco:
> las hojas de toronjil
> huelen a limón maduro.

MONOTONÍA	Defecto del lenguaje que consiste en usar siempre los mismos términos para expresiones parecidas, como, por ejemplo "Llamé a Consuelo para que llamara a Isabel y le dijese que debería llamar a su hermano".
MORALEJA	Lección o enseñanza provechosa que se deduce de un cuento, fábula, ejemplo, anécdota, etc. Conviene leerse las "Fábulas de Esopo" para la enseñanza moral y moralejas, así como las de Fredo y los españoles Félix María de Samaniego (1745-1801) y Tomás Iriarte.
MORFEMA	Si consideramos a la lengua como un sistema de signos, cada uno de ellos se descompone en otros inferiores que son indivisibles. Estos signos llevan por nombre morfemas y poseen un significado único. Por ejemplo, en la palabra "dame", tenemos dos morfemas, "da" y "me". En "da" tenemos dos fonemas, /d/ y /a/, pero por sí solos no significan nada, mientras que juntos forman el morfema "da" que representa la tercera persona del singular del presente de indicativo del verbo "dar", es decir, que tiene un sentido único e

irreductible. Igual podríamos decir del otro morfema, "me", compuesto por los fonemas /m/ y /e/, y que representa un pronombre de complemento directo.

MORFOLOGÍA Estudio que trata de las formas de las palabras o, dicho de otro modo, de los elementos constitutivos de la oración.

MOVIMIENTO LITERARIO María Moliner en su "Diccionario" lo define así: "Término de más amplitud que estilo, aplicado al conjunto de manifestaciones artísticas o ideológicas que constituyen un cambio perceptible con respecto a la de la época anterior".

Aunque los llamados "ismos" se multiplican a lo largo de la historia artística, filosófica y literaria, en esta sección nos ocuparemos de los más sobresalientes. Otros se mencionan por separado bajo sus respectivos nombres.

"Barroco": Del francés "baroque". Se aplica al estilo artístico caracterizado por una abundancia excesiva de elementos ornamentales y decorativos y por tanto accesorios, muy en boga durante el siglo XVII. Entre los escritores españoles que lo cultivaron sobresalen Góngora en la poesía y Gracián en la prosa. Pueden citarse también a Calderón y Quevedo. En España, son parte del Barroco el "culteranismo" y el "conceptismo". El primero se aplica mayormente al verso y se basa en el juego de musicalidad, la coordinación original sintáctica, y la abundancia en el uso de neologismos, mientras que el conceptismo se basa principalmente en las ideas. Aunque los antecedentes del conceptismo pueden hallarse en obras medievales tales como el mester de clerecía", el primer escritor conceptista en España fue Alonso de Ledesma (1562-1623) en sus obras "Conceptos espirituales", publicada en 1600-1612 y "Monstruo imaginario", publicada casi quince años después.

"Costumbrismo": Con este vocablo se designa toda obra de arte que refleja las costumbres de la época y el ambiente propios del artista o autor. En el sentido literario, y como ejemplos de este género, descuellan en España, entre otras muchas, el "Libro del Buen Amor", "La Celestina", y las "Novelas Ejemplares" de Cervantes, muchas comedias de Lope de Vega, Tirso de Molina, Zorrilla, etc.

"Creacionismo": Proclama la total y absoluta autonomía del poema, no imitando o reflejando a la naturaleza por lo que ella aparente, sino en sus propias leyes biológicas y orgánicas. En la España del siglo XX destacó en tal movimiento Gerardo Diego. Véase la obra "Creacionismo" de Vicente Huidobro (1893-1948).

"Dadaísmo": Nada de trascendental tiene este movimiento, al menos en España, pero se incluye por lo curioso o llamativo de su término. Nació hacia 1916 entre París y Zurich, y su creador fue Tristán Tzara. Él mismo lo define como "Protesta con los puños de nuestro ser". En realidad, él fue el fundador de la palabra "dada" que se refiere a "la primera articulación que hace un niño". Este movimiento se caracteriza por la absoluta carencia de un significado racional en la expresión literaria (y también en la artística), buscando más un reflejo de lo primitivo o infantil. En España, al menos, tuvo una existencia muy efímera.

"Generación del 98" (1898): Abarca a un grupo de escritores españoles que ahondaron en el alma de España y trataron de sacarla del marasmo en que se encontraba después de haber perdido su gran imperio y posesiones en Ultramar, sobre todo Cuba tan apegada al espíritu español. Se entendió aproximadamente desde finales del siglo XIX hasta comienzos del XX, y tuvo como sus máximos exponentes a Ramiro de Maetzu (1875-1936), Miguel de Unamuno, Antonio Machado, y Azorín (1874-1967, entre otros.

"Generación del 27" (1927): Surgió con el homenaje que se le dio al poeta Luis de Góngora en el Ateneo de Sevilla hacia 1927, compuesto por un grupo nada homogéneo de artistas y literatos. Vuelta a la España eterna, a sus raíces y tradiciones, a lo popular e imperecedero manifestado por la enorme atracción a la poesía tradicional española como los cancioneros y romanceros. Busca en la expresión el equilibrio sin cohibir al alma a que vuele libre, sin inhibiciones, con sentimientos muy profundos y delicados, puro lirismo, como en el caso de Federico García Lorca (1898-1936), todo él fibra sentimental sin amarres ni tapujos. En la poesía sobresalen el ya citado Lorca, Jorge Guillén (1893-1984), Rafael Alberti (1902-1999),Dámaso Alonso (1898-1990), Luis Cernuda (1902-1963), y Vicente Aleixandre (1898-1984), así como otros escritores como León Felipe (1884-1968), Pablo Neruda, Jorge Luis Borges (1899-1986), y aun humoristas como Enrique Jardiel Poncela (1901-1952), pintores surrealistas como Gregorio Prieto (1897-1992) y el director cinematográfico Luis Buñuel (1900-1983), más muchísimos otros que no han sido debidamente reconocidos. Fue, desde luego, un estallido espiritual y conmovedor no sólo de España, ni tan siquiera de Castilla sola, y de gran parte de Hispanoamérica.

"Misticismo": Palabra derivada de "místico", del griego "mistikós" que significa 'misterioso'. En cuanto a su significado, Helmut Hatzfeld nos dice:
"Misticismo es el conocimiento experimental de la presencia divina, en el que el alma tiene, como una gran realidad, un sentimiento de contacto con Dios. Es lo mismo que contemplación pasiva…Hay que aceptarlo como genuino, pues dan testimonio de él todos los místicos de oriente y de occidente, en cuyas vidas se ha mostrado maravillosamente fecundo de bienes" (Donald Attwater, A Catholic Dictionary, Nueva York, McMillan, 1942, p. 356). Y continúa Hatzfeld: "Una definición moderna de la mística experimental por una hija de Santa Teresa, la carmelita descalza Oda Schneider, no falta de interés, combina el misterio del culto con el misticismo personal: 'La mística es el corazón del misterio. Su objeto es Dios experimentado por un hombre en la oscuridad de la fe más allá de los sentidos, en su esencia verdadera'. Con frecuencia aparece el misticismo relacionado con visiones, éxtasis, raptos exteriores, deliquios, etc.; pero todos los teólogos están de acuerdo en que tales acompañamientos del fenómeno místico son accidentales, no esenciales e incluso muchas veces índice de imperfección mística. El misticismo es un don libre de Dios que no se puede adquirir directamente. Ello no obstante, algunos teólogos creen que una preparación indirecta por medio de un severo ascetismo y una concentrada meditación lleva a la oración contemplativa, que Dios no rehúsa a sus grandes amadores; y la contemplación así adquirida, aunque desde un punto de vista teórico sigue siendo infusa, vendría a ser el desarrollo de los dones del Espíritu Santo, las virtudes teologales infusas y las beatitudes, hasta el punto de ser experimentadas y sentidas en madurez espiritual. Mas estas 'sensaciones' no se dan en los sentidos, sino en la "scintilla animae", en el 'espíritu del alma' (Santa Teresa)". En España, destacadas figuras del misticismo fueron Santa Teresa y San Juan de la Cruz. Se consideran a los iniciadores de la literatura mística a Bernardino de Laredo, que influenció a San Juan de la Cruz en su obra "Subida del monte Carmelo", y a Francisco de Osuna que lo hizo con Santa Teresa con su obra "Abecedario espiritual". A la mística o misticismo se le considera parte del Siglo de Oro.

"Modernismo": En la literatura, la cuna de este movimiento fue América y su fundador el excelso poeta nicaragüense Rubén Darío (aunque para Federico Carlos Saínz de Robles el verdadero padre del modernismo fue el español Salvador Rueda, 1857-1933). Cronológicamente, se fija entre 1895 y 1925. Federico de Onís (1885-1966) lo define así: "La forma hispánica de la crisis universal de las letras y del espíritu que inicia hacia 1885 la disolución del siglo XIX y que había manifestado en el arte, la ciencia, la religión, la política y gradualmente en los demás aspectos de la vida entera, con todos los caracteres, por lo tanto, de un hondo cambio histórico, cuyo proceso continúa hoy". Federico Carlos Saínz de Robles ofrece este pensar: "Si el 'gongorismo' fue la extravagancia y el refinamiento, la afectación en las metáforas y en las palabras; si el 'conceptismo' fue la extravagancia y el refinamiento y la afectación en los conceptos, los poetas modernistas hicieron del 'modernismo' la extravagancia y el refinamiento y la afectación de las sensaciones. Aun cuando los poetas modernistas intentaron devolver a la musa helénica la gracia de su antigua mocedad, no consiguieron sino añadir a su caducidad un sensualismo de París. Con lo que se conseguía la extraña visión de un helenismo reavivado en el 'boulevard'. El verdadero triunfo del poeta modernista fue entusiasmar a las masas con la música de lo inesperado". Ahora bien, junto a la exquisitez parisiense y el gusto por las metáforas resplandecientes, brota también en el modernismo, especialmente en escritores como Enrique Rodó (1872-1917), Amado Nervo (1870-1919) y Leopoldo Lugones (1874-1938), la pura conciencia de lo americano, así como un sentimiento muy espiritual de la vida y, por encima de todo, el valor del mundo hispánico, y esto tanto en España como en Hispanoamérica. Saínz de Robles incluye como precursores de Rubén Darío en América a Manuel González Prada (1844-1918), Gutiérrez Nájera (1859-1895) y José Martí (1853-1895), entre otros.

"Naturalismo": Domina en Francia y otros países europeos a mediados del siglo XIX, principalmente en la novela. Se basa casi exclusivamente en la observación y la experimentación, tratando de dar un valor científico y de conocimiento de la vida. Su exponente más famoso fue el francés Zola, quien se refería a ella como "novela experimental". En España, este movimiento no adquirió alas, es decir, se cultivó poco, contándose quizás entre los que lo trataron a Benito Pérez Galdós, Clarín y la Emilia Pardo Bazán.

"Neoclasicismo": Surgió en Europa a mediados del siglo XVIII (inicialmente en Francia), y se caracteriza por su apego a las normas clásicas. En España coincide en sus comienzos con la última etapa de la Casa de Borbón y más específicamente con la muerte de Carlos II en 1700. Pueden considerarse escritores de esta época a Gaspar Melchor de Jovellanos, Leandro Fernández de Moratín, y a Benito Jerónimo Feijóo (1676-1764), entre otros.

"Novecentismo": También llamada "Generación del 14" (1914) o "Vanguardias" y que surge entre la Generación del 98 y la Generación de 1927, compuesta mayormente de ensayistas, novelistas, y poetas. Se caracteriza principalmente por un afán de romper con el pasado y elevar el europeísmo, buscando cambios que han de caer en manos de una minoría selecta, exquisita, intelectual, cuidadosa de la forma y capaz de realizar obras magníficamente estructuradas, así como escapar del sentimentalismo y Romanticismo y de todo visión apegada a la realidad, es decir, la creación del arte puro y la renovación del lenguaje. Entre sus máximos exponentes se hallan: en el ensayo, José Ortega y Gasset, Eugenio D'Ors, y Gregorio Marañón; en la novela Gabriel Miró y Ramón Gómez de la Serna; y en la poesía Juan Ramón Jiménez.

"Postmodernismo": Se desarrolló entre 1905 y 1914. No fue una reacción contra el "modernismo", sino "una tímida tentativa de delicadeza en los matices, de perfección y sencillez en los pormenores, de recogimiento interior, de desnudez lírica, de humorismo o ironía. En modo alguno quiso luchar el postmodernismo con el modernismo; sino que, comprendiendo sus defectos, intentó soslayarlos" (Federico Carlos Saínz de Robles). Destacadas figuras de este movimiento fueron Juan Ramón Jiménez, Unamuno, Ramón Pérez de Ayala (1880-1962) y Antonio Machado.

"Realismo": Este término, aplicado a la literatura, trata todo asunto en base a la realidad tal y como es sin ser idealizada, y así la describe con detalle y fidelidad. Es lo opuesto al idealismo o romanticismo. Este movimiento surge en el siglo XIX y predomina sobre todo en la novela con Flaubert siendo el modelo, y en España Galdós y José María de Pereda (1833-1906). En la novela hispanoamericana, se inicia con José Joaquín Fernández de Lizardi (1776-1827). De él forma parte también el "costumbrismo".

"Renacimiento": Del latín "renasci", es decir, "renacer". Época en la que se produce un verdadero avivamiento de las artes y las ciencias inspirado en la antigüedad clásica. Bien pensado, se inicia en España ya desde los tiempos del reinado de Juan II. En la poesía empieza a notarse la influencia de las formas italianas, como el soneto, el endecasílabo, etc., sin ausencia, vale decir, del elemento medieval que perdura hasta muy entrado el siglo XVI. En términos generales, puede decirse que en España comienza el período renacentista en la literatura culta o aristocrática en el siglo XV y se extiende en la popular (bastante más medieval) hasta principios del siglo XVII. Buenos ejemplos de esta influencia italiana son Boscán y Garcilaso.

"Romanticismo": Su época sobresaliente fue desde fines del siglo XVIII hasta la primera mitad del XIX. Sus mayores características son el individualismo, el sentimiento y la pasión, así como el amor a la libertad, rechazando la razón y las normas como reacción opuesta al clasicismo. Grandes impulsadores de este movimiento en España fueron Ramón López Soler (1806-1836), Antonio Alcalá Galiano (1789-1865), ejerciendo notable influencia también las traducciones de las obras de Walter Scott, Víctor Hugo y Byron. Grandes exponentes españoles fueron Ángel de Saavedra, duque de Rivas (1791-1865), Espronceda y Francisco Martínez de la Rosa (1787-1862).

"Vanguardismo": Se desarrolla durante los últimos veinte años del siglo XIX. Lo que más se persigue con este movimiento es romper con el pasado, a causa de lo cual surgieron varias tendencias todas ellas llamadas de 'vanguardia' originadas en París, coincidiendo así con el impresionismo y el simbolismo. En Francia cuaja con el cubismo, en Italia con el futurismo, y en España con el ultraísmo mezclado con el superrealismo y el dadaísmo. Germán Bleiberg caracteriza a la estética vanguardista así: "1. Negación constante del pasado. 2. Afirmación de la originalidad. 3. Internacionalismo (tendencia que implica, con frecuencia, puntos de contacto entre fórmulas literarias e ideario político-sociales derivados de las doctrinas de Marx). 4. Confusión y correlación entre todas las bellas artes (lo pictórico invade lo lírico, lo musical se traslada al verso, etc.) Entre los poetas españoles más destacados del vanguardismo se encuentran: Guillén, Salinas, Lorca, Alberti, Cernuda, y otros. El más grande de todos fue indudablemente Rubén Darío.

MOZÁRABE Nombre que se aplica a los cristianos que antiguamente vivían en España entre los moros y por ende a su lengua. A través del mozárabe se filtraron en el español muchísimas palabras de origen árabe, como: "alcalde", "almohada", "azul", "aceite", "ojalá", calculándose en total más de 4.000.

MULETILLA Palabra o frase que se repite muchas veces y que llega a cansar.

MUSA En la mitología griega, cualquiera de las nueve ninfas o deidades, generalmente representadas como jóvenes, bellas y modestas vírgenes, que presidían sobre las ciencias y artes liberales, y que acudían cuando los dioses se reunían en el Olimpo. Espíritu de inspiración del poeta o artista; fuente del genio y de la inspiración. De la musa dijo una vez Cervantes: "Pues no me son tan enemigas las musas, que algunos ratos del año no me visiten" (Quijote, I, II, 197). Durante la Edad Media en España era la Virgen María la que servía de inspiración, como aparece en Gonzalo Berceo y el Arcipreste de Hita.

N

NAHUATL   Véase "Lengua".

NARRACIÓN   Según la Academia: "Acción y efecto de narrar. Una de las partes en que suele considerarse dividido el discurso retórico, o sea aquella en que se refieren los hechos para esclarecimiento del asunto de que se trata y para facilitar el logro de los fines del orador".

NARRATIVA   Género literario que abarca la novela, la novela corta, y el cuento.

NASAL   Véase "Articulaciones Bucales y Nasales".

NATURALISMO   Véase "Movimiento literario"> "Naturalismo".

NEGRISMO   Movimiento literario de la primera parte del siglo XX que se caracteriza por fuertes manifestaciones culturales de la raza negra. Sobresalen entre los que lo cultivaron en la poesía el puertorriqueño Luis Palés Matos (1898-1959) y el cubano Nicolás Guillén (1902-1989).

NEOCLASICISMO   Ver "Movimiento literario"> "Neoclasicismo".

NEOLATINO   Se aplica a las lenguas que proceden o derivan de la lengua latina, como la española o francesa.

NEOLOGISMO   Todo vocablo, acepción o giro nuevo en una lengua. Puede ser "léxico", cuando se refiere a la forma y al significado; o "semántico", cuando se trata de un significado nuevo que se añade a una palabra ya existente. Ejemplo: "cibernética", "autopista", "acupuntura", "bolsa de aire" (en el automóvil).

NOCTURNO   Especie de serenata en que se cantan o bien se tocan composiciones sentimentales.

Ejemplo de nocturno:

Viene una másica lánguida,
no sé de dónde, en el aire.
Da la una. Me he asomado
para ver qué tiene el parque.

La luna, la dulce luna
tiñe de blanco los árboles,
y, entre las ramas, la fuente
alza su hilo de diamante.

En silencio, las estrellas
tiemblan; lejos, el paisaje
mueve luces melancólicas,
ladridos y largos ayes.

> Otro reló da la una.
> Desvela mirar el parque
> lleno de almas, a la música
> triste que viene en el aire.
>   Juan Ramón Jiménez

NOMBRE	Palabra que se apropia o se da a los objetos y a sus cualidades para hacerlos conocer y distinguirlos de otros. (Academia)
NOMBRE COLECTIVO	Aquel que siendo singular denota multitud de seres pertenecientes a una misma especie, como: "gente", "bosque", "manada".
NOMBRE DESPECTIVO	Según la Academia, "se aplica a la palabra que echa a mala parte la significación del positivo del que procede", como "gentuza", "mujerzuela", "pueblucho", "libraco", etc.
NOMBRE PARASINTÉTICO	El que consta de prefijo y sufijo, es decir, que es a la vez derivado y compuesto, como: "picapedrero".
NOMBRE PATRONÍMICO	Apellido que se deriva del nombre de los padres, como: "Hernández" de "Hernando", "Fernández" de "Fernando", "González" de "Gonzalo".
NOMBRE SUSTANTIVO	O simplemente "nombre". Parte variable de la oración mediante la cual se nombra o se da a conocer las personas, animales y las cosas, bien materiales o inmateriales, como: "María", "hombre", "pájaro", "valentía". (Véase también "Sustantivo").
NOMENCLATURA	Conjunto de palabras usadas en una ciencia, como la química o arte.
NOMINATIVO	Uno de los casos de la declinación que sirve para designar el sujeto de la significación del verbo; no lleva nunca preposición.
NORMA	Regla que se debe seguir o a que se deben ajustar las operaciones. (Academia)
NOVECENTISMO	Ver "Movimiento literario">"Novecentismo".
NOVELA	Obra literaria en prosa en la que se narra una acción imaginaria o fingida en su totalidad o parte de ella, y que tiene como propósito brindar placer estético por medio de la descripción de sucesos interesantes de pasiones y de costumbres, enlazados en una acción única que se desarrolla en toda la extensión de la misma.

Hay distintas clases de novelas, entre ellas:

"Novela de aventuras": narra las aventuras emocionantes de un héroe. Buenos ejemplos son "Robison Crusoe" de Daniel Defoe (1659-1731) y la "Isla del tesoro" de Robert Louis Stevenson (1850-1894).

"Novela bizantina": antecede a la novela de aventuras y se parece mucho a ella. Como ejemplos de la literatura española pueden citarse los entremeses de Cervantes "La española inglesa" y "El amante liberal". La primera novela bizantina en España se considera "Historia de los amores de Clareo y Florisea" de Alonso Núñez de Reinoso (mitad del siglo XVI).

"Novela de costumbres": narra el quehacer cotidiano en una sociedad en particular. Véase "Costumbristas españoles" de Evaristo Correa Calderón (1899-1986). Como novela costumbrista que recoge la vida indígena del Ecuador, puede citarse "Huasipungo" del ecuatoriano Jorge Icaza (1906-1978).

"Novela epistolar": narra la correspondencia cruzada entre los distintos personajes. Buenos ejemplos de novela epistolar es "Proceso de cartas de amores" de Juan de Segura (siglo XVI), y "La estafeta romántica" de Benito Pérez Galdós.

"Novela existencial": la cultivada mayormente por los franceses: Sartre, por ejemplo, y que expresa una cierta tendencia filosófica conocida por "existencialismo". En un amplio sentido se podría llamar así a la novela de Miguel de Unamuno.

"Novela histórica": narra con mayor o menor fidelidad las costumbres, ambiente y caracteres de una época pasada, mezclando la acción fingida con acontecimientos históricos reales y así con los personajes. En España cultivaron durante la época romántica esta clase de novelas muchos autores, entre ellos Ernesto Gil y Carrasco (1815-1846) en su novela "El señor de Bembibre".

"Novela naturalista": trata de dar a la novela un carácter científico, y cuyo método principal es la observación y la experimentación. En España nunca arraigó notablemente esta clase de novelas, contándose solamente con un puñado de escritores que las cultivaron, como "Clarín" con "La Regenta", y Emilia Pardo Bazán con "Los pazos de Ulloa".

"novela pastoril": narra la vida de los pastores de una forma idealizada e irreal, y en la que se alterna la prosa con el verso. Pertenecen a este grupo la "Diana" de Jorge de Montemayor (1520?-1561) y la "Galatea" de Miguel de Cervantes (1547-1606).

"Novela picaresca": narra la vida de los pícaros. En España este género se cultivó ampliamente durante los siglos XVI y XVII a partir de la "La Vida del Lazarillo de Tormes", alcanzando su mayor representación en la "Vida de Guzmán de Alfarache de Mateo Alemán (1547-1615?). Tal género tiene sus antecedentes en el Arcipreste de Hita y el Arcipreste de Talavera (hacia 1398-1470) y principalmente en "La Celestina". En Hispanoamérica, se considera "El periquillo sarniento" de José Joaquín Fernández de Lizardi (1776-1827) una novela picaresca.

"novela policiaca": narra los incidentes que conducen a la captura de un delincuente. Se ha cultivado muy poco en España.

"Novela realista": en la que el escritor capta y expresa la vida tal cual es, suprimiendo en todo momento su yo. El mayor exponente de este género es Flaubert, y en España Benito Pérez Galdós con los "Episodios Nacionales" y "Fortunata y Jacinta", y Juan Valera con "Pepita Jiménez". También es novela realista "Doña Bárbara" de Rómulo Gallegos (1884-1969).

"Novela caballeresca": narra, mayormente en prosa aunque otras en verso, las fabulosas hazañas de los antiguos caballeros andantes. Uno de los mayores exponentes de este género es el "Amadís de Gaula" publicado en Zaragoza en 1508 por Garci Rodríguez de Montalvo (fallecido en 1504).

NOVELESCO	Se entiende generalmente por imaginado o de pura invención, como de novela.
NOVELÍSTICA	Género novelesco o de novelas.

NÚMEROS ORDINALES

Del 1 al 10 ya sabemos que son: primero, segundo, tercero, cuarto, quinto, sexto, séptimo, octavo, noveno, décimo.
Veamos del 11 al 19:
undécimo (11), duodécimo o decimosegundo (12, decimotercero (13), decimocuarto (14), decimoquinto (15), decimosexto (16), decimoséptimo (17), decimoctavo (18), decimonoveno o decimonono(19);
y del 20 en adelante:
vigésimo (20), vigesimoprimero (21), vigesimosegundo (22), vigesimotercero (23), trigésimo (30), cuadragésimo (40), quincuagésimo (50), sexagésimo (60), septuagésimo (70), octogésimo (80), nonagésimo (90), centésimo (100). Como adjetivos, concuerdan en género y número con el sustantivo al que califican.

O

OBRAS DE CORDEL o "Literatura de cordel". Obras generalmente populares, como novelas cortas y romances, que se imprimían en pliegos sueltos y se vendían colgadas de un cordel o bramante horizontalmente en portales o mercados.

OC, LENGUA DE La que se hablaba antiguamente en el mediodía de Francia y que cultivaron los trovadores; Se le llama también "provenzal" y "lemosín". Proviene el vocablo de "oíl", la antigua lengua de Francia que se hablaba al norte del Loira.

OCLUSIVA Véase "Articulación, Modo de".

OCTAVA Combinación métrica de ocho versos endecasílabos, rimando entre sí el primero, tercero y quinto; el segundo, cuarto y sexto, y el séptimo con el octavo.

Ejemplo de octava:

  Y ¿para qué nací? Para salvarme.
Que tengo de morir, es infalible.
Dejar de ver a Dios y condenarme,
triste cosa será, pero posible.

  ¿Posible, y duermo, y río, y quiero holgarme?
¿Posible, y tengo amor a lo visible?
¿Qué hago, en qué me ocupo, en qué me encanto?
Loco debo de ser, pues no soy santo.

Nota: Se cree, con seguridad no absoluta, que esta octava fue escrita por Pedro Téllez Girón, tercer duque de Osuna (1574-1624).

OCTAVA ITALIANA Tiene libres los versos primero y quinto. El segundo rima con el tercero; el sexto con el séptimo; y el cuarto con el octavo, los que debe ser agudos. Generalmente se compone de versos de ocho, diez y once sílabas.

OCTAVILLA Así se llama a la octava cuando se forma con versos de arte menor. Buen ejemplo de la octavilla es la "Canción del pirata" de José de Espronceda:

    Veinte presas
    hemos hecho
    a despecho
    del inglés,
    y han rendido
    sus pendones
    cien naciones
    a mis pies.

OCTAVA REAL Llamada también "octava rima". Consta de ocho versos endecasílabos, rimando alternadamente los seis primeros y pareados los dos últimos. Se trata, en realidad, de la "stanza" italiana que pasó a España durante el Renacimiento, y que se ha usado principalmente para la poesía épica.

He aquí un ejemplo de octava real de Garcilaso de la Vega:

> Aquella voluntad honesta y pura
> ilustre y hermosísima María,
> que en mí de celebrar tu hermosura,
> tu ingenio y tu valor estar solía,
> a despecho y pesar de la ventura
> que por otro camino me desvía,
> está y estará en mí tanto clavada,
> cuanto del cuerpo el alma acompañada.

Francisco de Quevedo y Alonso de Ercilla escribieron octavas reales, este último una dedicada a Chile.

OCTONARIO Verso compuesto de dos octosílabos y por tanto de dieciséis sílabas.

OCTOSÍLABO Verso de Arte Menor de ocho sílabas.

Ejemplo: (Nótese que en este ejemplo hay tres sinalefas y una diéresis para la medida exacta de ocho sílabas)

> Montado en su parda mula,
> tan trotona como falsa,
> camino de Andalucía
> va un hidalgo de la Mancha.
>   Eugenio Tapa

Métrica muy usada en el "Romancero".

ODA Composición poética lírica, que puede o no dividirse en estrofas. Puede clasificarse en heroicas, sagradas, morales, etc. Entre las más famosas valen citarse las de Manuel José Quintana (1772-1857), sobre todo la de "Al combate de Trafalgar" (1805).

Ejemplo de oda:

"Al combate de Trafalgar".

> No da con fácil mano
>   el Destino a los héroes y naciones
> gloria y poder: la triunfadora Roma
> aquella a cuyo imperio
> se rindió en silenciosa servidumbre,
> obediente y portado un hemisferio,
> ¡cuántas veces gimió, rota y vencida,
> antes de alzarse a tan excelsa cumbre!
> Vedla ante Aníbal sostenerse apenas:
> sangre itálica inunda las arenas
> del Tesín, Trebia y Trasimeno ondoso;
> y las madres romanas,
> como infausto cometa y espantoso,

> ven acercarse al vencedor de Canas.
> ¿Quién le arrojó de allí? ¿Quién hacia
> [el solio
> que Dios fundó un tiempo sacudía
> la nube que amagaba al Capitolio?
> ¿Quién, con funesto estrago,
> en los campos de Zama el cetro rompe
> con que leyes dio al mar la gran Car-
> [tago?
>
> Manuel José Quintana

ONA	Véase "Lengua".
ONOMATOPEYA	Dícese de la imitación del sonido de una cosa en la palabra con la que se la designa, y en particular de los sonidos propios de los animales. Nacidas de la onomatopeya son palabras como "rugir" y "susurro".
ÓPERA	Poema de índole dramática y que sirve de letra a la música.
OPTACIÓN/ OPTATIVO	Figura mediante la que se expresa algún deseo, usada por el griego clásico. Equivale a "desiderativo" (véase).
OPÚSCULO	Obra literaria o científica de breve extensión, como el folleto.
ORACIÓN	Véase "oración gramatical".
ORACIÓN ACTIVA	Es aquella en la que el sujeto realiza la acción del verbo, como: "El niño juega".
ORACIÓN COMPUESTA	Aquella que está compuesta por dos o más oraciones simples, enlazadas o unidas por medio de pronombres relativos o conjunciones. Se dividen en "coordinadas", cuando no dependen una de la otra, y "subordinadas" cuando una oración depende de la otra para su cabal sentido. Ejemplos: "Pedro habla y Manuel escucha" (coordinada), "Me pidió que le dejara entrar en mi casa" (subordinada).
ORACIÓN DUBITATIVA	Es la que se emplea para expresar una duda, como: "acaso no vino".
ORACIÓN ENUNCIATIVA	Aquella en la que se enuncia algo. Puede ser afirmativa o negativa como en: "Nuestros amigos son muy simpáticos" (afirmativa), "No me ha gustado ese libro" (negativa).
ORACIÓN EXCLAMATIVA	Aquella en las que se expresan una emoción o afecto, como en: "¡Cuánto me alegra verte otra vez!"
ORACIÓN GRAMATICAL	La palabra o conjunto de palabras con que se expresa un juicio, el cual se manifiesta mediante las partes de la oración que pueden ser: variables, como el sustantivo, adjetivo, artículo, pronombre y verbo; e invariables, como el adverbio, preposición, conjunción e interjección.
ORACIÓN INTERROGATIVA	Aquella en la que se pregunta algo, como en: "¿Dónde fuiste anoche?"

ORACIÓN NOMINAL Es aquella que carece de verbo, como: "tiempo de cosecha".

ORACIÓN PASIVA Es aquella en la que el sujeto no realiza la acción verbal, sino que la recibe, como: "Ese cuadro fue pintado por El Greco", "Don Quijote fue escrito por Cervantes". Ver también "Pasiva refleja".

ORACIÓN SIMPLE La que tiene un solo verbo, como: "Mi hija duerme".

ORACIÓN YUXTAPUESTA Aquella que va simplemente detrás de otra, sin otra relación que la que determina el sentido. Ejemplo: "Daremos una vuelta, iremos al cine, comeremos en un buen restaurante".

ORATORIA El preceptista inglés Blair la define como "el arte de hablar de forma que se consiga el fin para el que se habla". Comprende los siguientes géneros: persuadir, instruir, y agradar, siendo el más importante el primero. Los griegos y latinos abordaron de lleno la significación de la oratoria, arte de hablar, o elocuencia, y la retórica, sobre todo Aristóles, Cicerón y Quintiliano, y en España con la oratoria "sagrada" fray Luis de Granada, y posteriormente también Juan Donoso Cortés (1809-1853) y Emilio Castelar y Ripoll (1832-1899).

ÓRGANOS DE ARTICULACIÓN Son los siguientes:

cuerdas vocales
lengua (ápice, predorso, mediodorso, postdorso)
labios
dientes incisivos superiores
dientes incisivos inferiores
alvéolos
paladar (prepaladar, mediopaladar, postpaladar)
velo del paladar
úvula o campanilla)
cavidad nasal.

A estos debemos añadir también otros órganos que intervienen en la producción de la voz y las articulaciones, y que son:

faringe
epiglotis
laringe
tiroides
cricoides
esófago.

(Véase también "Articulación del sonido").

ORTOGRAFÍA Enseñanza y uso correcto de la escritura de las palabras en cuanto a su estructura.

ORTOLOGÍA Se refiere al arte de pronunciar con corrección, así como hablar con propiedad.

OVILLEJO Combinación métrica que consta de tres versos octosílabos, seguidos cada uno de ellos de un pie quebrado que con el forma consonancia, y de una redondilla cuyo último verso se compone de los tres pies quebrados. (Academia)

Ejemplo de ovillejo.

¿Quién menoscaba mis bienes?
    ¡Desdenes!
¿Y quién aumenta mis duelos?
    ¡Los celos!
¿Y quién prueba mi paciencia?
    ¡Ausencia!
De ese modo en mi dolencia
ningún remedio me alcanza,
pues me manda la esperanza,
desdenes, celos y ausencia.
    Miguel de Cervantes

OXÍTONA, PALABRA   Equivale a la acentuación aguda en una palabra como: "valentón", "papel", "ciudad".

P

PAGANISMO Según el punto de vista cristiano, conjunto de religiones o creencias que adora a varios dioses especialmente en la antigüedad grecorromana.

PAGANO Se aplica a los idólatras o politeístas, con especial referencia a los antiguos griegos y romanos, y en general a todo infiel que no haya sido bautizado.

PALABRA o voz. Sonido o conjunto de sonidos articulados que manifiestan una idea o la expresión gráfica de los mismos.

PALABRAS PROCLÍTICAS Y ENCLÍTICAS Cuando se habla las palabras forman conjuntos rítmicos y melódicos, y en estos conjuntos algunas pierden o debilitan su acento propio y se agrupan en torno al acento dominante de una de ellas, que es el "acento de grupo". Veamos dos palabras: "te" y "lo". Si se pronuncian aisladamente se observará que tienen acento: "te", "lo"; son palabras acentuadas (con acento prosódico). Pero si se pronuncian en la frase: "te lo diré", se observará que el acento de cada una de ellas ha desaparecido, absorbido por el acento dominante de la palabra "diré", que es la que porta el "acento de grupo". "Te" y "lo", que, aisladamente, eran palabras acentuadas, al agruparse en una frase han perdido su acento propio y se han convertido en palabras "átonas", es decir, no acentuadas.

Cuando las palabras así desacentuadas se hallan antes del acento dominante de grupo se llaman "proclíticas", y cuando se hallan después se llaman "enclíticas". En la frase antes citada ("te lo diré), "te" y "lo" son palabras proclíticas, lo mismo que "en" y "la" en esta frase: "en la carretera". En cambio los pronombres "me", "lo" y "se" son enclíticos en las palabras "dándomelo" y "pídesela", respectivamente. Obsérvese que los "proclíticos" van separados de la palabra en que se apoyan, en tanto que los "enclíticos" van añadidos a ella.

PALATAL Véase "Articulación, Punto de".

PALEOGRAFÍA Ciencia dedicada al estudio de los escritos y documentos antiguos hasta inventada la imprenta.

PALÍNDROMO Palabra que se lee de igual forma en un sentido que en otro, es decir, de izquierda a derecha o de derecha a izquierda, como "zorra">"arroz".

PALINODIA Retracción que se hace públicamente de lo expresado.

PALMERINES Serie en la que se resaltan los libros de caballerías, como el "Amadías de Gaula" y "Palmerín de Oliva" publicado en 1511, pobre imitación del primero. También pertenece a la serie el "Palmerín de Inglaterra", publicado en 1547 en Toledo, atribuido quizá a Luis Hurtado de Toledo (1510?-1598), pero más seguro al portugués Francisco de Moraes (1500?-1572).

PANEGÍRICO Discurso mediante el cual se alaba o ensalza a una persona. Pueden verse como ejemplo "Panegíricos al arte y al objeto" de Baltasar Gracián, y también "Los himnos del continente" de Gabriela Mistral.

PANHISPÁNICO	Se refiere a todos los países de habla española.
PANO	Véase "Lengua".
PARÁBOLA	Narración simbólica de un hecho que encierra una enseñanza moral o ética. Es semejante a fábula o apólogo. Las mejores parábolas se encuentran en los Evangelios.

Amado Nervo titula a uno de sus poemas en su colección "Perlas negras" "Parábola". Veamos cómo es y lo que nos dice:

   Jesucristo es el buen Samaritano:
yo estaba malherido en el camino,
y con celo de hermano,
ungió mis llagas con aceite y vino;
después hacia el albergue, no lejano,
me llevó de la mano,
en medio del silencio vespertino.

   Llegados, apoyé con abandono
mi cabeza en su seno,
y Él me dijo muy quedo: "Te perdono
tus pecados, ve en paz; sé siempre bueno
y búscame: de todo cuanto existe
yo soy el manantial, el ígneo centr…"

   Y repliqué, muy pálido y muy triste:
--"¿Señor a qué buscar si nada encuentro?
¡Mi fe se me murió cuando partiste,
y llevo su cadáver aquí dentro!"

   "Estando Tú conmigo viviría…
Mas tu verbo inmortal todo lo puede:
dila que surja en la conciencia mía,
resucítala, ¡oh Dios, era mi guía".

Y Jesucristo respondió: --Ya hiede.
            Amado Nervo

PARADIÁSTOLE	Figura que consiste en usar en las cláusulas voces, al parecer de significación semejante, dando a entender que la tienen diversa (Academia), es decir, contrastando palabras de significación muy parecida, como esta cita de Gracián: "No todo alabar es bien decir".
PARADIGMA	Ejemplo o modelo. El vocablo se emplea en distintos casos, por ejemplo, paradigma de una declinación, paradigma del tiempo verbal, etc. Este último se refiere a la enumeración ordenada de las formas de las seis personas de la conjugación, tres del singular y tres del plural, como en:

cantar

yo canto
tú cantas
él o ella canta (estas tres son las formas del
singular).

nosotros cantamos
vosotros cantáis
ellos o ellas cantan (estas tres son las formas del
plural).

Otro ejemplo de paradigma sería el uso de un mismo tiempo verbal en oraciones distintas, como:

usted escribe
usted no escribe
¿escribe usted?
¿no escribe usted?

PARADOJA Figura de pensamiento que consiste en emplear expresiones o frases aparentemente irreconciliables, contradictorias, o incompatibles. Es, también, opinión que contradice a la general. Ejemplo de la acepción anterior es este verso de Santa Teresa:

> Vivo sin vivir en mí
> y tan alta vida espero
> que muero porque no muero.

O en esta frase: "A pesar de no tener nada, lo tenemos todo". Puede coexistir también con algo ilógico, ejemplo: "Es una paradoja que el pobre sea más feliz".

PARÁFRASIS Traducción libre en verso de un texto cualquiera. Puede también significar la parte explicativa o aclaratoria que se incorpora a un texto. Como ejemplo tenemos esta traducción de Pablo Neruda del poema 30 de "El jardinero" de Rabindranath Tagore:

"En mi cielo al crepúsculo"

En mi cielo al crepúsculo eres como una nube
y tu color y forma son como yo los quiero.
Eres mía, eres mía, mujer de labios dulces
y viven en tu vida mis infinitos sueños.

La lámpara de mi alma te sonrosa los pies,
el agrio vino mío es más dulce en tus labios,
oh segadora de mi canción de atardecer,
cóm te sienten mía mis sueños solitarios!

Eres mía, eres mía, voy gritando en la brisa
de la tarde, y el viento arrastra mi voz viuda.
Cazadora del fondo de mis ojos, tu robo
estanca como el agua tu mirada nocturna.

En la red de mi música estás presa, amor mío,
y mis redes de música son anchas como el cielo.
Mi alma nace a la orilla de tus ojos de luto.
En tus ojos de luto comienza el país del sueño.
           Pablo Neruda

PARAGOGE Se llama así a la adición de algún sonido, ordinariamente una vocal, al final de una palabra, por ejemplo: "felice" por "feliz", "fraque" por "frac", "ciudade" por "ciudad". Abunda el uso del paragoge en los primitivos cantares de gesta y en los romances, según apunta Menéndez Pidal. (Véase también "metaplasmo").

PARÁGRAFO Véase "Párrafo".

PARALELISMO De las varias acepciones que tiene este término, vamos a escoger la más usual: Repetición de construcciones sintácticas similares que tienen por objeto realzar el efecto retórico. Veamos un ejemplo de paralelismo usando adjetivos: "El gobierno trató de promulgar leyes que fueran claras, precisas y justas". Aquí, hay paralelismo en el uso de los tres adjetivos: "claras, precisas y justas". También hay parelelismo en esta oración: "A enemigo que huye, puente de plata", o paralelismo poético en el conocidísimo verso de Bécquer:

> Por una mirada un mundo;
> por una sonrisa un cielo;
> por un beso...yo no sé
> qué te diera por un beso.

PARALOGISMO Razonamiento erróneo o falso.

PARASÍNTESIS Formación de palabras en las que interviene la composición y la derivación. "La parasíntesis funde ambos procedimientos y forma derivados y compuestos a la vez; como "picapedrero", de "picar" + piedra" + el sufijo "ero"; "endulzar", de "en" + "dulce" + "ar". Los parasintéticos no deben confundirse con los derivados de voces compuestas. Así, "antepechado", es derivado de "antepecho", compuesto de "ante" + "pecho"; pero "desalmado" es parasintético, porque no tiene nuestra lengua los vocablos "desalma" ni "almado". (Gramática de la Real Academia Española)

PARASINTÉTICO Se aplica a las palabras compuestas que se forman por parasíntesis. Véase también "parasíntesis".

PARATAXIS Según Julio Cejador y Frauca (1864-1927): "La reunión de oraciones gramaticales por coordinación", es decir, por yuxtaposición sin uso de conjunción, como en: "El sol relucía; nos fuimos a dar una vuelta", en vez de: "El sol relucía y nos fuimos a dar una vuelta". Según Dámaso Alonso, que ha especializado el término, es "la relación que une a los miembros de un sintagma no progresivo".

PAREADO Estrofas que forman dos versos pareados, con rima consonante o asonante, de Arte Mayor o de Arte Menor. Damos como eejemplo este refrán popular:

> Del mundo sacarás
> lo que metas, nada más.

PAREMIOLOGÍA Ciencia que trata de los refranes.

PARNASO La palabra proviene del monte de Grecia así llamado donde se creía habitaban las musas que servían de inspiración a los poetas. O sea, sede mítica de los poetas. Recuérdese la obra poética de Cervantes "Viaje al parnaso", publicada en 1614.

PARODIA Se dice de la imitación de índole burlesca de cualquier obra, bien sea literaria o artística. Para ejemplos puede consultarse la obra de José Iglesias de la Casa. "Don Quijote de la Mancha" puede considerarse una parodia, y también en parte (la otra sátira) los "Viajes de Gulliver" de Jonathan Swift. Véase también como buen ejemplo el "Polifemo" de Luis de Góngora". Son también parodias las "Seis falsas novelas" de Ramón Gómez de la Serna.

PARÓNIMO	Palabras que se asemejan entre sí de tres formas distintas: etimología, forma, y sonido. Por ejemplo, "competer" y "competir", "hambre", "hombre".
PARONOMASIA	Se refiere a la semejanza fonética de palabras, y cuya única diferencia reside en la vocal acentuada, como en:"lago" y "lego", "acero" y "acera".

Veamos otro ejemplo con esta paronomasia de Marte y Mirte, según la tradujo Manuel Salinas del latín al español:

   Venus a Marte agradable,
y a Venus es grato el Mirto;
si a Marte quisiere Mirto
agradar a Venus hable.

Véase también "Arte del estilo" de Baltasar Gracián.

PAROXÍTONA	Palabra acentuada en la penúltima sílaba, es decir, llana o grave, como en "madre", "chileno".
PÁRRAFO	La Academia lo define así: "Cada una de las divisiones de un escrito señaladas por letra mayúscula al principio del renglón y punto y aparte al final del trozo de escritura"
PARTES DE LA ORACIÓN	Pueden ser variables o invariables. Entre las primeras tenemos: sustantivo, adjetivo, pronombre, artículo y verbo. Entre las segundas: adverbio, preposición, conjunción e interjección.
PARTICIPIO	Forma no personal del verbo que sirve para formar los tiempos compuestos. Se forma con la terminación "-ado" en los verbos de la primera conjugación, y en "-ido" para los de la segunda y tercera. Los participios irregulares terminan generalmente en "to", "so", y "cho", como: "abierto", "expreso", "dicho". Existe también el participio activo o de presente que significa acción, y cuyas terminaciones son "-ante" en los verbos de la primera conjugación, y en "-ente" o "-iente" para los de la segunda y tercera, como: "caminante", "displicente", "doliente". Se usa como sustantivo o adjetivo, como: "el piso vacante" (adjetivo), "Juan es uno de sus pretendientes" (sustantivo).

Cuando el participio no forma tiempos compuestos, es simplemente un adjetivo, en cuyo caso concierta en género y número con el substantivo al que hace mención, como: "vestido manchado", "zonas prohibidas". Por regla general, los participios irregulares son adjetivos, como: "ese artículo no está correcto".

PASILLO	Entremés o sainete corto. También baile popular de Colombia y Ecuador al compás de tres por cuatro.
PASIVA REFLEJA	Oración de significado pasivo pero con construcción activa, en la que la partícula "se" precede al verbo y por lo general sin complemento, como en: "Esas torres se construyeron hace quinientos años".
PASO	Equivale al nombre dado por Lope de Rueda (1510?-1565) a las "farsas". Véanse los "Pasos" de este autor que son en total 26. Cervantes también los utilizó pero él las llamó "Entremeses", así como Juan de Timoneda. Véase asimismo "Mañana de sol" de los hermanos Álvarez Quintero.

PASTORAL	Relativo a la poesía en que se muestra la vida de los pastores. Puede ser también un drama bucólico en el que intervienen pastores y pastoras.

He aquí un ejemplo de un poema pastoral (fragmento):

   Tristeza dulce del campo.
La tarde vino cayendo.
De las praderas segadas
llega un suave olor a heno.

   Los pinares se han dormido.
Sobre la colina el cielo
es tiernamente violeta.
Canta un ruiseñor despierto.

   Vengo detrás de una copla
que había por el sendero,
copla de llanto, aromada
con el olor de este tiempo;
copla que iba llorando
no sé qué cariño muerto,
de otras tardes de septiembre
que olieron también a heno.
               Juan Ramón Jiménez |
PASTORIL	Propio o característico de los pastores. Se emplea este término para designar la novela de género bucólico, la que aparece en España en el siglo XVI traída de Italia. Realmente el creador del género fue el italiano Jacopo Sannazaro en su obra "Arcadia" (1504), seguido en España en la "Diana" de Jorge de Montemayor (1520?-1561) y posteriormente en "La Galatea" de Cervantes (1585.) Sus orígenes se remontan a Grecia y Roma con el poeta Teócrito y Virgilio.
PATÉTICO	Que es capaz de despertar sentimientos vehementes, tales como el dolor, la melancolía o la tristeza.
PATRAÑA	Consiste en un enredo o embuste, en algo falso que se relata como si fuese verdadero.
PATRONÍMICO	Se aplica a los apellidos formados del nombre de los padres o un antecesor, como: "Hernández", de "Hernando", "Rodríguez", de "Rodrigo", "González", de "Gonzalo", "Ramírez", de "Ramiro". La costumbre proviene de los griegos y romanos que así aplicaban a los hijos u otro descendiente los nombres pertenecientes a sus padres o antecesores.
PAUSA	ver "Cesura".
PAYADA	Ver "Payador".
PAYADOR	Especie de juglar argentino, o de los países del Cono Sur sudamericano, rústico y vaquero que improvisa canciones o "payadas" acompañándose de una guitarra. Buen ejemplo puede hallarse en el final del "Martín Fierro", de José Hernández entre Fierro y el Negro, o en el "Payador" de Leopoldo Lugones.
PENTÁMETRO	Véase "Verso".

PENTASÍLABO Verso de Arte Menor de cinco sílabas.

Ejemplo:

De amor herido
yace mi dueño;
y amor expira
cadáver yerto.
           Manuel María Arjona (1771-1820)

PERÍFRASIS Empleo de muchas palabras para decir algo que en realidad podría decirse con una sola. El maestro Nebrija nos da esta definición: "Periph[r]asis es cuando dezimos alguna cosa por rodeo para mas la amplificar, como Juan de Mena:

    Despues que el pintor del mundo
    Paró nuestra vida ufana,

por dezir 'el verano nos alegró'. Y llama se perophrasis, que quiere dezir circumlocución". ("Gramática")

PERIODISMO La Academia lo define así: "Captación y tratamiento, escrito, oral, visual o gráfico, de la información en cualquiera de sus formas y variedades". Uno de los mayores periodistas españoles fue Mariano José de Larra.

PERISOLOGÍA Consiste en usar palabras superfluas o redundantes para expresar un pensamiento, como en este verso de Juan de Mena:

"I arder y ser ardido,
A Jason conel marido",

pues vale igual "arder" como ser "ardido".

PERORACIÓN Se llama así a la parte última o final de un discurso en la que se trata de dar más ánimo al público o auditorio.

PERQUÉ Composición poética antigua en la que se hacen preguntas y respuestas, empleando ¿por qué? y porque. Actualmente, consiste en un libelo infamatorio de preguntas y respuestas. Véase el "Perqué de amores" de Alonso Núñez de Reinoso.

PERSONA La forma que toma el verbo en concordancia con el sujeto. Son seis en total: yo, tú, él, ella (singular), nosotros, vosotros, ellos, ellas (plural). De la tercera del singular también forma parte "usted", y de la tercera del plural "ustedes", que son las formas de distinción o respeto.

PERSONAJE Persona que forma parte de una obra literaria. Puede ser también un animal, ser sobrenatural o simbólico.

PETRARQUISMO La influencia en la poesía lírica española de Francesco Petrarca, el gran poeta y humanista italiano del siglo XIV, y en la que sobresalen Garcilaso y Boscán.

PICARESCA Grupo genérico aplicado a un gran número de novelas que se escriben en España durante los siglos XVI y XVII, y cuya primera y máxima expresión se considera la "Vida del Lazarillo de Tormes" (publicada en 1554), en la que cuaja el género. Pueden citarse otras novelas de este tipo posteriores, como la "Vida de Guzmán de Alfarache" de Mateo Alemán. Como antecedentes del personaje (no del género en sí) caben citarse las obras del Arcipreste de Hita y sobre todo "La Celestina".

PÍCARO	Ganapán que se dedica a vivir mediante mañas o tretas. Fue el pícaro el protagonista de las novelas picarescas, como el "Lazarillo de Tormes" (aunque en la novela no se menciona para nada esta palabra de pícaro) y "Guzmán Alfarache" de Mateo Alemán.
PICTOGRAFÍA	Escritura ideográfica mediante la que se dibuja rudamente un objeto que ha de explicarse con la palabra.
PICTOGRAMA	Signo de la escritura que se vale de símbolos o figuras.
PIE	Cada una de las partes, de dos, tres, o más sílabas, de que se compone y con que se mide un verso en aquellas poesías que, como la griega, la latina y las orientales, atienden a la cantidad. (Academia) De acuerdo a la distinción de los clásicos, los nombres de los principales conforme a sílabas largas y breves eran:

troqueo: larga y breve
yambo: breve y larga
espondeo: dos largas
pirriquio: dos breves
dáctilo: una larga y dos breves
anapesto: dos breves y una larga
anfíbraco: una larga entre dos breves
moloso: tres largas*
(*"Diccionario de literatura española"). Véase también "Verso".

PIE FORZADO	El que sigue una rima caprichosa a las que debe ajustarse el poeta al componer sus versos.
PIE QUEBRADO	Se llama a la composición poética compuesta de versos octosílabos alternando con versos de cuatro o cinco sílabas. Durante la Edad Media, lo emplearon en España Berceo y Alfonso X; también se halla en los "Cancioneros". El maestro Nebrija nos da su propia definición: "Assi que el verso que los latinos llaman monometro, y nuestros poetas pie quebrado, regular mente tiene cuatro sílabas; y llamanle assi, por que tiene dos pies espondeos (nota del autor: véase "Verso"), y una medida o assiento; como el Marques en los proverbios:

> Hijo mio mucho amado,
> Para mientes;
> No contrastes a las gentes
> Mal su grado.
> Ama y serás amado,
> I podras
> Hazer lo que no haras
> Desamado".

("Gramática")

PLAGIO	Hecho que consiste en copiar o imitar ilícitamente una obra artística, literaria, o de otra índole, ajena. El "Quijote" de Avellaneda es uno de los máximos ejemplos de plagio.
PLANTO	Composición elegíaca con llantos y gemidos. Puede citarse como ejemplo las "Coplas" de Jorge Manrique lamentando la muerte de su padre.
PLATONISMO	Influencia capital en las artes del filósofo griego Platón en el sentido de creación, mientras que Aristóteles lo es en el sentido de la doctrina literaria. La época de mayor influencia del platonismo en España es el Ranacimiento, como en los "Diálogos de amor" de León Hebreo (1465?-1523?) y en Juan Luis Vives (1493-1540).

PLEBEYISMO	Véase "Barbarismo".
PLEONASMO	La definición del maestro Nebrija es como sigue: "Pleonasmo es cuando en la oración se añade alguna palabra del todo superflua, como en aquel romance 'Delos sus ojos llorando i dela su boca dziendo, por que ninguna llora sino conlos ojos ni habla sino conla boca, I por esso ojos I boca son palabras del todo ociosas" ("Gramática"). Veamos también a continuación estos otros pleonasmos acumulados de Homero:

> Pero Aquiles pretende sobre todos
> Los otros ser, a todos dominarlos,
> Sobre todos mandar, y como jefe
> Dictar leyes a todos.

Y este de Luis de Góngora:

> En el ligero caballo
> suben ambos, y él parece,
> de cuatro espuelas herido
> que cuatro vientos lo mueven.

PLIEGO	Pedazo de papel cuadrangular doblado a la mitad y que al imprimirse se dobla en dos dobleces o más.
POCHISMO	Véase "Spanglish".
PODRIR Y PUDRIR	Siempre se escribe con "u" en todos los modos, tiempos y personas, a no ser en el infinitivo que se puede usar de ambas formas: "podrir" o "pudrir". El participio pasivo se escribe siempre con "o", "podrido".
POEMA	Nombre que se aplica en un sentido general y amplio a una obra más o menos extensa, que bien puede ser escrita en verso o prosa. Comprende los géneros lírico, épico, dramático, didáctico y satírico.

Poema lírico: Expresa los sentimientos más recónditos del autor. De aquí brotan la "canción amorosa", la "égloga", la "elegía". Pertenecientes a los poemas líricos son: Romance, Oda, Soneto, Elegía, Madrigal, Balada, Cantata, Letrilla, Epigrama, Canción, Letrilla, Rima y Endecha.

Poema didáctico: el que persigue alguna enseñanza por lo general moral, como "El rimado de palacio" de Pero López de Ayala (1332-1407).

Poema épico: El que relata hazañas heroicas. Entre sus escritores más renombrados se hallan Alonso de Ercilla, con La "Araucana" y Lope de Vega con "La Gatomaquia".

Poema dramático: es el término que se le da a una obra teatral con un sentido más simbólico que realista, como la "Numancia" de Cervantes.

Poema didáctico: En su interior (no en su forma) tiene un carácter más bien prosaico, es decir, que se basa en lo exterior independiente del fondo. Cultivadores en España de estos poemas fueron Martínez de la Rosa ("Arte Poética") y Tomás de Iriarte (sobre la "Música").

Poema satírico: Busca censurar vicios y defectos humanos con cierto aire burlesco. Es un género extensamente cultivado en España en distintas épocas por escritores tales como

Quevedo, José Cadalso, Jovellanos y Clarín en sus artículos periodísticos. En la novela, no puede haber mejores ejemplos que "Don Quijote" y la picaresca.

POEMA DRAMÁTICO	Véase "Poema".
POEMA ÉPICO O HEROICO	Véase "Poema".
POEMA DIDÁCTICO	Véase "Poema".
POEMA LÍRICO	Véase "Poema".
POEMA SATÍRICO	Véase "Poema".
POESÍA	No existe una definición exacta, pues no es sólo ciencia o arte, sino que participa de ambos, y puede manifestarse en distintas expresiones espirituales, ya sea en verso o prosa. No obstante, la Academia la define así: "Expresión artística de la belleza por medio de la palabra sujeta a la medida y cadencia, de que resulta el verso". Pero contamos con este significado que nos da el propio fray Luis de León:"…porque poesía no es sino una comunicación del aliento celestial y divino, y ansí en los profetas casi todos, ansí los que fueron movidos verdaderamente por Dios, como los que, incitados por otras causas sobrenaturales hablaron, el mismo espíritu, que los despertaba y los levantaba a ver lo que los otros hombres no veían, les orientaba y componía y como metrificaba en la en la boca las palabras con número de consonancias debidas, para que hablasen por más subida manera que las otras gentes hablaban, y para que el estilo del decir se asemejase al sentir y las palabras y las cosas fuesen conformes". ("Obras completas de fray Luis de León", nota preliminar de P. Félix García, O.S.A. Véase la Bibliografía). Y también lo que sobre la poesía nos dice brevemente Ortega y Gasset: "Poesía es eludir el nombre cotidiano de las cosas". Nada puede haber más cierto y claro, pues en realidad la poesía nos sirve para elevar el espíritu y salirnos del habitual vivir, del mundo prosaico que confrontamos a diario. Y Menéndez Pelayo al referirse a la originalidad de Jorge Manrique en sus "Coplas": "Este es cabalmente el misterio o prestigio de la forma: expresar el poeta como nadie, lo que ha pensado y sentido todo el mundo".

POESÍA FIGURATIVA Es aquella en la que se colocan los versos dentro de una silueta de algún objeto material, logrando así llamar más la atención. También se le llama poesía ideográfica". Fue invención, según se atribuye, del poeta Simmias de Rodas del siglo IV a. de Jesucristo. Los más famosos, dentro de la literatura francesa, son la "Botella" de Rabelais y el "Vaso" de Parnard. Traemos aquí el verso compuesto por Don Carlos Vega López, padre del autor de este diccionario, y que él tituló "A una copa", escrito en Cincinnati, Ohio, hacia 1960:

```
        En el nombre de todos los buenos que empinan  el codo
         para ver si sus  males  espantan por tan grato modo
          quiero con limpios versos ensalzar tu  hermosura,
           formando, al propio tiempo, tu garbosa figura,
            ¡oh, copa!, vieja amiga, ornamento del mundo,
             cuna y trono del gozo, sepulcro del dolor,
              donde ríe y retoza con chispear jocundo,
               de la viril España el hirviente licor.
                Y aunque tu seno vase ya menguando
                  no por eso mi musa ha de ciar,
                   que, el  vaso  en  acabando,
                    como  cisne, a  tu  pie
                      vendrá  a  morir
                         cantando.
                          Mira:
                          ya la
                          sidra
                          bulle
                          ¡sss!
                          Ya su
                          linfa
                          rubia
                          canta
                          pecho
                          abajo
                          sordo
                          ¡glo!
                          ¡glo!
                          ¡glo!
                          Feliz
                          quien
                          gozó,
                          feliz
                          quien
                          bebió
                          de la
                          dulce
                         ambrosía
                      regalo de los pomares
                     que en asturianos lagares
              el perfumado manzano generoso destiló.
```

POESÍA PROFANA	La que no es sagrada sino exclusivamente secular.
POÉTICA	Se aplica al tratado que estudia la poesía en todos sus aspectos. La más antigua de todas es la de Aristóteles en la que se propuso abarcar la poesía en todos sus géneros, principalmente la poesía heroica (alabanza de héroes y dioses) y la poesía satírica (censura de los vicios). Para una mejor explicación de la poética, se sugiere no sólo la "Poética" de Aristóteles (mal traducida y mal interpretada, según opinión de Sir Arthur Quiller-Couch, de la universidad de Cambridge), sino además la "Retórica" de Vives en la que se incluye un tratado de poética, y el "Arte nuevo de hacer comedias", de Lope de Vega, aunque se dirige mayormente al teatro. Entre los autores modernos que trataron o hablaron de la poética, vale consultar a Francisco Navarro Ledesma (1869-1905).
POLÉMICA	Controversia, bien sea oral o escrita. Son famosas, por su violencia, las polémicas de Cervantes, Lope de Vega, Góngora y Quevedo, y las más chillonas las de Góngora contra Lope de Vega. Véase la obra de Joaquín de Entrambasaguas (1904-1995) "Una guerra literaria del Siglo de Oro".
POLIGRAFÍA	Arte de escribir encubriendo lo que se quiere decir y que sólo es entendible para el que es capaz de descifrarlo. En Hispanoamérica, se considera a Rufino Blanco-Fombona (1874-1944) un buen representante polígrafo.
POLIMETRÍA	Se refiere a una composición escrita en variedad de metros.
POLIPOTE	Figura de dicción también llamada "traductio" por los retóricos, en la que se repite un nombre o un verbo en varios tiempos dentro de la misma cláusula.
POLÍPTOTON	La Academia se limita a decir "Retórica. traducción, licencia poética", es decir, que generaliza su significado. Veamos esta definición más detallada de Nebrija: "Polyptoton es cuando muchos casos distintos por diversidad se aiuntan, como diziendo 'ombre de ombres', amigo de amigos, pariente de parientes' y llama se polyptoton que quiere dezir muchedumbre de casos". ("Gramática") O sea, que el vocablo consiste en repetir un nombre o un pronombre en diferentes casos o formas, o un verbo en variedad de tiempos. También se le llama "polipote" y "traducción" (del latín "traductio").
POLISEMIA	Los distintos significados de una palabra.
POLISÍLABA	Palabra compuesta de varias sílabas.
POLISÍNDETON	Figura retórica que consiste en la repetición de las conjunciones para dar más fuerza a lo que se expresa. Nebrija nos da estos ejemplos: "Pedro y Juan, y Antonio, y Martín leen, o Pedro ama y Juan es amado". ("Gramática")
POLITEÍSTA	Persona que cree en muchos dioses.
POPULARISMO	La literatura española siempre ha tenido una gran tendencia hacia lo popular, pero esto no quiere decir que el pueblo en su conjunto haya sido el creador, sino que procede de un individuo y se populariza o llega a popularizarse. En este sentido, la producción literaria española e hispanoamericana ha sido abundante, y basta señalar los romances o las canciones como ejemplo y a escritores como Federico García Lorca, y antes que él a Berceo, al Arcipreste de Hita, Lope de Vega, Tirso de Molina, entre otros, que intercalan en sus obras verdaderas representaciones de lo popular como las canciones, y en el lirismo de la época barroca al mismo Luis de Góngora y Francisco de Quevedo, o en lo que algunos denominan "neopopularismo" a figuras como Antonio Machado, Rafael Alberti y al ya citado Lorca. En la prosa, queda reflejada esta corriente en el

"costumbrismo". En cuanto a Hispanoamérica, baste citar la "poesía gauchesca" repleta de romances, coplas y canciones enraizadas en la literatura española llevada allí en tiempos de la Conquista. Véase la obra de Dámaso Alonso "Caribdis de la literatura española".

POR Y PARA — Para la diferencia en el uso de ambas palabras, véase lo que se dice en "Preposición".

PORQUE Y POR QUE — "Porque" es conjunción y se escribe junta, mientras que "por" es preposición seguida del relativo "que", equivalente a "por el cual", "por la cual", "por los cuales", "por las cuales". Ejemplo: "Ese automóvil por que me preguntas es de ella, porque se lo regaló su padre".

POSTMODERNISMO — Ver "Movimiento literario"> "Postmodernismo".

POSTÓNICA — La sílaba que en una palabra sigue a la sílaba tónica, por ejemplo la sílaba "so" en "famoso".

POSTULADO — Verdad tan evidente que no necesita demostración o prueba.

PÓSTUMO — Después de la muerte, como una obra póstuma tal como: "Historia verdadera de la conquista de la Nueva España", de Bernal Díaz del Castillo, o "Historia de los trabajos de Persiles y Sigismunda" de Cervantes, de cuya publicación se encargó su mujer Catalina de Salazar después de su muerte y que fue publicada en 1617. En cuanto a la obra de Bernal, gran casualidad fue que el manuscrito lo encontrara fray Alonso Remón a principios del siglo XVII en la biblioteca del consejero de Indias, publicándose en Madrid en 1632, 64 años después de haberlo concluido el autor (1568).

POTESTATIVO — Obedece a lo voluntario o facultativo, es decir, que no se infiere obligación.

PRECEPTIVA — Se dice de los tratados que exponen los preceptos de la composición literaria sobre todo de la Poética y la Retórica como se le comprendía antiguamente, así la "Poética" de Aristóteles. Véase la "Poética" de Ignacio de Luzán (1702-1754), obra capital de la estética literaria en España en el siglo XVIII.

PRECEPTO — Disposición, mandato o regla que se relaciona con la conducta, y que da alguien que posee la debida autoridad para ello. En Retórica y Poética, eran las normas o reglas que daban los tratadistas para los escritores y oradores.

PREDICADO — Lo que se expresa o afirma del sujeto y que siempre ha de incluir un verbo.

PREFACIO — Lo mismo que "prólogo", es decir, texto que se antepone al principio de una obra y que dirige por lo general el autor al lector introduciéndolo a la misma. Célebre es el prefacio o prólogo de Cervantes al "Quijote" que comienza: "Desocupado lector…"

PREFIJO — Se dice del afijo que se antepone a las palabras y que modifican su significado, produciendo así el vocablo compuesto, como en estos ejemplos: "antepuesto", "extravagante", "submarino".

PREPOSICIÓN — La parte invariable de la oración mediante la cual se indica la dependencia que entre sí tienen las palabras con las que se relacionan. Son las siguientes: "a", "ante", "bajo", "cabe", "con", "contra", "de", "desde", "en", "entre", "hacia", "hasta", "para", "por", "según", "sin", "so", "sobre", "tras". Las preposiciones "a", "para", "por" pueden indicar varios casos, mientras que las otras preceden siempre al caso ablativo. A veces hay confusión entre el uso de "por" y "para" que puede aclararse así: "por" antepuesta al infinitivo indica "fin" y equivale por tanto a "para", como: "me esfuerzo por ganar dinero", mientras que cuando va antepuesta al nombre, es siempre preposición e indica caso ablativo, como: "Camino por la playa".

La preposición "de" denota por lo general caso genitivo, como: "El automóvil de mi amigo", y también ablativo (complemento circunstancial), como: "Vengo de Nueva Orleans". La preposición "a" puede denotar tres casos: acusativo, dativo y ablativo como: "Se me perdió el libro", "Le pedí mis documentos a la policía", "Salió a las siete de la mañana".

También se usan muchas preposiciones como prefijos para formar palabras como: "entretanto", "sinrazón", "contrabando", "detrás". Como la lengua evoluciona, hoy se han añadido otras preposiciones que no incluimos aquí.

PRERROMANA, LENGUA   Con referencia a España, la única lengua que sobrevivió de los tiempos prerromanos fue la "vascuence" o "euskera" que no es nombre español sino vasco.

PRETERICIÓN   Se dice de lo que ya no existe en el presente pero que existió en un pasado. Por ejemplo: "los galeones españoles". Como figura retórica, disimula en el discurso lo que se quiere decir. Ejemplo: "Si yo le hablara claro, le diría el mal que está haciendo y lo mucho que le perjudica, pero permaneceré callado para no enturbar las aguas".

PROEMIO   Equivale a "prólogo".

PROFANO   Que no es sagrado sino secular o libertino.

PROLEPSIS   Figura retórica que consiste en anticipar alguna objeción que se le puede hacer a un orador, y que le impele a mencionarla con el fin de refutarla cabalmente. De tal forma, el orador se pone en el lugar del que tal se propone, es decir, de su adversario o de un juez. La palabra proviene del latín y griego "prolepsis", que quiere decir "anticipación".

PROLIJIDAD   Calidad de prolijo (véase).

PROLIJO   Excesivo, demasiado largo o dilatado. Se refiere a menudo a un escritor o artista que realiza muchas obras, como en el caso de Lope de Vega o Picasso.

PRÓLOGO   Ver "Prefacio".

PRONOMBRE   Parte de la oración que sirve para designar una persona o cosa sin nombrarla, como "ella", "los", "se". Los pronombres abundan en español y pueden desempeñar distintas funciones dentro de una oración, como en el caso de "me" que puede ser: pronombre de complemento directo, "me habla", de complemento indirecto, "me lo da", o de verbo reflexivo, "me baño".

PRONOMBRE CORRELATIVO   Aquel que guarda relación con otro. En este grupo se incluyen: los "pronombres interrogativos" que sirven para preguntar; los "demostrativos" que indican la distancia (proximidad y lejanía) de las personas, animales o cosas; y los "relativos" que hacen referencia a una persona, animal o cosa ya citado. Veamos algunas oraciones como ejemplos:

Interrogativo:
¿Qué estudias en la universidad?
Demostrativo:
Este libro es muy interesante.
Relativo:

El amigo de Teresa, cuyo nombre no recuerdo, es ingeniero.

Los interrogativos son iguales que los relativos pero acentuados, y son los siguientes: "qué", "cuál", "quién", "cúyo", "cúya" (estos dos en desuso), "cuánto", "cuánta", con sus formas plurales, menos "que" que vale tanto para el singular como para el plural, masculino, femenino o neutro. (Véase también "Adjetivo demostrativo")

PRONOMBRE INDEFINIDO o "indeterminado". Aquel que designa de forma general o vaga las personas o cosas a la que hace referencia. Los de personas son: "alguien", "nadie" "cualquier" (solo se usa como adjetivo), "cualquiera"; y los de cosas: "algo", "nada".

PRONOMBRE PERSONAL Aquel que designa las personas gramaticales que forman parte de la oración. Son los siguientes: "yo", "tú", "él", "ella", para el singular, y "nosotros", "vosotros", "ellos", "ellas". Aquí se incluyen también el neutro "ello" y el reflexivo "se" sólo con singular, así como "usted" para el singular y "ustedes" para el plural.

PRONOMBRE POSESIVO Es simplemente aquel que significa posesión o pertenencia. Son los siguientes: "mío", "tuyo", "suyo", "nuestro", "vuestro", con sus correspondientes formas femeninas y plurales. "Suyo" equivale tanto para la tercera persona del singular como para la del plural. Cuando van delante de substantivo, las formas "mío", "mía", "tuyo", "tuya", "suyo", "suya" se convierten en "mi", "tu", "su" respectivamente. Por lo general van precedidos del artículo definido: "el mío", "la tuya", "los nuestros".

PRONTUARIO "Compendio de las leyes de una ciencia o arte". (Academia) Por ejemplo: "Prontuario de historia universal".

PRONUNCIACIÓN Se refiere a la emisión de sonidos articulados. Nos parecen muy acertadas estas palabras que sobre la pronunciación española nos dice María Moliner:

"Puede afirmarse en términos generales que la pronunciación española presenta pocas dificultades, debido principalmente a la pureza de sus vocales, y a que, si bien estas sufren algunas variaciones en su pronunciación, tales variaciones son tan pequeñas que no puede hablarse de vocales intermedias o mixtas como en otros idiomas; y, por otro lado, esas modificaciones son impuestas por la proximidad de otros sonidos y se producen en la mayor parte de los casos de manera espontánea, incluso en el español hablado por los extranjeros" ("Diccionario").

PROPAROXÍTONA Se entiende por el nombre que se le da a la palabra sobresdrújula, es decir, la acentuada (con acento ortográfico) en la antepenúltima sílaba, como: "repítamelo", "llévasela".

PROPOSICIÓN En gramática equivale a oración. En retórica, parte de la oratoria en que se enuncia lo que debe ser demostrado. También, la expresión de un juicio entre el sujeto y el predicado que afirma o niega este de aquel o que puede incluir o excluir el primero en cuanto al segundo.

PROSA Rafael Lapesa la define así: "Forma de expresión literaria que respeta en lo esencial la irregularidad rítmica del lenguaje, cabiendo en ella desde la imitación del coloquio familiar hasta la más estudiosa elaboración". Para María Moliner la definición no puede ser más sencilla: "Manera corriente de hablar y escribir, que no es verso" (Diccionario). Como expresión literaria, la prosa aparece o se manifiesta después del verso. En cuanto a los orígenes de la prosa, veamos estas palabras de Menéndez Pidal:

"Mientras la poesía castellana venía cultivándose desde el siglo XII, y había producido, ya hacía mucho, una obra maestra como el Poema del Cid, la prosa tan solo empezó a tener un cultivo literario en el reinado de San Fernando (fallecido en 1253), y no produjo obras verdaderamente notables sino en la corte de su hijo Alfonso X. La poesía aparece con un carácter popular o nacional, y se enlaza desde su comienzo con la poesía de otros idiomas románicos, con la francesa, y la provenzal principalmente. La prosa aparece con un carácter más erudito, ejercitándose en obras científicas o didácticas, copiadas o inspiradas en las literaturas más sabias de entonces: la latina, la árabe y la hebrea. En este primer período de su desarrollo, la prosa se ejercita principalmente en traducir las materias que hasta entonces se expresaban solo en las lenguas doctas de la época; en las traducciones se procuraba una fidelidad más literal que literaria, y en todo caso los varios estilos de los autores traducidos se sobreponían al estilo del adaptador castellano. Mucho de esto se ve en varias de las grandes obras emprendidas por Alfonso el Sabio, y muy particularmente en la "Crónica general de España", que empezó a componerse en su reinado hacia el año 1270". ("Antología de prosistas españoles"; véase la Bibliografía)

El propio Menéndez Pidal señala en dicha obra los continuadores más destacados de la prosa de Alfonso el Sabio en España, entre ellos: Don Juan Manuel, Fernando de Rojas (1465?-1541), fray Luis de Granada, Santa Teresa de Jesús, fray Luis de León, Miguel de Cervantes, Francisco de Quevedo, Baltasar Gracián, Gaspar Melchor de Jovellanos.

La prosa puede ser a) histórica (Juan de Mariana, 1536-1624, "Historia de España imperial", Primitivos cronistas de Indias), b) novelesca ("Amadís", "Cárcel de Amor"), doctrinal ("Refranero" Gracián, "El Criticón", Saavedra Fajardo).

La prosa puede ser también rimada o en verso, como este ejemplo que sigue de Alonso de Fuentes, aunque como dice Menéndez Pelayo "es un romance que, como casi todos los suyos, no es más que pura prosa imperfectamente rimada": (fragmento)

Y en su perpetuo verdor
    Permanecieran.
…………………………………..
 E vivimos desterrados,
Deseosos de volver
    Donde salimos,
Pobres y desheredados
De la gloria y del plazer
    Que perdimos.
Por aquélla sospiramos:
Las lágrimas y gemidos
    Allí van;
Por aquélla siempre estamos
Descontentos y aborridos
    Con afán.
    Alonso de Fuentes (siglo XV)

Quizá el mayor exponente del género sea "Platero y yo" de Juan Ramón Jiménez.

PROSAÍSMO — Defecto de una obra literaria, principalmente en verso, que afecta tanto a su contenido como a su forma, y que constituye la carencia de armonía o debida entonación poéticas o en la simplicidad de la expresión o en la trivialidad del concepto. Ejemplos de prosaísmo pueden hallarse en muchos autores del siglo XVIII, entre ellos Ramón de Campoamor.

PROSCENIO — En el teatro, parte del escenario más cerca al público, como si dijésemos hoy "primera fila".

PROSIFICACIÓN	Véase "Prosificar".
PROSIFICAR	Pasar en prosa una composición poética, como las hechas en las "Crónicas" de algunos cantares épicos: "El Cantar de los siete infantes de Lara", "El Cantar de Mío Cid, "El Cantar de Sancho II de Castilla", "El Cantar de Bernardo del Carpio", el cual se halla en la "Crónica de Alfonso el Sabio.
PROSODIA	Parte de la gramática que se encarga de la debida pronunciación y acentuación de las letras, palabras y sílabas.
PROSOPOPEYA	Figura retórica que consiste en "atribuir a las cosas inanimadas, incorpóreas o abstractas, acciones o cualidades propias del ser animado y corpóreo, o las del hombre al irracional, o bien en poner el escritor u orador palabras o discursos en boca de personas verdaderas o fingidas, vivas o muertas". (Academia)

Ejemplo de prosopopeya:

   No entre Scila y Caribdis, viva nave
niega a impulsos australes blanco lino,
entre nortes de luz, si asierto dino
violencia es dulce rémora süave.

   Neutral piloto, amor apenas sabe
uno u otro elegir, puerto divino
de gracia eterna, aquel inmenso, y Trino
éste en que el mismo Trino eterno cabe.

   Extasis, acordado parasismo
del que pendiente del ambiguo acierto,
mas en sí está saliendo de sí mismo.

   Y en dudoso elegir de acertar cierto
las suertes menosprecia del abismo,
bajel, que entre dos cielos toma puerto.
            Juan de Tassis (o Tarsis) y Peralta, Conde de Villamediana (1582-1622)

PRÓSTESIS	Consiste en la adición de una letra o sílaba al comienzo de una palabra, por ejemplo "aqueste" por "este". El maestro Nebrija nos da como ejemplo la palabra latina "scribo" a la cual, al pasar al español, se le añadió una "e"> "escrivo". (Véase también "Metaplasmo")
PROTAGONISTA	Figura o personaje central de una obra literaria por ejemplo, la Celestina en la obra "Tragicomedia de Calixto y Melibea".
PRÓTASIS	Primera fase o parte del poema dramático. Se aplica también a la explicación que se da al comienzo de un drama. También la primera parte de una oración simple, o la primera de una compuesta, cuyo sentido se completa por la segunda parte de la simple o la segunda de la compuesta. En esta última, generalmente se ve afectada por la conjunción "si" o su equivalente y se le llama "apódosis". Ejemplo: "Con el tiempo" (prótasis) "se resuelve todo" (apódosis). (Véase también esta última). Ejemplo usando la conjunción "si": "Si fuera médico, te curaría".
PROTÁTICO	Se refiere al personaje cuya única función en un drama es la de hacer la exposición.
PRÓTESIS	Anteposición de la vocal 'e' con 's' + consonante. Ejemplos: "espalda", "esperanza".

PROTÓNICA	La sílaba que en una palabra es anterior a la sílaba tónica o acentuada, por ejemplo la sílaba "so" en "sonido".
PROTOZEUGMA	Ver "Zeugma".
PROVENZAL, LENGUA	Lengua neolatina, llamada también "occitano" o "lengua de oc".
PROVERBIO	Sentencia breve con la que se intenta moralizar y perteneciente a la poesía sentenciosa o gnómica. En la literatura española resaltan los proverbios del rabí Sem Tob (siglo XIV) contenidos en su obra "Proverbios morales", de inspiración bíblica y dedicada al rey don Pedro el Cruel. Véase también los "Proverbios en rimo del sabio Salomón rey de Israel", atribuidos a Pero López de Ayala (1332-1407).

Ejemplo de proverbios morales:

"Comiençan los versos del rabí don Santo
al rrey don Pedro".

Sennor noble, rrey alto,
  oyd este sermón
que vos dise don Santo,
judío de Carrión.

  Comunal-mente rrimado,
de glosas y moral-mente
de phylosophya sacado,
es el desir syguiente.

  El rrey Alfonso fynando,
  asy fyncó la gente,
commo el pulso, quando
fallesçe al doliente.

  Ca ninguno cuydaua
que tan grande mejoría,
en el reyno fyncaua
nin honbre lo creya.

  Cuando es seca la rrosa
que ya su sasón sale,
queda el agua olorosa,
rosada que más vale.

Asy quedaste vol dél
para mucho durar,
y librar lo que él
cobdiçiaua librar.
        Sem Tob

Otros proverbios:

"De amor y de temor".

>   Fijo mío, mucho amado,
>   para mientes,
>   e non contrastes las gentes,
>   mal su grado.
>   Ama y serás amado,
>   e podrás
>   façer lo que non farás
>   desamado.
>
>   ¿Quién reservará al temido,
>   de temer,
>   si discreçión y saber
>   non ha perdido?...
>   Si querrás, serás querido,
>   ca temor
>   es una mortal temor
>   al sentido.
>   Marqués de Santillana

PROZEUGMA Véase "Zeugma".

PUNTUACIÓN Véase "Signos de puntuación".

PURISMO Esta es la definición que da Fernando Lázaro Carreter en su obra "Las ideas lingüísticas en España durante el siglo XVIII", Madrid, 1948. Dice: Purismo y casticismo son, pues, planos distintos con una arista común: la seguridad de que la lengua española está formada y de que posee una suficiente abundancia de vocablos... Pero mientras en la vertiente casticista se pugna por remover aquella riqueza inoperante, en la purista se levanta un obstinado muro, que opone su intransigencia a la menor penetración de neologismos". Por su parte la Academia define el vocablo 'purista' de esta manera: "Que escribe o habla con pureza. Se aplica igualmente al que, por afán de ser puro en la manera de escribir o de hablar, adolece de afectación viciosa". 'Purismo' es, pues, calidad de purista.

PURISTA Se refiere a las personas que ponen extraordinario cuidado en la pureza del lenguaje cuando hablan o escriben. Ver "Purismo".

Q

QUECHUA Véase "Lengua".

QUIASMO La Academia lo define así: En retórica, figura de dicción que consiste en presentar en órdenes inversos los miembros de dos secuencias", y nos da este ejemplo: "Cuando quiero llorar no lloro, y a veces lloro sin querer".

QUIEN O QUIENES Actuando como relativo, debe concordar "quien" en número con su antecedente. Ejemplo: "No os podéis lamentar de mí, vosotros a quien tanto he ayudado", por "No os podéis quejar de mí, vosotros a quienes tanto he ayudado". De tal quebrantamiento en la concordancia pecaban muchos de los clásicos, inclusive Cervantes de vez en cuando, así como muchas otras personas en la actualidad.

QUINTETO Consiste en una combinación métrica de cinco versos de Arte Mayor, todos ellos aconsonantados. Damos este ejemplo de Ramón de Campoamor:

> Machacando con su madre, Inés resbala,
> cae al suelo, se hiere y, dispuntando,
> se hablan así después las dos llorando:
> --¡Si no fueras tan mala!—No soy mala.
> --¿Qué hacías al caer?--¡Iba rezando!

QUINTILLA Estrofa que consta de cinco versos octosílabos con rima a voluntad del poeta, siempre que no haya tres consonantes iguales seguidas o que rimen los dos últimos entre sí. Si son versos de Arte Mayor se llama "quinteto".

Ejemplo de quintilla:

"Un labrador a su amada".

> Deja espantos y temores,
> Catalina; ¿qué te falta?
> Que en alas de mis amores
> iré a la sierra más alta
> por metales o por flores.

> ¿Quieres que trepando vaya
> por los brazos de esa haya,
> y baje de sus pimpollos
> de una tórtola los pollos
> a que jueguen en tu saya?

> ¿Quieres que descienda a un río
> hijo de un risco de Cuenca,
> y en él mi valiente brío
> no deje anguila ni tenca,
> ni pez argentado y frío,
> que no venga a palpitar

sobre esta yerba, y a dar
un salto y otro del suelo,
pensando que coge el vuelo
para arrojarse a la mar?
     Antonio Mira de Amescua (¿1574?-1644)
También fue empleado por Miguel de los Santos Álvarez (1817-1892).

R

RADICAL Se refiere a las letras que preceden a las terminaciones "-ar", "-er", "-ir" del verbo infinitivo, como en "cant-ar", "com-er", viv-ir"; las radicales son "cant-", "com-", "viv-" respectivamente.

RAÍZ Parte que queda de una palabra después de quitarle las desinencias, prefijos y sufijos. (Ver también "radical").

RAPSODA Recitador ambulante de versos.

REALISMO Ver "Movimiento literario"> "Realismo".

REDONDILLA Verso de cuatro octosílabos en que riman el primero y cuarto, tercero y segundo. Aunque se piensa originaria de Portugal, lo cierto es que es una de las composiciones poéticas más antiguas del castellano y que ya aparece en el "Cancionero General" de Hernando del Castillo (publicado en Valencia en 1511), si bien no como estrofa independiente, sino formando la mitad de una octava.

Ejemplo de redondilla de Francisco de Castroverde (1536-1611):

  Válgama la soberana
Virgen y Madre de Dios,
¡qué mujer se pierde en vos
y qué hombre en vuestra hermana!
        Fray Francisco de Castroverde (1536-1611)

Otro ejemplo. Este es del Duque de Rivas en el drama de la "Morisca de Alajuar"; en realidad, la rendodilla es de Jorge Manrique ligeramente alterada:

  No tenga fe ni esperanza
Quien no estuviere en presencia,
Pues son olvido y mudanza
Las condiciones de ausencia.
      Ángel Saavedra, duque de Rivas

REDONDILLA MAYOR Verso de ocho sílabas u octosílabo. Célebre es la Redondilla de Sor Juana Inés de la Cruz que comienza con estos cuatro versos octosílabos:

    Hombres necios que acusáis
    a la mujer sin razón,
    sin ver que sois la ocasión
    de lo mismo que acusáis.

También tenemos este ejemplo de Juan de Tassis y Peralta, conde de Villamediana:

    Sépase, pues ya no puedo,
    levantarme sin caer,
    que al menos puedo tener

perdido a Fortuna el miedo.

REDONDILLA MENOR — Verso de seis sílabas o hexasílabo. Damos como ejemplo estos cuatro primeros versos de Gabriela Mistral tomados del "Corro luminoso":

> Corro de mil niñas
> a mi alrededor
> ¡oh, Dios! yo soy dueña
> De este resplandor.

REDUNDANCIA — Uso de palabras innecesarias o superfluas para expresar lo que las mismas ya dicen. Ejemplos: "vuelvo a reiterar", "el díade hoy", "con mis propios ojos".

REFRÁN — La mejor definición nos la da el mismo Don Quijote, cuando nos dice: "…no hay refrán que no sea verdadero; porque todos son sentencias sacadas de la misma experiencia, madre de las ciencias todas". En sus orígenes tenía la misma acepción que la del francés "refrain", es decir, estribillo, el cual encerraba algún consejo o moraleja. Para Pedro Henríquez Ureña (1884-1946), ha dejado de tener su significancia original, siendo más bien un adagio o proverbio. En "La Dorotea", de Lope de Vega, abundan los refranes, y mucho más en "El Quijote". De ellos decía Cervantes "Paréceme, Sancho, que no ay refrán que no sea verdadero" ("Quijote", I, II, 93). He aquí algunos de los de Lope de Vega en la citada obra:

"La mula buena, como la viuda, gorda y andariega".

"Si quieres que te siga el can, dale pan".

"Más fuerte era Sansón, y le venció el amor".

"De los amores y las cañas, las entradas".

"Cara sin dientes, hace a los muertos vivientes".

"Vieja que baila, mucho polvo levanta".

Pueden verse también los refranes que aparecen en el "Conde Lucanor" a los que se les llama "Viesso".

REFRANERO — Colección de refranes, aforismos, apotegmas, máximas, etc., por lo general incluidos en un libro. Obra interesante es la de Gregorio Doval: "Refranero temático español", Círculo de Lectores, Barcelona, 1997.

RÉGIMEN — Preposición que ha de seguir a un verbo, así como caso en que ha de ponerse un sustantivo que sigue a una preposición o que vale como complemento de un verbo: "a" será el régimen de "referirse", por ejemplo "El maestro se refiere a Pablo Neruda". Sobre ello también nos dice la Academia: "Preposición que pide cada verbo, o caso que pide cada preposición; por ejemplo, el régimen del verbo "aspirar" es la preposición "a", y el de esta preposición, el caso de dativo [complemento indirecto], el de acusativo [complemento directo] o el de ablativo [complemento circunstancial].

REHILAMIENTO — Se dice de una segunda vibración que se produce en el punto de articulación de algunas consonantes y que se añade a la original creada por las cuerdas vocales, como en la pronunciación castellana de la "s" en "abismo", o de la "z" en "juzgo". Es, como si dijéramos, el sonido de zumbido de una abeja. También hay rehilamiento en la "ll" o "y"

	tal como se pronuncian en la región rioplatense de la Argentina en palabras como: "pollo" y "ayer".
RELACIÓN	Véase "Relato".
RELATO	Equivale a "relación", es decir, el conocimiento que se da de algún hecho en particular.
RENACIMIENTO	Ver "Movimiento literario"> "Renacimiento".
REPERTORIO	"Libro abreviado o prontuario en que sucintamente se hace mención de cosas notables, remitiéndose a lo que se expresa en otros escritos. También, copia de obras dramáticas o musicales ya ejecutadas por cada actor o cantante principal, o con que un empresario cuenta para hacer que se ejecuten en su teatro". (Academia)
REPETICIÓN	Véase "Complexión".
RETABLO	Escenario pequeño en el que era representada una acción por medio de títeres o figurillas.
RETINENCIA	Consiste en dejar en suspenso la expresión de un pensamiento, antes de haberlo acabado. Ejemplo: "Y después nos fuimos de juerga a, pero espera, hablemos antes de lo otro".
RETÓRICA	Conforme a la tradición latina (no la griega que abarcaba otros significados) se define como la teoría del arte de la oratoria, o lo que es lo mismo hablar en público. El más grande orador romano fue Cicerón que sirvió de ejemplo a los demás tratadistas junto con Aristóteles y Quintiliano.
RETRATO	Descripción de las cualidades de una persona y en la literatura la que se hace el propio autor, como el Arcipreste de Hita, Cervantes, Quevedo y otros.
RETRUÉCANO	Inversión de los términos de una proposición o cláusula en otra subsiguiente para que el sentido de esta última forme contraste o antítesis con el del anterior. Para ejemplos véase el "Arte del estilo" de Baltasar Gracián. Ejemplo: "Hay grandes pensadores en el mundo y grandes mundos en los pensadores".
REVISTA	Publicación periódica.
RIMA	Repetición de una misma terminación en el verso, muy simple en la aliteración y asonancia y más compleja en la consonancia. Puede ser "perfecta o consonancia", e "imperfecta y consonancia"; masculina, cuando las palabras que riman son agudas, o femenina, cuando son graves. Es también una composición en verso del género lírico. Fueron sus principales cultivadores Garcilaso, Bécquer y Góngora. En la fachada de la antigua la casa de la Bécquer, en la calle Claudio Coello, hoy con el número 25, se lee esta placa que no hace mucho le pusieron sus devotos:

> Aquí murió el poeta
> del amor y del dolor.

Veamos este ejemplo de la "Rimas de Bécquer":

"Asomaba a sus ojos una lágrima".

> Asomaba a sus ojos una lágrima
> y a mi lado una frase de perdón;
> habló el orgullo y se enjugó su llanto.
> Y la frase en mis labios expiró.

> Yo voy por un camino; ella por otro;
> pero al pensar en nuestro mutuo amor,
> yo digo aún: Por qué callé aquel día?
> Y ella dirá: ¿Por qué no lloré yo?
> Gustavo Adolfo Bécquer

Veamos también esta hermosa rima de Rubén Darío:

> Yo quisiera cincelarte
> una rima
> delicada y primorosa
> como un áurea margarita
> o cubierta de irisada
> pedrería,
> o como un joyel de Oriente
> o una copa florentina.
> Yo quisiera poder darte
> una rima
> como el collar de Zobeida,
> el de perlas ormuzinas
> que huelen como las rosas
> y que brillan
> como el rocío en los pétalos
> de la flor recién nacida.
>
> Yo quisiera poder darte
> una rima
> que llevara la amargura
> de las hondas penas mías
> entre el oro del engarce
> de las frases cristalinas.
>
> Yo quisiera poder darte
> una rima
> que no produjera en ti
> la indiferencia o la risa,
> sino que la contemplaras
> en su plácida alegría
> y que después de leerla…
> te quedaras pensativa.
> Rubén Darío

RIMA ASIMÉTRICA Aquella en que cada estrofa consta de desigual número de versos de diferentes medidas. Ejemplo:

> Yo soy un hombre sincero
> de donde nace la palma
> y antes de morirme quiero
> echar mis versos del alma
> José Martí ("Versos sencillos")

RIMA DOBLE En la que riman dos palabras dentro de un mismo verso. Ejemplo:

Un carnívoro cuchillo
de ala dulce y homicida

sostiene un vuelo y un brillo
alrededor de mi vida.
                Miguel Hernández (1910-1942)

RIMA IMPERFECTA   o rima de asonancia. Consiste en la igualdad de las vocales, así como en la desigualdad de algunas o todas las consonantes, a partir de la última vocal acentuada de cada verso.

Ejemplo de rima imperfecta:

Yace Toledo en el sueño
entre las sombras confusa,
y el Tajo a sus pies pasando
con pardas ondas lo arrulla.
¡Qué dulce es dormir an calma
cuando a lo lejos susurran
los élamos que se mecen
las aguas que se derrumban!
                José Zorrilla

Véase también "Rima perfecta", "Asonancia", y "Consonancia".

RIMA PARTIDA O DE CABO ROTO   Consiste en la supresión de la última sílaba de los versos, rimando sólo las penúltimas. Es infrecuentísima en el verso español, aunque sabemos que Cervantes escribió una de ellas pero no recordamos en cuál de sus obras ni dónde.

RIMA PERFECTA   o rima de consonancia. Consiste en la igualdad de todas las letras finales de cada verso, a partir de la última vocal acentuada.

Ejemplo de rima perfecta:

…La estatua a golpes de cincel se labra;
la tierra, con el hierro del arado,
y el error, de su altar cae desplomado
al golpe inmaterial de la palabra.
                José María Valverde (1926-1996)

Véase también "Consonancia", "Asonancia" y "Rima imperfecta".

RIMA SIMÉTRICA   Aquella en que cada estrofa consta de igual número de versos de la misma medida y rima. Ejemplo:

Echado está por tierra el fundamento
Que mi vivir cansado sostenía.
¡Oh cuánto bien se acaba en un solo día!
¡Oh cuántas esperanzas lleva el viento!
                Garcilaso de la Vega

RIPIO   Palabra o frase superflua que se emplea únicamente para completar el verso, o, dicho de otro modo, palabrería inútil y grandilocuente. Lo utilizaron mucho Ramón de Campoamor y José Zorrilla.

RITMO   Manera en que son combinadas las sílabas largas y breves, fuertes y débiles especialmente en el verso.

ROMÁN   Antiguamente, "romance" o idioma español.

ROMANCE   Composición poética que presenta en versos de ocho sílabas, rimando en asonantes los pares, y libres los impares, temas de índole varia que pueden incluir narrativas procedentes de cantares de gesta o sentimientos líricos. Esa misma rima se mantiene igual en todo el poema, es decir, asonantes los pares y libres los impares. El romance es el metro típico español, y se ha usado consistentemente desde el siglo XV tanto en la poesía culta como en la popular. En cuanto a sus orígenes, existen dos teorías: una que la considera la primera manifestación de la poesía nacional, anterior a los cantares de gesta (Durán, Cejador, y otros), y la otra que la considera posterior a estos (Menéndez Pidal, Menéndez Pelayo). Aparecen por vez primera en la "Carta-Proemio" del Marqués de Santillana (siglo XV). Por este vocablo también se entiende todas las lenguas modernas derivadas del latín, como el español, francés, e italiano, o simplemente idioma español.

Veamos lo que Menéndez Pidal nos dice sobre el romance:

"Los romances son poemitas narrativos al modo de las baladas inglesas, escocesas o servias, al modo de los cantos populares italianos o de cualquier otro país; pero sin embargo entre estos cantos o baladas y los romances hay una capital diferencia en cuanto a su origen, y por consiguiente también en cuanto a su composición y a su estilo.

…Todos los pueblos pueden ofrecer una poesía popular y nacional que cante las conmociones del sentimiento patrio o las hazañas guerreras. Pero muy pocos poseyeron este género de poesía en forma ampliamente desenvuelta, en forma de poema extenso narrativo, por el estilo de la "Ilíada", la "Chanson de Roland", los "Nibelungos", o el "poema del Cid", es decir épico popular; no el erudito por estilo de la "Eneida" de Virgilio… La poesía épica española es en su origen concretamente castellana; castellanos son todos sus héroes primitivos: el conde Fernán González, los infantes de Lara…Los poemas que cantaban a estos héroes fueron compuestos primitivamente en los siglos X, XI y XII, y luego, renovados y refundidos hasta en el siglo XV". (Véase "Estudios sobre el romancero" en la Bibliografía).

La influencia de los romances ha penetrado en toda la poesía española a través de los siglos desde sus orígenes medievales. Cultivadísima fueron en el Siglo de Oro por Lope de Vega, Góngora y Cervantes en el "Quijote" (los romances caballerescos), entre otros muchos, y no menos en la mística, la sátira y en lo burlesco (Quevedo). De cierto modo el Romanticismo significa el nuevo amanecer del romance en la literatura, y así recobra su ímpetu en las obras de Zorrilla y el duque de Rivas, y no menos, o quizá aún con más vigor, en la poesía de Antonio Machado y en el "Romancero gitano" de García Lorca. Estudiados y alabados fueron los romances españoles por egregios escritores extranjeros, como Walter Scott, Víctor Hugo, Lord Byron, etc.

También caben estas palabras que sobre el romance nos dice Antonio Machado: "Me pareció el romance la suprema expresión de la poesía y quise escribir un nuevo "Romancero". A este propósito responde "La tierra de Álvar-González". Muy lejos estaba yo de pretender resucitar el género en su sentido tradicional […}, pero mis romances no emanan de las heroicas gestas, sino del pueblo que las compuso y de la tierra donde se contaron; mis romances miran a lo elemental humano, al campo de Castilla". ("Poesías completas"; véase la Bibliografía)

Veamos algunos ejemplos de romances primitivos. Todos ellos son de origen anónimo-popular.

Romance viejo o histórico.

"Destierro del Cid "

"La jura de Santa Gadea".

   En Santa Gadea de Burgos,
do juran los fijosdalgo,
allí le toma la jura
el Cid, al rey castellano.
Las juras eran tan fuertes
que a todos ponen espanto;
sobre un cerrojo de hierro
y una balesta de palo:
"Villanos mátente, Alfonso,
villanos, que non fidalgos;
de las Asturias de Oviedo,
que no sean castellanos.
Mátente con aguijadas,
no con lanzas ni con dardos;
con cuchillos cachicuernos,
no con puñales dorados;
abarcas traigan calzadas
que non zapatos con lazos;
capas traigan aguaderas,
no de contray, ni frisado;
con camisones de estopa,
non de holanda, ni labrados…
"Cid, hoy me tomas la jura,
después bedarme has la mano".
Respondiérele Rodrigo:
"Por besar mano de rey
no me tengo por honrado;
porque la besó mi padre
me tengo por afrentado"
"Vete de mis tierras, Cid,
mal caballero probado,
y no me estés más en ellas
deste este día en un año".
"Pláceme, dijo el buen Cid,
pláceme dijo, de grado,
por ser la primera cosa
que mandas en tu reinado:
tú me destierras por uno,
yo me destierro por cuatro".
Ya sedespide el buen Cid,
sin al rey besar la mano,
con trescientos caballeros,
esforzados fijosdalgo.

Romance fronterizo.

"Cerco de Baeza".

Cercada tiene a Baeza
ese arráez Andalla Mir
con ochenta mil peones,
caballeros cinco mil.
Con él va ese traidor,
el traidor de Pero Gil.
Por la puerta de Bedmar
la empieza de combatir;
ponen escalas al muro,
comienza le a conquerir;
ganada tiene una torre,
non le pueden resistir,
cuando de la de Calonge
escuderos vi salir.
Ruy Fernández va delante,
aqueste caudillo ardil;
arremete con Andalla,
comienza de le ferir,
cortando le ha la cabeza;
los demás dan a huir.

Romance del ciclo carolingio.

"Rosaflorida".

   En Castilla está un castillo,
que se llama Rocafrida;
al castillo llaman Roca,
y a la fonte llaman Frida.
El pie tenía de oro,
y almenas de plata fina;
está un piedra zafira:
tanto relumbra de noche
como el sol a mediodía.
Dentro estaba una doncella,
que llaman Rosaflorida:
siete condes la demandan,
tres duques de Lombardía;
a todos los desdeñaba,
tanta es su lozanía.
Prendóse de Montesinos,
de oídas, que no de vista.
Una noche estando así,
gritos de Rosaflorida:
oyérala un camarero,
que en su cámara dormía.
"¿Qué es aquesto, mi señora?
¿Qué esto Rosaflorida?
O tenedes mal de amores,
o estáis loca sandía".
"Ni yo tengo mal de amores,
ni estoy loca sandía,

mas lleváseme estas cartas
a Francia la bien guarnida;
diéselas a Montesinos,
la cosa que más quería:
dile que me venga a ver
para La Pascua Florida;
darle he este mi cuerpo,
el más lindo de Castilla,
si no es el de mi hermana,
que de fuego sea ardida;
y si de mí más quisiere,
yo mucho más le daría:
darle he siete castillos
los mejores de Castilla".

Romance del ciclo bretón.

"Lanzarote del lago".

 Tres hijuelos había el rey,
tres hijuelos, que no más;
por enojo que hubo de ellos
todos malditos los ha.
El uno se tornó ciervo,
el otro se tornó can,
el otro que se hizo moro,
pasó las aguas del mar.
Andábase Lanzarote
entre las damas holgando,
grandes voces dio la una:
"Caballero, estad parado:
si fuese la mi ventura,
cumplido fuese mi hado
que yo casase con vos
y vos conmigo de grado.,
y me diésedes en arras
aquel ciervo del pie blanco".
"Dároslo he yo, señora,
de corazón y de grado,
si supiese yo las tierras
donde el ciervo era criado".

Romance novelesco suelto.

"Blanca-niña".

 "Blanca sois, señora mía,
más que el rayo del sol:
¿si la dormiré esta noche
desarmado y sin pavor?
Que siete años había, siete,
que no me desarmo, no.
Más negras tengo mis carnes que un tiznado carbón".
"Dormidla, señor, dormidla,
desarmado sin temor,
que le conde es ido a la caza

a los montes de León".
"Rabia le mate los perros,
y águilas el su halcón,
y del monte hasta su casa,
a él le arrastre el morón".
Ellos en aquesto estando,
su marido que llegó:
"¿Qué hacéis la Blanca-niña,
hija del padre traidor?"
"Señor, peino mis cabellos,
péinolos con gran dolor,
que me dejéis a mí sola
y a los montes os váis vos".
"Esa palabra, la niña,
no era sino traición:
¿cúyo es aquel caballo
que allá abajo relinchó?"
"Señor, era de mi padre,
y envióslo para vos".
"¿Cúyas son aquellas armas
que están en el corredor?"
"Señor, eran de mi hermano,
y hoy os las envió".
"Cúya es aquella lanza,
desde aquí la veo yo?"
"Tomadla, conde, tomadla,
matadme con ella vos,
que aquesta muerte, buen conde,
bien os la merezco yo".

Romance lírico.

"Fonte-frida".

   Fonte-frida, fonte-frida,
fonte-frida y con amor,
de todas las avecicas
van tomar consolación,
si no es la tortolica
que está viuda y con dolor.
Por allí fuera a pasar
el traidor del ruiseñor;
las palabras que le dice
llenas son de traición:
"Si tú quisieras, señora,
yo sería tu servidor".
"Vete de ahí, enemigo,
malo, falso, engañador,
que ni poso en ramo verde,
ni en prado que tenga flor;
que si el agua hallo clara,
turbia la beba yo;
que no quiero haber marido,
porque hijos no haya yo;
no quiero placer con ellos,

ni menos consolación.
¡Déjame, triste enemigo,
malo, falso, mal traidor,
que no quiero ser tu amiga
ni casar contigo, no!"

Advertimos que solo se han dado ejemplos de un puñado de los distintos tipos de romances pero que hay muchos más entre ellos: "romances moriscos", "romances de cautivos y forzados", "romances del amor y de la muerte", "romances judíos", "romances mitológicos y relativos a la historia de Grecia y Roma, "romances de asunto bíblico y religioso", etc.

Y veamos ahora un ejemplo de un romance moderno de García Lorca, heredero digno de la vieja trayectoria de la máxima expresión poética castellana:

"Romance sonámbulo".

    Verde que te quiero verde.
Verde viento. Verdes ramas.
El barco sobre la mar
y el caballo en la montaña.
Con la sombra en la cintura,
ella sueña en su baranda,
verde carne, pelo verde,
con ojos de fría plata.
Verde que te quiero verde.
Bajo la luna gitana,
las cosas la están mirando
y ella no puede mirarlas.
    Verde que te quiero verde.
Grandes estrellas de escarcha
vienen con el pez de sombra
que abre el camino del alba.
La higuera frota su viento
con la lija de sus ramas,
y el monte, gato garduño,
eriza sus pitas agrias.
¿Pero quién vendrá? ¿Y por dónde?
Ella sigue en su baranda,
verde carne, pelo verde,
soñando en la mar amarga.
          Federico García Lorca

ROMANCE MAYOR O HEROICO	Consiste en versos de once sílabas, asonantados los pares y libres los impares.
ROMANCERO	Todo el conjunto de la poesía épico-lírica popular española, originaria de los cantares de gesta y de las leyendas.
ROMANCILLO	Composición poética de índole popular. A diferencia del romance, está compuesto de versos de siete, seis, y cinco sílabas.

Ejemplo de romancillo (fragmento):

    La más bella niña
de nuestro lugar,

hoy viuda y sola
y ayer por casar,
viendo que sus ojos
a la guerra van,
a su madre dice
que escucha su mal:
   dejadme llorar
   orillas del mar.

  Pues me diste, madre,
en tan tierna edad,
tan corto el placer,
tan largo el pesar,
y me cautivaste
de quien hoy se va
y lleva las llaves
de mi libertad,
   dejadme llorar
   orillas del mar.

  En llorar conviertan
mis ojos, de hoy más,
el sabroso oficio
del dulce mirar,
pues que no se pueden
mejor ocupar,
yéndose a la guerra
quien era mi paz.
   Dejadme llorar
   orillas del mar.
        Luis de Góngora

ROMANTICISMO   Ver "Movimiento literario"> "Romanticismo".

ROPÁLICO   Véase "Verso".

S

SACRO　　Sagrado.

Ejemplo de poema sacro:

"En el nacimiento de mi primer hijo".

   Aquella nube espiral
de vaho de cielo expectante,
y esta caricia inicial;
una, catedral de instante;
y otra, instante catedral.

   Tienden columpio de ensueño
imposible, hacia el profundo
bienestar—danza y diseño—
de arriba a bajo: hoy el mundo
es cúpula del ensueño.

   El mar, hamaca de verde
damasco y linde de espuma,
a los vaivenes se suma
de albores, y es quien nos pierde,
como la torre y la bruma.
            Ángel Valbuena Pratt (1900-1977)

Ejemplo de romance sacro:

"Romance a la encarnación"

Que hoy bajó Dios a la tierra
es cierto; pero más cierto
es, que bajando a María,
bajó Dios a mejor Cielo.

Por obediencia del Padre
se vistió de carne el Verbo;
mas tal, que le pudo hacer
comodidad el precepto.

Conveniencia fue de todos
este divino Misterio:
pues el hombre, de fortuna,
y Dios mejoró de asiento
          Sor Juana Inés de la Cruz

SACROSANTO　　Palabra compuesta de "sagrado" y "santo".

SAETA	Copla andaluza de índole popular, típica de ciertas fiestas religiosas en especial durante la Semana Santa. Se puede componer de dos, tres o cuatro versos octosílabos. Como ejemplo, damos estos versos de "La saeta" de Antonio Machado:

> ¿Quién me prestara una escalera
> para subir al madero,
> para quitarle los clavos
> a Jesús el Nazareno.
>
> ¡Oh, la saeta, el cantar,
> al Cristo de los gitanos,
> siempre con sangre en las manos,
> siempre por desenclavar!
>   Antonio Machado

SÁFICO	Véase "Verso".
SAGA	Relato o cuento novelesco que trata de las vicisitudes de una, dos, o más generaciones de una misma familia. Originalmente, trataban de los viajes de los primitivos vikingos que emigraron a Islandia recogidos en historias de los siglos XII al XV.
SAINETE	Pieza dramática corta y por lo general cómica en los que actúan personajes populares. Resalta entre los principales escritores del sainete Ramón de la Cruz (1731-1794) en su obra "Manolo". Véanse también los "Sainetes" de Carlos Arniches (1866-1943) y "Flor de Sainetes" de Francisco Navarrete de Ribera, escritor del Siglo de Oro. También escribieron sainetes los hermanos Quintero.
SALMO	Cántico o composición que alaba a Dios.

Ejemplo de salmo:

>   Pregona el firmamento
> las obras de tus manos,
> y en mí escribiste un libro de tu ciencia;
> tierra, mar, fuego, viento,
> publican tu potencia,
> y todo cuanto veo
> me dice que te ame
> y que en tu amor me inflame.;
> mas mayor que mi amor es mi deseo.
> Mejor que yo, Dios mío, lo conoces;
> sordo estoy a las voces
> que me dan tus sagradas maravillas
> llamándome, Señor, a tus amores:
> ¿quién te enseñó, mi Dios, a hacer flo-
> y en una hoja de entretalles llena [res
> bordar lazos con cuatro o seis labores?;
> ¿quién te enseñó el perfil de la azuce-
> o quién la rosa coronada de oro   [na
> reina de los olores,
> y el hermoso decoro
> que guardan los claveles,
> reyes de los colores
> sobre el botón tendiendo su belleza?
>   Pedro de Espinosa (1578-1650)

Véanse también los "Salmos" traducidos de Fray Luis de León.

SARCASMO Burla o ironía mordaz y ofensiva. Por ejemplo: "¡Estás hoy de maravilla, con la panza colgándote!", "Tengo un buen partido para ti, a pesar de tus añitos".

SÁTIRA Composición principalmente poética (puede ser también de otra índole, como la novela o el drama), que busca censurar o ridiculizar bien sea a personas o cosas. Como ejemplos de la sátira pueden citarse "El Quijote", algunas de las épicas de Lope de Vega, los entremeses, y la picaresca, así como otros escritores que la cultivaron como Francisco de Quevedo—quizá el mayor de ellos--, y José Iglesias de la Casa, casi tan famoso en este orden como el propio Quevedo. Traemos aquí, a modo de ejemplo de sátira en verso, estas letrillas satíricas de Manuel Bretón de los Herreros (fragmento):

Tanta es, niña, mi ternura
 que no reconoce igual.
Si tuvieras un caudal
comparable a la hermosura
de ese rostro que bendigo,
me casaría contigo.
 Eres mi bien y mi norte,
graciosa y tierna Clarisa,
y a tener tú menos prisa
de llamarme tu consorte,
pongo al cielo por testigo,
me casaría contigo.

 ¿Tú me idolatras? Convengo.
Y yo, que al verte me encanto,
si no te fanaras tanto
por saber qué sueldo tengo
y si cojo aceite o trigo,
me casaría contigo.
       Manuel Bretón de los Herreros

Hay varias clases de sátiras como la "sátira política" de la que se hallará ejemplo en las "Coplas de Mingo Revulgo," que son treinta y dos, glosadas por Hernando del Pulgar y atribuidas a Íñigo de Mendoza, o la "sátira dialogada" en boga durante el reinado de Enrique IV a mediados del siglo XV. En la poesía narrativa hay ejemplos de sátira en el "Libro de Buen Amor", y durante el neoclasicismo destacan escritores satíricos como Jovellanos y Cadalso. Gaspar Melchor de Jovellanos es el autor de "Sátiras".

SEFARDÍ O SEFARDITA, LENGUA Es la hablada por los descendientes de los judíos que fueron expulsados de España a finales del siglo XV, y que se extienden hoy por la zona del Mediterráneo (Marruecos, Bulgaria, Turquía, etc.), y que conserva muchos de los rasgos de la lengua que se hablaba en tiempos de los Reyes Católicos. El vocablo "sefardí" es hebreo y significa "españoles". En Nueva York se radicaron muchos sefarditas durante el siglo XIX y aún antes, y un gran número de ellos fundaron o establecieron grandes instituciones y comercios, como la famosa tienda "Saks" de la Quinta Avenida, los primeros bancos, y la universidad Barnard para mujeres. Al llegar a la nueva tierra modificaron sus apellidos, como los conocidos "Henríquez" que lo transformaron a "Hendricks" o el ya citado "Saks" venido de "Seixas" o "Seijas".

SEGLAR No eclesiástico o que no tiene órdenes clericales.

SEGMENTO	Parte separada de alguna cosa, por ejemplo "el segmento de un discurso".
SEGUIDILLA	Estrofa que se emplea para composiciones populares, alegres o satíricas. Se compone de siete versos, de los cuales los cuatro primeros forman la copla y los otros tres el estribillo, con rima mayormente asonante (aunque también puede ser consonante).

Ejemplo de seguidilla:

"Seguidilla del lucero".

   En el patio de casa
hay una estrella.
En el fondo del pozo
tirita y tiembla.

   --¿Qué buscas en el agua,
tras los bocales?

---Mi estrella que se ahoga,
mi estrella, madre.

   La estrella que tú buscas
no puede ahogarse.

   La llevo yo en los ojos
para mirarte.
Pídele al cielo
que por tu culpa nunca
ruede en el suelo.
              Joaquín Romero Murube (1904-1969)

He aquí otra seguidilla de Lope de Vega (fragmento):

"Seguidillas de la noche de San Juan".

Salen de Valencia,
noche de San Juan.
mil coches de damas
al fresco del mar.
¡Cómo retumban los remos,
madre, en el agua,
con el fresco viento
de la mañana!
Despertad, señora mía,
despertad,
porque viene el alba
del Señor San Juan.
            Lope de Vega

SEMANTEMA	Consiste en el componente de la palabra que conlleva su significado, como los derivados de "com": "comer", "comemos", "comestible", "comensal", "comelón".
SEMÁNTICA	Parte de la lingüística que se concierne con la naturaleza, estructura y especialmente con el desarrollo y cambio de los significados de las formas del habla.

SEMICONSONANTE, SEMIVOCAL	Se refiere principalmente a los diptongos y triptongos. Cuando una vocal precede a la principal, como la "u" de "hueso". Navarro Tomás nos da más detalles: "Como punto de partida, los órganos forman una cierta estrechez. En el breve tiempo en que se produce el sonido, dicha estrechez se hace cada vez más amplia. La actividad de los órganos representa un movimiento de transición entre la articulación fricativa y la vocal". En cuanto a la semivocal, cuando una vocal sigue a la principal, como la "i" de "aire". Navarro Tomás nos lo explica: "Movimiento articulatorio inverso al de las semiconsonantes. Transición desde la abertura vocálica a la estrechez fricativa. La abertura inicial disminuye progresivamente, dentro de la ordinaria brevedad del sonido". (Véase la "Bibliografía")
SENARIO	Véase "Verso".
SENEQUISMO	La filosofía y la moral de Lucio Anneo Séneca.
SENTENCIA	Por lo general un dicho grave en el que se encierra una doctrina o moralidad. Puede expresarse en verso, como vemos en esta sentencia traducida por Manuel Salinas del latín:

    Esta pira que admiras eregida
no es, no, de algún plebeyo monumento,
ni de esclavo infeliz que su avariento
dueño encerró en mazmorra forajida.

    A Glaucia sella, prenda tan querida,
cuanto digna en Melior de sentimiento,
por quien aún no capaz de entendimiento
gozó de libertad lo que de vida.

    A lo hermoso en constumbres y en su cara
esto se dio y debió. ¿Quién más afable
y quién más lindo, que al sol vencía?

    Breve es la edad y la vejez es rara
en prodigios. Si quieres sea durable
lo que amas, no te agrade a demasía.
              Manuel Salinas

SEPARATA	Se aplica a la impresión aparte o separada de algún artículo de una revista o libro.
SERENA	Composición poética amorosa que cantaban los trovadores provenzales entrada la noche, como es ahora la serenata cantada por los mariachis en México.
SERENATA	Véase "Serena".
SERGAS	Vocablo que equivale a hazañas o gestas, pues con este significado aparece en el título de una de las más renombradas novelas de caballerías: "Las sergas de Esplandián", escritas por Garci-Ordóñez de Montalvo (fallecido en 1504), posible autor de los cuatro libros del "Amadís de Gaula".
SERMÓN	Mensaje que dirige un sacerdote o ministro desde el púlpito a los feligreses.
SERRANILLA	Composición poética lírica parecida a la pastorela de los trovadores provenzales. Resaltan en su empleo el marqués de Santillana y el Arcipreste de Hita.

Ejemplo de serranilla:

Serranillas de Moncayo,
Dios vos dé buen año entero,
ca de muy torpe lacayo
faríades caballero.

Ya se pasaba el verano,
a tiempo que el hombre se apaña
con la ropa a la tarjaña;
encima de Boxmediano
vi serrana sin argayo
andar al pie del otero,
más clara que sale en mayo
el alba, nin su lucero.

Díjele: "Dios vos mantenga,
serrana de buen donaire".
Respondió como el desgaire:
"¡Ay!, que en hora buena venga
aquel que para Sanct Payo
désta irá mi prisionero".
E vino a mí como un rayo
diciendo: "Preso, montero".

Díjele: "Non me matades,
serrana sin ser oído,
ca yo non soy del partido,
desos por quien vos lo habedes.
Aunque me ves tal sayo,
en Agreda soy frontero,
e non me llaman Pelayo
magüer me vedes señero".

Desque oyó lo que decía,
dijo: "Perdonad, amigo,
mas folgad ora comigo,
e dejad la montería.
A este çurrón que trayo
quered ser mi parcionero,
pues me fallesçio Mingayo,
que era comigo ovejero".
                    Marqués de Santillana

SERVENTESIO Estrofa de origen italiano compuesta de cuatro versos endecasílabos con rima consonante primero con tercero y segundo con cuarto y que en tiempos modernos llegó a llamarse "Cuarteto".

Ejemplo:

Nunca la duda el corazón te enfríe;
marchita su ilusión quien la razona;
no escudriñes el bien: goza y sonríe;
no te asombres del mal: ama y perdona.
                    Ricardo León (1877-1943)

También tenemos este ejemplo de Antonio Machado:

> Como atento no más a mi quimera
> no reparaba en torno mío, un día
> me sorprendió la fértil primavera
> que en todo el ancho campo sonreía.

El poeta Jorge Guillén utilizó a menudo el Serventesio.

SESEO — Pronunciación, muy extendida, del fonema castellano [θ] por "s", como: "cervesa" por "cerveza", "asulejo" por "azulejo". Este fonema se representa por la letra "c" cuando va seguida de "e", "i", como: "cinco", "certamen", y por la "z" en todos los demás casos, como: "cazar", "azul", "lápiz", "azogue", "manzana".

SEUDO — En palabras compuestas equivale a "falso", como en: "seudohumanismo". Hoy se le ha quitado la "p" latina ("pseudo").

SEUDÓNIMO — Sobrenombre; el que emplea un escritor o artista en lugar del que le es verdadero o propio, como: "Azorín", en vez del nombre completo de José Martínez Ruiz, o "Clarín", por Leopoldo Alas, Pablo Neruda por Neftalí Ricardo Reyes Basoalto, y Gabriela Mistral por Lucila Godoy y Alcayaga.

SEXTILLA — Combinación métrica de seis versos octosílabos aconsonantados que pueden alternar o ser de otra manera. Damos este ejemplo de José de Espronceda:

> Yo haré dudar del cariño
> que muestra al tímido niño
> el corazón maternal;
> y haré vislumbre al través
> de su amor el interés
> como su vil manantial.

SEXTINA — Estrofa de seis estrofas de seis versos endecasílabos cada una, más otra que solo se compone de tres.

Ejemplo:

Este verso de Gaspar Núñez de Arce (1834-1903):

> Y apartando la vista de aquel cieno
> social, de aquellos fétidos despojos,
> de aquel lúbrico y torpe desenfreno,
> fijar llorando los ardientes ojos
> en ese cielo azul, limpio y sereno,
> de santa paz y de esperanzas lleno.

SIBILANTE — Es el sonido fricativo o africado que se hace produciendo una especie de silbido, como el de la "z" castellana en "pozo".

SIC — Adverbio que señala que una palabra o frase en un escrito que pudiera parecer inexacta es textual, o sea, tal cual aparece en el original. Generalmente se coloca entre corchetes [sic].

SIGLA Letra inicial que se emplea como abreviatura, como: "O.N.U"> Organización de Naciones Unidas, "V.M."> Vuestra Majestad, "E.E.U.U."> Estados Unidos de Norteamérica, "O.E.A"> Organización de Estados Americanos.

SIGNIFICADO Significación o sentido que se le da a las palabras y frases.

SIGNO DE ADMIRACIÓN Véase "Signo de Puntuación".

SIGNO DE PUNTUACIÓN Sirve para marcar las pausas, aclarar el significado del escrito y señalar matices de la expresión. Son los siguientes:

Coma	,	Indica pausas menores.
Punto y coma	;	Indica una pausa más extensa.
Punto	.	Indica sentido completo del período.
Dos puntos	:	Indica una pausa larga.
Puntos suspensivos…		Indica que el sentido de lo dicho es incompleto.
Interrogación	¿?	Se colocan antes y después de una pregunta.
Exclamación	¡!	Se colocan antes y después de una admiración.
Paréntesis	( )	En él se encierra la oración inicial o aclaratoria que guarda alguna relación con lo que se va escribiendo.
Diéresis	ü	Se usa para pronunciar la "u" en "güe", "güi".
Comillas	" "	Se pone entre comillas todo escrito tomado de algún texto.
Guión	-	Se usa cuando una palabra no cabe en el mismo renglón o línea y hay que separarla por sílabas para que termine en el renglón siguiente.
Raya	—	Se usa solo para los diálogos.

Para el "guión" hay que seguir ciertas reglas que son las siguientes:

-La división de palabras al final de línea ha de hacerse siempre por sílabas enteras, pues la sílaba es indivisible, como "trans-porte", "re-fundir".
-No se partirán palabras dejando una letra sola al final o al principio de línea.
-No se separarán nunca dos vocales, excepto si se trata de palabras compuestas, como: "ante-anoche".
-No se partirán palabras junto a la "x" cuando esta letra va entre vocales, como: "ma-xilar", "refle-xivo".
-Las letras "ch", "ll" y lo mismo la "r" cuando es doble, son indivisibles y, por tanto, se se partirán nunca.

SÍLABA Unidad fonética más pequeña en que se divide el habla real. Puede estar formada por una letra o por varias, y ha de tener por lo menos una vocal. Hasta seis letras pueden contarse en una sola sílaba, como en las palabras "agriáis" ("a-griáis'). La sílaba se llama "abierta" cuando termina en vocal, como las tres en "sú-pli-ca" y "cerrada" cuando termina en consonante, como las tres en "trans-por-te". Una vocal sola puede formar sílaba, como: "a-te-o", "i-lu-so", "e-le-fan-te". La sílaba se clasifica en dos grupos de acuerdo con su número de letras: Pueden ser "monolíteras" cuando tienen una sola letra, como "a", "y", "o", o "políteras" cuando tienen varias letras. Estas a su vez pueden ser "bilíteras" cuando se componen de dos letras como: "ca-ma", y "trilíteras", las de tres como: "con-tad".

Sobre la sílaba nos dice Andrés Bello: "Llámanse sílabas los miembros o fracciones de cada palabra, separables e indivisibles. Las palabras según el número de sílabas de que se componen se llaman "monosílabas" (de una sílaba), "disílabas" (de dos sílabas), trisílabas (de tres), "polisílabas (de muchas)". ("Gramática")

SILABARIO Librito que contiene sílabas sueltas y palabras divididas en sílabas que se emplea para enseñar a leer. Es interesante este "Silabario" en verso de Fernando de Lapi (nacido en 1891):

   Como un juego más, sin prisa,
el niño aprende a leer:
"Rosa, risa,
brasa, brisa..."
Y por juego, sin querer,

   la lengua de acento blando
que a hablar empezó en la cuna,
va una lengua re-creando:
"Lana, lino, lona, luna..."

   Juego verbal; poesía
que en el silabario está,
pero que hasta ayer dormía
para ese poeta "dadá"

   que es el niño. Entre simplezas
pedagógicas, la boca
sílabas muerde y coloca
en el gran rompecabezas

   arduo, duro,
--"mu-ro, mo-ro,
a-ro, o-ro..."--,
dxe su léxico futuro.

   Cada palabra deslíe
su dulzor de caramelo.
La paladea y se ríe
del hallazgo el pequeñuelo.

   Después su gracia serena
juega, igual que en una playa,
con esos granos de arena;
y la arquitectura ensaya
del idioma: "Llana, llena,
nana, nena".

SILABEO La pronunciación separada de sílabas. Veamos cómo se separan las sílabas en la palabra escrita:

Los diptongos y triptongos pueden llevar acento ortográfico en las vocales fuertes sin que por ello se deshagan, es decir, sin que dejen de formar una sola sílaba como: "láudano", "traspiés". Pero si la vocal acentuada ortográficamente es una de las débiles, entonces el diptongo o el triptongo se deshacen y las vocales que los constituyen se agrupan en dos sílabas distintas como: "decí-a", "subirí-ais".

Cuando una consonante se halla sola entre vocales forma sílaba con la segunda vocal, como "re-ba-na-da", "me-cá-ni-co", "á-cido". Los grupos "bl", "br", "cl", "cr", "fl", "fr", "gl", "gr", "pl", "pr", "tl", "tr", que no pueden dividirse, forman sílaba también con la vocal siguiente como: "po-bla-do", "ca-bra", "a-cla-mar", "re-cre-o", "pa-dre", "e-flu-vio", "a-fri-ca-no", "re-gla-men-to", "lo-gra-ba", "ré-pli-ca", "a-pre-tar", "Atlán-ti-co", "re-tro-ce-so".

En cualquier otra combinación de dos consonantes (iguales o desiguales) la primera se agrupa con la vocal anterior y la segunda con la vocal siguiente como: "gaz-mo-ño", "ob-ser-va-dor", "ennoblecer", "in-mo-vi-li-dad", "cap-ta-ción".

Tratándose de tres consonantes, las dos primeras forman sílaba con la vocal anterior y la tercera con la vocal siguiente como: "obs-ti-na-do", "ist-mo", "pers-pi-caz", "cons-cien-te". Cuando en un grupo de tres o más consonantes las dos últimas son "bl", "br", "cl", "cr", "dr", "fl", "fr", "gl", "gr", "pl", "pr", "tr" éstas se unen con la vocal siguiente y las demás con la vocal anterior como: "tem-blor", "in-crus-tar", "en-glo-ba-do", "san-gran-te", "ho-jal-dre", "in-frac-ción", "sim-pli-fi-car", "en-cla-ve", "des-tre-za".

Las letras "ch", "ll" y la "r" cuando es doble ("rr"), son letras únicas con su lugar propio en el alfabeto español y no pueden separarse como: "no-che", "ca-ba-llo", "fe-rro-ca-rril".

SILEPSIS Figura de construcción que consiste en quebrantar la concordancia en el género y número de cualquier palabra, como: "Vuestra señoría es magnánimo" (empleo de un femenino con un masculino).

SILOGISMO Argumento compuesto de tres partes, la última de las cuales se deduce de las otras dos y cuyo creador o el primero en formularlo fue Aristóteles. Ejemplo de silogismo categórico sería:

"Todo ser humano es mortal. Todo mexicano es un ser humano. Así, todos los mexicanos son mortales".

SILVA Es la combinación de versos endecasílabos con heptasílabos y que riman a gusto del poeta o con algún verso libre. Es originaria de Italia.

Ejemplo de Silva:

"A la riqueza".

¡Oh mal seguro bien, oh cuidadosa
   riqueza, y cómo a sombra de alegría
y de sosiego engañas!
El que vela en tu alcance y se desvía
del pobre estado y la quietud dichosa,
ocio y seguridad pretende en vano;
pues tras el luengo errar de agua y
                              [montañas
cuando el metal precioso coja a mano,
no ha de ver sin cuidado abrir el día.
No sin causa los dioses te escondieron
en las entrañas de la tierra dura:
mas ¿qué halló difícil y encubierto
la sedienta codicia?
Turbó la paz segura
con que en la antigua selva florecieron
el abeto y el pino,
y trájolos al puerto,
y por campos de mar les dio camino.
Abrióse el mar, y abrióse

altamente la tierra,
y saliste del centro al aire claro,
hija de la avaricia,
a hacer a los hombres cruda guerra.
Saliste tú, y perdióse
la piedad que no habita en pecho avaro.
    Francisco de Rioja (1583-1659)

SIMBOLISMO   Movimiento literario de origen francés (segunda mitad del siglo XIX) y que se extiende velozmente por toda Europa y que aboga por un total rechazo del naturalismo.

SIMETRÍA   Correspondencia con exactitud plena en todos los aspectos de un todo. Lázaro Carreter va un paso más allá, y citando a Karcevskij nos dice sobre "simétrica": "La que opone la parte ascendente a la parte descendente de la frase, y predomina sobre otras diferencias eventuales de entonación que en dicha frase puede producirse", y nos da este ejemplo: "Si el sol dejase de relucir, la vida en la tierra desaparecería".

SÍMIL   Figura que consiste en comparar expresamente una cosa con otra para dar idea viva y eficaz de una de ellas. (Academia) Ejemplo" "Tenía las piernas como de una gallina y el cuello como el de una jirafa".

SINALEFA   Asociación en diptongo o triptongo mediante la cual se forma un sólo grupo silábico de vocales sucesivas que corresponden a palabras distintas. Aquí tenemos que explicar más en detalle en qué consiste la sinalefa por su importancia en la lengua española, tanto en el lenguaje común como en la poesía, ya que en esta no cuentan las sílabas escritas, gramaticales, sino las sílabas poéticas, es decir, las sílabas dichas tal como se pronuncian al hablar. Vamos a comprobarlo en este viejo romance:

   Puso el muerto en el caballo,
   camina la sierra arriba;
   encontró al santo ermitaño
   a la puerta de la ermita.

Contemos, sobre el papel, las sílabas gramaticales que tiene cada uno de estos versos: en el primero diez, en el segundo nueve, en el tercero diez, y en el cuarto nueve. Sin embargo, se trata de cuatro versos iguales de ocho sílabas cada uno, pero, por el uso de la sinalefa, resulta cada uno de versos de ocho sílabas.

Sílabas gramaticales:

Pu-so-el-muer-to-en-el-ca-ba-llo (10 sílabas)
ca-mi-na-la-sie-rra-a-rri-ba (9 sílabas)
en-con-tró-al-san-to-er-mi-ta-ño (10 sílabas)
a-la-puer-ta-de-la-er-mi-ta (9 sílabas)

Sílabas poéticas:

Pu-soel-muer-toen-el-ca-ba-llo (8 sílabas)
ca-mi-na-la-sie-rraa-rri-ba (8 sílabas)
en-controal-san-toer-mi-ta-ño (8 sílabas)
a-la-puer-ta-de-laer-mi-ta (8 sílabas)

Veamos ahora la sinalefa en el lenguaje: La sinalefa afecta a la lengua hablada, no a la escrita, y consiste en la fusión en una sola sílaba al pronunciar vocales pertenecientes a distintas palabras, tanto si son de las que forman diptongo como de las que no lo forman. Es un fenómeno análogo al que ocurre con los diptongos y triptongos (fusión de dos o más vocales en una sola sílaba), pero con esta importante diferencia: que no se produce, como en aquellos, dentro de una palabra, sino entre palabras separadas, distintas.

>Ya estaba impaciente.
>Dale agua.
>Siempre te esperamos.
>No hace un minuto estuvo aquí.

En los ejemplos que preceden tenemos varios casos de sinalefa; vamos a examinarlos:

Ejemplo primero: hay 8 sílabas gramaticales, escritas (ya-es-ta-ba-im-pa-cien-te); pero en la lengua hablada, a causa de la sinalefa, "ae", "ai", las 8 sílabas quedan reducidas a 6 ((yaes-ta-baim-pa-cien-te).

Ejemplo segundo: 4 sílabas gramaticales (da-le-a-gua) reducidas a la 3 sílabas fonéticas por la sinalefa "ea" (da-lea-gua).

Ejemplo tercero: 7 sílabas (siem-pre-te-es-pe-ra-mos) reducidas a 6 por la sinalefa "ee" (siem-pre-tees-pe-ra-mos).

Ejemplo cuarto: 12 sílabas (no-ha-ce-un-mi-nu-to-es-tu-vo-a-quí), reducidas a 8 (noha-ceun-mi-nu-toes-tu-voa-quí) por las sinalefas "o(h)a", "eu", "oe", "oa".

Ahora bien, la sinalefa requiere determinadas circunstancias para producirse, y no se produce cuando estas circunstancias faltan.

Existen en las vocales diversos grados de abertura, según la mayor o menos separación que, al pronunciarlas, se haga entre la lengua y el paladar. En consideración a ello se dividen las vocales en más abiertas y menos abiertas, por este orden, de mayor a menor: a, o, e, i, u. La sinalefa será imposible cuando las vocales menos abiertas están en el centro y las más abiertas están en los extremos del grupo, como por ejemplo en las combinaciones: "AoA", "AiA", "OiE", AiuE", "UaiAI, y otras (véase el excelente trabajo de Navarro Tomás al respecto).

Cuando la sinalefa ocurre con vocales iguales (aa, ee, ii, uu, oo), pueden darse, entre otras, las siguientes combinaciones en relación con el acento:

1. Las dos vocales, tónicas.
2. Las dos vocales, átonas.
3. Átona la primera, tónica la segunda.
4. Tónica la primera, átona la segunda.

En el primer caso, deben pronunciarse las dos como una sola larga y tónica; ejemplo:

>Amanecerá antes = amaneceránets.

En el segundo caso, las dos como una sola breve y átona; ejemplo:

>Nunca avisa = nuncavisa.

En el tercer caso, las dos como una sola larga y tónica; ejemplo:

>Vasto orbe = vastórbe.

En el cuarto caso, las dos como una sola breve y tónica; ejemplo:

Está alelado = estálelado.

Resulta interesantísimo lo que al respecto nos dice el maestro Nebrija: "[A]contece muchas vezes que cuando alguna palabra acaba en vocal, y se sigue otra que comiença esso mesmo en vocal, echamos fuera la primera dellas; como Juan de Mena enel Labirintho:
      Hasta que al tiempo de agora vengamos;
despues de 'que' y 'de' siguese a, i, echamos la 'e', pronunciando enesta manera: 'Hasta qual tiempo dagora vengamos'. A esta figura los griegos llaman sinalepha, los latinos compression; nos otros podemos la llamar ahogamiento de vocales. Los griegos, ni escriven ni pronuncian la vocal que echan, assi en verso como en prosa; nuestra lengua, esso mesmo conla griega, assi en verso como en prosa". ("Gramática", VII, 59) Buena explicación de la sinalefa nos da también el ilustre Juan Díaz Rengifo en su extraordinaria obra "Arte poética", edición de Juan de la Cuesta, Madrid, 1606, págs. 19-20. El único inconveniente que puede presentar al lector de hoy es el estar escrita en español antiguo, aunque con un pequeño esfuerzo se deja entender. (Véase también "Metaplasmo")

SÍNCOPA O SÍNCOPE Se refiere a la omisión de alguna o algunas letras en medio de una palabra, como: "mis" por "míos". (Véase también "Metaplasmo")

SINCRESIS Consiste en la reunión de dos vocales en un diptongo, es decir, de una vocal fuerte (a, e, o) y una débil (i, u).

SINÉCDOQUE La Academia lo define así: es el "tropo que consiste en extender, restringir, o alterar la significación de las palabras, para designar el todo por la parte, o viceversa; el género por la especie, o al contrario, etc.; v,gr.: 'Cuarenta velas, por cuarenta naves'; 'el pan, por toda clase de alimento'; 'el bronce, por el cañón o la campana".

SINÉRESIS Reducción a una sola sílaba, en una misma palabra, de vocales que usualmente son pronunciadas en sílabas distintas. El maestro Nebrija la define así: "Syneresis es cuando dos sílabas se cogen en una, como Juan de Mena "Estados de gentes que giras I trocas", por 'truecas'; i llamase syneresis, que quiere dezir congregación o aiuntamiento". Es decir, que permite acortar las sílabas de una palabra, de forma que en la pronunciación dos vocales fuertes se funden en una sola sílaba, tal cual fuese un diptongo. Ejemplo: "Aho-ra que te ten-go pre-sen-te".

A lo ya dicho, añadimos esto:

La sinéresis se produce en el habla rápida y descuidada y también con licencia poética. Tomemos por ejemplo las palabras "teología" y "teatro". Su pronunciación correcta y normal es así:

      te-o-lo-gí-a   (5 sílabas)

      te-a-tro   (3 sílabas)

Por obra de la sinéresis pueden fundirse en una sola sílaba vocales fuertes que corresponden a sílabas diferentes (e, o; e, a) y el resultado es el siguiente:

      (teo)-lo-gí-a   (4 sílabas)

      (tea)-tro   (2 sílabas)

El hiato, como dijimos, repugna a la lengua española, porque va contra su natural tendencia a la fusión y entrelazamiento de sonidos. La sinéresis, en cambio, coincide con esta tendencia. A pesar de ello, por tradición gramatical, el habla cuidada (simplemente cuidada, sin llegar a la afectación) trata de evitarla o reducirla a límites discretos, mientras que el habla vulgar abusa de ella hasta el punto de transformar en débil (u, i) una de las vocales fuertes (a, e, o) para hacer posible la pronunciación diptongada, diciendo "tia-tro" por "tea-tro", "gol-piar" por "gol-pear", "pa-siar" por "pa-sear", "pior" por "pe-or", etc. A veces llega al extremo de suprimir letras (vocales o consonantes), como en "ral" por "re-al", o en "tua-ví-a" por "to-da-da-ví-a". En poesía, y como licencia, la sinéresis tiene su explicación; en la conversación, y llevada a los términos que acabamos de ver, es un vulgarismo que debe evitarse.

SINESTESIA Condición mediante la cual algo estimulante evoca la sensación de otra cosa, como, por ejemplo, al oír un sonido produce en nosotros la visualización de una sonrisa, de una playa. Piénsese en el sonido de un caracol al acercarlo al oído.

SINONIMIA "Figura que consiste en usar adrede voces sinónimas o de significación semejante, para amplificar o reforzar la expresión de un concepto". (Academia) Un buen ejemplo del uso de este vocablo son estos versos de Guillén de Castro (1569-1631): "y así en el mundo ha dejado/opinión, fama y renombre/de que llegó a ser el hombre/ más vicioso y regalado". Es decir, 'opinión, fama y renombre'.

SINÓNIMO Palabra o expresión con un mismo o parecido significado, como: "inundación">aluvión", "orgulloso">"engreído", "rebelde">"insurgente.

SINOPSIS Equivale a sumario o resumen, consistiendo en una exposición general de alguna materia o asunto presentados en sus aspectos fundamentales.

SINTAGMA Damos la definición de F. de Saussure, según la cita Fernando Lázaro Carreter (véase la "Bibliografía"): "Las palabras contraen entre sí, en virtud de su encadenamiento, relaciones fundadas en el carácter lineal de la lengua, que excluye la posibilidad de pronunciar dos elementos a la vez. Los elementos se alínean uno tras otro en la cadena del habla. Estas combinaciones que se apoyan en la extensión se pueden llamar sintagmas. El sintagma se compone siempre, pues, de dos o más unidades consecutivas (por ejemplo: re-leer; contra todos; la vida humana; Dios es bueno; si hace buen tiempo, saldremos, etc.), y colocado en un sintagma, un término solo adquiere su valor porque se opone al que le precede o al que le sigue o a ambos… La noción de sintagma no solo se aplica a las palabras, sino también a los grupos de palabras, a las unidades complejas de toda dimensión y de toda especie…La oración es el tipo por excelencia de sintagma".

SINTAXIS Parte estructural de la gramática que muestra la coordinación y unión de las palabras para la formación de oraciones y expresión de conceptos. Por su importancia, vale ampliar su significado con otras definiciones de diferentes autores. Ante todo, el maestro Nebrija nos dice: "[E]nel libro passado diximos apartada mente de cada una delas diez partes dela oracion. Agora eneste libro cuarto diremos como estas diez partes se an de aiuntar y concertar entre si. La cual consideracion, como diximos enel comienço de aquesta obra, los griegos llamaron syntáxis; nos otros podemos dezir orden o aiuntamiento de partes". ("Gramática") Para Fernando Lázaro Carreter, consiste en "Parte de la Gramática creada por Apolonio Díscolo (s. II d.J.C.) para el estudio de las relaciones que las palabras contraen en la frase" (véase Bibliografía). Luis Miranda Podadera la define así: "Sintaxis (de las palabras griegas "syn", con, y "taxis", orden) es la parte de la Gramática que enseña el enlace de las palabras para componer la oración gramatical, y la unión entre las oraciones para formar el período. De aquí se deduce que se divide en "simple" (que trata de las oraciones sencillas), consideradas aisladamente y en "compuestas" (que explica los períodos u oraciones enlazados entre sí)". (Véase "Bibliografía") Para Manuel Seco: "El estudio de la constitución de la oración y del funcionamiento, dentro de ella, de sus elementos constitutivos se llama sintaxis". (Véase la "Bibliografía") Finalmente, para Federico Carlos Saínz de Robles es: "Parte de la Gramática que determine el régimen y la dependencia de las palabras entre sí, para coordinarlas, formar oraciones y expresar conceptos". (Véase la "Bibliografía") Se ve, pues, claramente, que la sintaxis se ocupa de la estructura y orden de las palabras que ha de seguirse para formar oraciones y expresar conceptos correctamente. Demos un ejemplo:

Como ejemplo de sintaxis, al usarse los pronombres de complemento directo e indirecto, el orden gramatical a seguir es el siguiente:

1. Pronombre de complemento indirecto;
2. Pronombre de complemento directo;
3. Verbo.

Así tenemos que en la oración "le di el libro a Juan", al substituir ambos complementos con pronombres, diríamos:

"Se lo di a Juan".

Este orden, gramaticalmente establecido por las reglas de la sintaxis, no podría alterarse en forma alguna so pena de perder totalmente su significado, además de cometer un grave error gramatical. En otras palabras, no podría decirse:

"Lo se di a Juan".

o

"Juan a lo di se".

Este ordenamiento estructural es la esencia de la sintaxis.

SÍNTESIS   Compendio, suma o extracto de una materia o cosa, y también composición de un todo por la unión de sus partes.

SÍSTOLE   Licencia poética que consiste en acentuar la sílaba anterior a la normalmente acentuada. Nebrija nos da este ejemplo de Juan de Mena:

>   Colgar de agudas escarpias
>   I bañar se las tres Arpias

por decir "Arpías". (Véase también "Diástole")

SOBRESDRÚJULA, PALABRA   Véase "Acentuación, Normas de".

SOFISMA   Razonamiento mediante el cual se intenta defender o persuadir una premisa falsa. Ejemplo:

>   El amor es ciego,
>   Dios es amor,
>   luego Dios es ciego.

Según Platón, Protágoras fue el primer sofista profesional.

SOLECISMO   Básicamente quiere decir el empleo indebido o la falta de sintaxis y, por extensión, toda impureza cometida contra un idioma. Se distingue del barbarismo en que aquel tiene que ver con la agrupación errónea de palabras, mientras que este el error reside en la palabra misma. Ejemplo de solecismo es: "La di una flor" por "Le di una flor", "Distinto a lo mío" por "Distinto de lo mío".

SOLEDAD Copla popular de Andalucía acompañada de música, de tres versos octosílabos con rima asonante el primero y el tercero con el segundo libre. Se le llama también "soleares". Véase en el verso de García Lorca que empieza "Muerto se quedó en la calle". He aquí un pequeño ejemplo de "soleares: o "soleá" de cuatro versos:

> Tengo el gusto tan colmao
> cuando te tengo a mi vera
> que si me dieran la muerte
> creo que no la sintiera.

SOLILOQUIO Quiere decir lo mismo que 'monólogo', y es aquella parte de una obra dramática que recita un solo personaje. La Academia también le da la acepción de "habla o discurso de una persona que no dirige a otra la palabra". Puesto que el soliloquio perfecto o puro solo puede darse al compenetrarse el alma con Dios, se encuentra como título a menudo en algunas obras de la mística española. El poeta Eduardo Marquina (1879-1946) escribió un soliloquio dirigido al corazón; he aquí un fragmento del mismo:

> Corazón te vas a negar
> a la vida que hoy llevan en el mundo' vedada
> te ha de ser, corazón; no vas a desear
> nada de ella; y no vas a confiarle nada.

> Húndete carne adentro, corazón. Y si puedes
> como muerto pasar por esta vida,
> ¡sea mi pecho el hoyo en que te hospedes
> y no grabes tu nombre en la losa pulida.

> Corazón, tú no tienes miedo
> del torrente que entre ondas te lleva a morir.
> No te aferras al dique; puedes, y yo en ti puedo,
> si te empujan las aguas, navegar y latir.

SÓLO y SOLO Lleva acento ortográfico cuando es adverbio (invariable), y no lo lleva cuando es adjetivo (variable). Ejemplo de adverbio: "Sólo tengo diez dólares" (califica al verbo, "tengo"). Ejemplo de adjetivo: "Ha salido solo a la calle" (califica al sustantivo, "él"). Actualmente, sin embargo, la Academia ha omitido el acento ortográfico en el adverbio, por cuanto ambas palabras se escriben sin él.

En este verso de Esteban Manuel Villegas (1589-1669) podemos observar dos buenos ejemplos de "solo" usado como adjetivo, y "sólo" como adverbio:

> "…por que ya de amor solo
> sólo canta mi lira".

SONATA De acuerdo con la Academia, el significado de este vocablo es "Composición de música instrumental de trozos de vario carácter y movimiento". Así se entenderá, pues, la musicalidad de la prosa de las "Sonatas" de Valle-Inclán, sobre todo en "Flor de Santidad" y "La lámpara maravillosa". Como dice Salvador de Madariaga (1886-1978), "Don Ramón María del Valle-Inclán es, entre los poetas españoles, quizá el más rico en sentido musical y en forma". Dámaso Alonso (véase Bibliografía) insiste en lo dicho: "El mismo Valle-Inclán ha declarado la preocupación que son para él la audición coloreada, el valor orquestal de las palabras, la potencia expresiva de las aliteraciones y asonancias, etc., y sabemos que, en busca de la perfección musical, Valle-Inclán se leía cada frase muchas veces en voz alta".

SONATINA Consiste en una sonata breve o corta, generalmente algo difícil de ejecutar.

Aquí tenemos este poema que Rubén Darío titula "Sonatina" (fragmento):

La princesa está triste… ¿Qué tendrá la princesa?
los suspiros se escapan de su boca de fresa,
que ha perdido la risa, que ha perdido el color.
La princesa está pálida en su silla de oro,
está mudo el teclado de su clave sonoro,
y en un vaso olvidada se desmaya una flor.

El jardín puebla el triunfo de los pavos reales.
Parlanchina, la dueña dice cosas banales,
y vestido de rojo piruetea el bufón.
La princesa no ríe, la princesa no siente;
la princesa persigue por el cielo de Oriente
la libélula vaga de una vaga ilusión.

¿Piensa acaso en el príncipe de Golconda o de China,
o en el que ha detenido su carroza argentina,
para ver de sus ojos la dulzura de luz,
o en el rey de las islas de las rosas fragantes,
o en el que es soberano de los claros diamantes,
o en el dueño orgulloso de las perlas de Ormuz?

¡Ay! la pobre princesa de la boca de rosa
quiere ser golondrina, quiere ser mariposa,
tener alas ligeras, bajo el cielo volar;
ir al sol por la escala luminosa de un rayo,
saludar a los lirios con los versos de mayo,
o perderse en el viento sobre el trueno del mar.
   Rubén Darío

SONETO Combinación métrica de catorce versos endecasílabos compuesta por dos cuartetos y dos tercetos que pueden rimar de formas distintas, aunque en el cuarteto predomina la rima del primer verso con el cuarto y el segundo con el tercero. Se originó en Italia, y sus grandes cultivadores fueron Dante y Petrarca. En España ha sido usada por sus más excelsos poetas. Empezando con Rubén Darío se emplearon sonetos con medidas diferentes, como el de versos alejandrinos de doce sílabas al estilo francés.

Ejemplo de soneto:

"A Cristo crucificado".

No me mueve, mi Dios, para quererte
el cielo que me tienes prometido;
ni me mueve el infierno tan temido,
para dejar por eso de ofenderte.

¡Tú me mueves, Señor! ¡Muéveme el verte
clavado en una cruz y encarnecido!
Muéveme el ver tu cuerpo tan herido.
Muévenme tus afrentas y tu muerte.

Muéveme, en fin, tu amor en tal manera,
que aunque no hubiera cielo yo te amara,
y, aunque no hubiera infierno, te temiera.
No tienes que me dar porque te quiera,
porque, aunque cuanto espero no esperara,
lo mismo que te quiero te quisiera.

>Nota: Esta poesía se ha atribuido a Santa Teresa de Jesús, San Francisco Javier, San Ignacio de Loyola, y aun al misionero agustino fray Miguel de Guevara (1585-1646?). De acuerdo a la crítica moderna, el autor permanece anónimo.

Vale traer aquí este otro soneto de Antonio Machado:

De mar a mar entre los dos la guerra,
más honda que la mar. En mi parterre,
miro a la mar que el horizonte cierra.
Tú, asomada, Guiomar, a un finisterre,
 miras hacia otro mar, la mar de España
que Camoens contara, tenebrosa.
Acaso a ti mi ausencia te acompaña.
A mé me duele tu recuerdo, diosa.
 La guerra dio al amor el tajo fuerte.
Y es la total angustia de la muerte,
con la sombra infecunda de tu llama
 y la soñada mielde amor tardío,
y la flor imposible de la rama
que ha sentido del hacha el corte frío".
          ("Poesías completas"; véase la Bibliografía)

Véanse también los "Sonetos espirituales" de Juan Ramón Jiménez. Luis de Góngora escribió sobre todo sonetos ("Polifemo"). Y, desde luego, todos los sonetos que aparecen al principio del "Quijote".

SONETILLO   Se denomina al soneto compuesto por versos de ocho sílabas. Pueden verse algunos ejemplos en las "Fábulas literarias" de Tomás de Iriarte. Ejemplo:

"Verano" de Manuel Machado.

>Frutales cargados.
>Dorados trigales.
>
>Cristales ahumados.
>Quemados jarales.
>
>Umbría
>sequía,
>solano.
>
>Paleta
>completa:
>verano.

SONIDO   La definición más completa y clara de este término es la que nos da Fernando Lázaro Carreter (véase bibliografía): "En lingüística, este término se aplica siempre al sonido articulado, que puede definirse como el conjunto de particularidades, tanto pertinentes como no pertinentes desde el punto de vista fonológico, que aparecen en el punto preciso de la corriente sonora en que un fonema se realiza. El sonido es producido mediante la articulación, y posee cuatro cualidades físicas fundamentales: tono, timbre, cantidad e intensidad".

SONIDOS DEL ESPAÑOL

Aquí se incluyen solamente los sonidos que pueden presentar alguna dificultad, prestándose por tanto a errores y confusión. Antes, sin embargo, daremos algunas nociones de fonética, cuyo objeto es, como se ha dicho, la descripción de los sonidos de una lengua. Nos valemos para ello de algunos apuntes del profesor Carlos Vega López, padre del autor de este diccionario, y de Navarro Tomás en su obra "Manual de pronunciación española").

El fenómeno en que consiste la palabra hablada se produce en nuestro organismo por una serie encadenada de movimientos debidos principalmente a tres grupos de órganos:

1. los de la "respiración" (pulmones, bronquios, tráquea);
2. los de "fonación" (laringe, cuerdas vocales); y
3. los de la articulación (faringe, boca, nariz).

La palabra hablada es aire y en el aire vive (recuérdese el viejo epíteto de Homero: "aladas palabras"); el aire es, pues, su materia prima. Este aire entra y sale de nuestro cuerpo por la "respiración", la cual tiene dos tiempos: uno de entrada (inspiración) y otro de salida (espiración). He aquí el camino de ida y vuelta que el aire recorre cuando respiramos:

>boca
>nariz
>faringe
>laringe
>cuerdas vocales
>
>tráquea
>bronquios
>pulmones

El aire que ha entrado en los pulmones mediante la inspiración, sale de ellos por la espiración. Y puede salir de dos maneras: o bien silenciosamente, como en la respiración normal o bien sonando, cuando como hablamos. Que salga de una u otra manera depende de las cuerdas vocales que están en la laringe.

Cuando las cuerdas vocales estás separadas, dejando entre sí una abertura triangular que se llama "glotis", entonces el aire que viene de los pulmones no halla obstáculo en su camino y sale sin hacer ruido. Por el contrario, cuando las cuerdas vocales están juntas, es decir, con sus bordes en contacto y la presión del aire empujado desde los pulmones las hace vibrar juntamente con la columna de aire que va escapándose hacia el exterior, entonces el aire suena, produce ese sonido que llamamos voz. A este fenómeno, que tiene lugar en la laringe por la acción del aire y de las cuerdas vocales, es a lo que se llama estrictamente "fonación". Fonación es, por tanto, la producción de la mera voz (no aún palabra), de la voz en bruto, como si dijéramos, sin elaborar.

Viene por último la tercera y más importante fase: la "articulación", que es la que transforma la mera voz en propia palabra.

La articulación se realiza en tres cavidades: bucal, nasal y faríngea; ellas constituyen el campo total de la articulación. La primera, la bucal, es la más importante y dentro de ella hemos de distinguir dos clases de órganos:

1. Unos "pasivos": dientes superiores, alvéolos y paladar duro, que son inmóviles; y
2. otros "activos": labios, lengua y velo del paladar principalmente, que son móviles. De estos el más importante, por su flexibilidad y la rapidez de sus movimientos, es la lengua.

Para las descripciones articulatorias de que se ocupa la fonética, hay que tener en cuenta los siguientes extremos, que son básicos:

a. Punto de articulación.
b. Modo de articulación.
c. Articulaciones sonoras y sordas.
d. Articulaciones bucales y nasales.

(Véase cada una por separado).

Vamos ahora a los sonidos del español.

En cuanto a las vocales:

Las vocales españolas se caracterizan por estas cuatro notas: brevedad, sencillez, claridad y precisión. La variabilidad vocálica del español en cuanto al timbre y a la duración tiene límites mucho más estrictos que en otras lenguas, y a ello se atribuye en buena parte a la unidad fonética del español en los vastísimos países a que se extiende su dominio.

No existen en la pronunciación española vocales "anteriores labializadas" (como la "u" francesa), ni vocales "relajadas" (como la "e" y "o" de las palabras inglesas "listen" y "bacon"), ni vocales nasalizadas, como en francés y portugués ("un", "são"), ni la distinción fonológica entre largas y breves, como en alemán.

Otra característica de las vocales españolas, cuando están solas o en posición inicial, es el "ataque suave" (en inglés "soft glide"), típico también de las demás lenguas neolatinas (francés, italiano, etc.), y que contrasta con el "ataque duro" (en inglés "rough glide") propio de las lenguas germánicas y especialmente acusado en el alemán. El ataque "duro" dificulta el enlace de la vocal con los sonidos que le preceden; el ataque "suave" favorece dicho enlace.

Aunque el número de consonantes (23) es casi cinco veces mayor que el de las vocales (5), en la lengua española las vocales representan aproximadamente el 50% de material fónico.

En cuanto a las consonantes:

B-V.

Ambas suenan igual. En cuanto al sonido no hay entre ellas diferencia alguna. Las dos son bilabiales sonoras; pero una y otra suenan a veces como oclusivas, y a veces, más frecuentemente, como fricativas (es decir, con un sonido peculiar del español que en la lengua inglesa no existe y que, por supuesto, no es el de la "v" de la palabra "vine"). El sonido de la "ve labiodental" inglesa o francesa o italiana no es un sonido de la lengua española. Que la B y la V sean unas veces oclusivas y otras veces fricativas depende simplemente de la posición en la palabra o en el grupo.

En dos únicos casos B y V (cualquiera de ella, indistintamente) suenan como oclusivas:

1. En posición inicial absoluta después de pausa. Ejemplos: Barcelona, Valencia. Buscas. Vienes.
2. Dentro de palabra o de grupo en contacto con "m" o con "n" anteriores. Ejemplos: Caramba. Envío. Un barco sin vela.

Fuera de estos casos la B y la V tienen siempre su peculiar y más común sonido fricativo. Vamos a verlo usando en contextos distintos algunas de las palabras utilizadas en los ejemplos precedentes:

De Barcelona y de Valencia. La buscas y viene. El barco de vela.

Las mismas B y V en negrita, que antes sonaban oclusivas, suenan ahora fricativas. ¿Por qué? Sencillamente porque su contexto fónico es distinto: antes estaban en posición inicial absoluta después de pausa, o bien en contacto con "m" o "n" anteriores. Ahora no lo están; eso es todo.

C-Z.

En muy pocas palabras típicamente españolas se usa la "Z" ante "e", "i". Por eso, como regla general y salvo excepciones conocidas, puede establecerse que los sonidos "ce", "ci" deben escribirse siempre con "c". Las palabras que se apartan de esta regla son en su mayoría extranjeras o técnicas (como "zepelín", "zeugma"), y en conjunto no pasan de dos docenas. Otras son nombres propios, como "Zenobia" y "Zenón".

La C suave y la Z que hemos descrito son las comunes en España, las castellanas, que son las nuestras naturales. Pero en algunas partes de la misma España, y en casi toda Hispanoamérica este sonido castellano—fricativo interdental—se hace fricativo predorsal y se extiende también a la "S" fundiéndose las tres en uno y dando lugar al fenómeno llamado "seseo" (el seseo no es un vicio, sino una modalidad de pronunciación perfectamente lícita y oficialmente reconocida; pero, por supuesto, se limita al habla y no afecta al modo de escribir, es decir, a la ortografía, que sigue siendo la misma). Salvando las excepciones puede, pues, decirse que C ante e, i (ce, ci) y z son en España interdentales y en Hispanoamérica predorsales.

D.

Tiene dos variedades: una dental oclusiva y otra dentointerdental fricativa, ambas sonoras. Veamos:

1. Es "dental oclusiva" a) en posición inicial absoluta después de pausa, por ejemplo: "Dios". "Doncella". "Disco"; y b) dentro de la palabra o de grupo, en contacto con "n", o "l" anteriores, como: "conducir", "indolente", "sin derecho", "aldea", "rescoldo", "el descanso".
2. Es "dentointerdental fricativa" fuera de los dos casos señalados en el número anterior: "adarga", "rudeza", "edificio", "adorar", "reducción", "virtud", "bondad".

Cuando es final de palabra la pronunciación de esta consonante presenta algunas vacilaciones. En el habla relativamente esmerada conserva la articulación fricativa; pero seguida de pausa se relaja y a veces llega a desaparecer en la pronunciación popular (y aún en la familiar de personas ilustradas en palabras como "usted" y "Madrid").

Otro tanto pasa con la terminación en "ado" de los participios y de muchos nombres y adjetivos. Hay dos extremos que pecan por exceso o por defecto, respectivamente: la articulación plena de la "d" en todos los casos y la supresión total de la misma; lo primero resulta afectado y pedante; lo segundo, vulgar. Entre ambos extremos hay un término medio que consiste en alternarlos rehuyendo la cacofonía y con el que el buen oído acierta siempre. Para los extranjeros, mientras no lleguen al perfecto dominio de este sonido, se recomienda pronunciar en la terminación "ado" una "d" dentointerdental fricativa breve y débil.

G-J.

Tienen en común los sonidos representados por G y J el ser velares. Pero difieren en otros rasgos.

La G ofrece dos modalidades: una sonora o suave (como en "agua", "lago", "venga", "singular") y otra sorda o fuerte, que suena igual que la "J" (como en "gime", "género").

a) Es sonora ante las vocales "a", "o", "u" ("gato", "gola", "gumia"), en la sílaba "gu" ante "e", "i" ("guerra", "guitarra") y ante las consonantes "l", "r" ("gloria", "grito").
b) Es sorda, igual que la "J", ante "e", "i" ("genuino", "geranio", "gimnasia", "ginebra").

La "G" sonora p suave tiene a su vez dos variantes: una oclusiva y otra fricativa.

1. Es oclusiva: a) en posición inicial absoluta después de pausa (por ejemplo: "Grecia". "Guindalera". "Gana". "Gallo"); y b) dentro de la palabra o grupo, en contacto con "n" anterior (como en "tango", "rengo", "un gusto", "sin gracia").
2. Es fricativa fuera de los casos señalados en el número anterior ("arruga", "alguien", "alegra", "digno", "ignorante").

La "J" suena invariablemente sorda o fuerte: "jaca", "jefe", "jícara", "tajo", "jura", "boj", "carcaj", "reloj" (la "j" de "reloj" se pierde en el habla corriente—"reló"--, pero recobra su sonido para la formación del plural y derivados: "relojes", "relojero", "relojería".

Hasta 1815 el sonido que hoy representamos con "J" se representaba con "X"; en la fecha indicada, la Academia proscribió dicho uso. No obstante, por tradición, sigue usándose la ortografía antigua ("X" por "J") en algunos nombres propios: "México", "Texas", "Oaxaca", "Xaivier", "Ximénez", "Xerez" y otros. Este arcaísmo ortográfico es lícito; pero conviene advertir que en tales casos la "X" tiene el valor de la "J" actual (velar fricativa sorda) y que, por tanto, esas palabras y otras semejantes, aun escritas con "X", han de pronunciarse como si lo estuvieran con "J": "Méjico", "Tejas", "Oajaca", "Javier", "Jiménez", "Jerez", etc.

H.

La "H", en pronunciación correcta, es una letra "muda" que no representa sonido alguno. En otros tiempos (hasta el siglo XVII) fue aspirada, pero esta aspiración solo se conserva actualmente en acentos regionales. Es, pues, hoy una letra puramente etimológica, que carece de valor para la pronunciación y que ni siquiera, cuando va entre vocales, impide la formación de diptongo. Así, las palabras "búho", "ahí", de dos sílabas ("bú-ho", "a-hí"), sin acento ortográfico quedarían reducidas a monosílabas, y la palabra "vehículo", de cuatro sílabas ("ve-hí-cu-lo"), sin el acento ortográfico quedaría reducida a tres ("vehi-cu-lo"). "Desahucio", que no lleva acento ortográfico, tiene tres sílabas solamente: "de-sahu-cio".

L.

La "L" española es una consonante "alveolar fricativa lateral sonora".

Conocemos el significado de cada una de las palabras usadas para describir este sonido: "alveolar", que alude al punto de articulación; "fricativa", que se refiere al modo de articular; "sonora", que atañe a la función de las cuerdas vocales... ¿y "lateral", qué quiere decir? ¿A qué se refiere? Se refiere al modo de articulación también, y quiere decir que el aire sale por los lados de la lengua (por ambos o por uno sólo, según la costumbre individual), lo mismo que en la "ll", como veremos después. En cambio, en otras consonantes, fricativas también, el aire sale por el centro y no por los lados.

Ll.

La "Ll" y la "Y" españolas coinciden en el punto de articulación y en la función de las cuerdas vocales: las dos son "palatales sonoras". Pero difieren en cuanto al modo de articularse: La "Ll" es africada y lateral, la "Y" es fricativa y central.

Ll africada: la punta de la lengua se apoya comúnmente contra los incisivos inferiores, quedando despegada frente a los superiores; la zona de contacto entre la lengua y el paladar es muy extensa; el aire espirado sale por ambos lados de la boca o por uno sólo, según la costumbre individual.

Y fricativa: la posición de la punta de la lengua es la misma; pero la zona de contacto con el paladar no es tan extensa, pues se limita a ambos lados de la boca; el aire espirado sale por una abertura alargada que se forma en el centro.

Q (QU).

La "Q" española solamente se emplea seguida de la vocal "u"; el grupo que ambas forman ("QU") tiene el mismo sonido "velar oclusivo sordo" que la "K", y solo se puede usar delante de "e", "i". Se representa, pues, ortográficamente este sonido de tres maneras distintas: con "c" ante "a", "o", "u"; con "qu" ante "e", "i", y con "k", ante cualquiera de las cinco vocales.

En cuanto al punto y al modo de articulación coinciden la "c" ante "a", "o", "u", la combinación "qu", ante "e", "i", y la "k" en todo caso con la "G velar sonora oclusiva" descrita anteriormente. La única diferencia que existe entre ellas se refiere a la función de las cuerdas vocales: la "G" es sonora; las otras, sordas.

R.

Hay dos tipos de "R": la "vibrante" (simple y múltiple: "pereza", "carroza", "renta"), y la "fricativa" ("calor", "tapar"). La "uvular", como la del francés y el alemán, no existe en español. Ejemplos:

Vibrante simple: "toro", "cura", "preso", "cuatro", "mejor", "volar".
Vibrante múltiple: "roca", "rico", "rueca", "raza", "red", "Enrique", "alrededor", "subrayado", "burro". Fricativa. En la pronunciación familiar hay una tendencia constante a transformar en fricativa la vibrante simple. Puede aparecer la fricativa en cualquier posición, pero principalmente en final de palabra: "huir", "robar", "humor".

SONORA	Véase "Articulaciones Sordas y Sonoras".
SONORIZACIÓN	Cuando se pasa de una consonante sorda a sonora, por ejemplo, de la "p" a la "b", es decir, con vibración de las cuerdas vocales.
SORDO	Véase "Articulaciones Sordas y Sonoras".

SPANGLISH	Combinación de las palabras "Spanish" (español) y "English" (inglés). Se denomina así en Estados Unidos a la variación morfológica o léxica y fonética común de los hispanohablantes en zonas en íntimo contacto con los nortamericanos, como Texas, California, Arizona, Nueva York, Chicago, etc. No es en sí un dialecto en el estricto significado de la palabra, sino una cierta forma de hablar y de pronunciar muy influenciada por el inglés, en palabras como "carpeta" (carpet), por "alfombra", "furnitura" (furniture) for "mueble", "celebridad" (celebrity) por "personaje célebre" o "personalidad", "mapo" (mop) por "trapeador", y en la acentuación de algunas palabras mudando el acento prosódico a la sílaba indebida, como "capital" (CA-pital, de aguda a esdrújula), "metropolitano" (ME-tropolitano, de llana a anterior a la sobresdrújula), "televisión" (TE-levisión). En las zonas de predominio mexicano, como Texas, California, Nuevo México, se le llama "Tex-Mex" (tejano-mexicano). En México se le llama "pochismo", pero en este caso es al revés, o sea, el español que hablan los "pochos", o mexicanos, que adoptan modales y costumbres norteamericanas y que han introducido en su país. Igual fenómeno ocurre en Gibraltar por influencia del inglés británico, llamándosele "llanito" que es "gibraltareño".
SUBORDINACIÓN	Relación que se establece entre dos oraciones, de las cuales una es subordinada o depende de la otra, constituyéndose así una oración compuesta y que está casi siempre en subjuntivo. Ejemplo: "Te lo recuerdo para que estés al tanto de la situación". Es decir, que en esta oración no hay separación posible, puesto que "para que estés al tanto de la situación" no tendría sentido sin "Te lo recuerdo". No así en la oración "coordinada", en que una y otra tienen sentido completo en sí mismas, como, por ejemplo: "Queríamos verlo, pero no se encontraba en casa".
SUPERREALISMO	(Surrealismo). La Academia lo define así: "Movimiento literario y artístico, cuyo primer manifiesto fue realizado por André Bretón en 1924, que intenta sobrepasar lo real impulsando con automatismo psíquico lo imaginario y lo irracional". Pueden citarse como figuras españolas de este movimiento a Federico García Lorca y al pintor Salvador Dalí.

SUSPENSIÓN	Equivale a "sustentación", y consiste en terminar o cerrar inesperadamente una poesía o un párrafo después de haber interesado al lector dejándolo en suspenso. Ejemplo:
	
	    Le hablé como hablan los valientes,
	    con palabras robustas y airadas,
	    de nada vale que chilles y preguntes
	    pues a ti no he de decirte más nada.

SUSTANTIVACIÓN	Se refiere principalmente a verbos y adjetivos que pueden substantivarse anteponiéndoles el artículo indefinido masculino o el neutro, como "el fumar", "lo bello", etc. También pueden substantivarse los participios, y los hay que son ya verdaderos substantivos, como "una herida", "la salida".
SUSTANTIVO ABSTRACTO	Aquel que expresa una abstracción o personificación de una cualidad, como la de ser "inteligente".
SUSTANTIVO PROPIO	Aquel dado a una persona o cosa determinada, distinguiéndola así de las demás de su especie o clase, como "Carlos", "mujer", Buenos Aires, etc.
SUSTANTIVO	

COMÚN	Aquel que se aplica a todos los seres de una misma especie, como "caballos", "quesos", etc.
SUFIJO	Afijo que se pospone a la palabra modificando su significado y formando la voz derivada, como en: "constitución" (sufijo: "ción"), o "admirable" (sufijo "-able").
SUJECIÓN	Figura que consiste en hacer el orador o el escritor preguntas a las que él mismo responde. (Academia)
SUJETO	Palabra o conjunto de palabras que indican aquello sobre lo cual el verbo afirma algo. Esa palabra o palabras siempre representarán a una persona, animal o cosa. Ejemplo: "La casa es de piedra", "Los niños juegan en el patio", "El gato está enfermo" (los sujetos son: "la casa", "los niños", "el gato"). El sujeto puede ser: "agente", cuando ejecuta la acción verbal; "causativo", cuando es la causa de que otro verbo ejecute la acción; "de estado", cuando se forma con verbos de esta clase; "elíptico", cuando no está expreso; y "desidencial", cuando se indica por las terminaciones de los verbos de la primera y segunda personas.
SUSTENTACIÓN	Nombre que se le da al cerrar un párrafo o una composición poética inesperadamente, una vez que se ha captado la atención del lector.

T

TAGALO   Véase "Lengua".

TAUTOLOGÍA   Figura retórica que consiste en repetir una misma palabra consecutivamente usando dos o más formas con el objetivo de dejarla grabada en la mente y espíritu. Nebrija le llamaba "repetición de la misma palabra", y nos da este ejemplo: "io mesmo me vo por el camino", por que tanto vale como "io vo por el camino", es decir, sin necesidad de decir "yo mismo". Véase también "Pleonasmo".

TEATRO   Se ha definido como "espectáculo dramático representado", es decir, que no solo es espectáculo sino que tiene que ser a la vez representado, y también como el arte de componer obras dramáticas y de representarlas. Se entiende también por este término el conjunto de todas las producciones dramáticas de un pueblo, época o autor. El teatro es creación de Grecia, y no se puede hablar de él hasta sus comienzos en Atenas. Puede ser trágico o cómico y se dirige siempre a un público que es a la vez espectador y oyente. Para su representación, el dramaturgo precisa del actor y del montaje escénico. En España, como en otros países europeos, se originó el teatro dentro de la iglesia y como consecuencia de la liturgia, que fue la que hizo parte de su ritual a los "tropos" inspirándose, pues, en un principio, en temas religiosos de donde germinaron los "autos". El primer verdadero autor dramático de España fue Juan del Encina, siguiéndole Torres Naharro y Gil Vicente, entre otros. Con el tiempo se desplazó el teatro de la iglesia a los patios de las casas o los mesones, pasando antes por los palacetes de los nobles donde se representaban mayormente obras profanas, como los "Juegos de escarnio" y las farsas, cuyos actores eran los juglares. Siguieron luego Juan de la Cueva (1543-1612) y el propio Cervantes, hasta llegar al más grande de todos, Lope de Vega, cuya temática queda bien asentada en lo nacional e histórico. A él le siguieron posteriormente Tirso de Molina y Calderón, y en el Romanticismo Zorrilla. Con el paso del tiempo va decayendo el teatro clásico español, dejándose influenciar por el realismo y naturalismo extranjeros. A lo largo del siglo XX se intenta retroceder a la época dorada del teatro (Lorca, Alejandro Casona, 1903-1965) pero sin lograr la grandeza pasada, ni siquiera con los conatos de Jacinto Benavente (1866-1954) y los hermanos Álvarez Quintero, es decir, que ninguno de ellos realmente logra salvar al teatro español de la crisis en la que había caído desde el Siglo de Oro. Los dramaturgos españoles de mayor renombre fueron, entre otros, Gómez Manrique, Lucas Fernández, Fernando de Rojas, Bartolomé Tomas Naharro, Gil Vicente, Juan de Timoneda, Lope de Rueda, Juan de la Cueva y Miguel de Cervantes y, desde luego, Lope de Vega y Calderón de la Barca.

TEHUELCHE   Véase "Lengua".

TEMA   Materia o asunto del que se trata en una conversación, conferencia, etc. En gramática, puede significar también la parte esencial de una palabra a diferencia de sus otros componentes, como la terminación, el prefijo o sufijo.

TENSIÓN   Véase "Tiempos de la articulación".

TENSÓN   Justa o controversia entre los poetas provenzales sobre un tema amoroso.

TEOSOFÍA   Vocablo con que se denomina a distintas doctrinas religiosas y místicas que se consideran iluminadas por la divinidad.

TERCERA PRIMA Véase "Terceto".

TERCERILLA Estrofa de tres versos que pueden rimar como los del terceto y poseer el mismo encadenamiento. Damos este ejemplo de Tomás de Iriarte:

>Harta de paja y cebada
>una mula de alquiler
>salía de la posada,
>y tanto empezó a correr,
>que apenas el caminante
>la podía detener.

TERCETO Estrofa formada por tres versos endecasílabos, rimando el primero con el tercero y el segundo de cada terceto con el primero y tercero del terceto siguiente. Se llama también "tercera prima". Ejemplo:

>Al tiempo que esperaba nuestra suerte
>poderse mejorar, la santa mano
>mostró por nuestro mal su furia fuerte.
>
> Entristeció a la tierra su verano,
>secó su paraíso fresco y tierno,
>el ornato anubio del ser cristiano.
>Miguel de Cervantes ("Elegía: En la muerte de la misma reina")

TERGIVERSAR Darle a algo una interpretación errónea o indebida.

TERMINACIÓN o "desinencia". Es simplemente la letra o letras que siguen a la radical de un verbo y que indican los accidentes del mismo, es decir, modo, tiempo, número y persona, como: "bail-o", "entend-ió", "habl-aban". En los verbos infinitivos, la terminación será siempre una de estas tres "-ar", "-er", "-ir", quedando la radical o raíz a las que se le añaden las distintas terminaciones según el modo, tiempo, número y persona de que se trate, así: "cant-ar", "com-er", "viv-ir". Esto es en cuanto a los verbos regulares; si son irregulares, podrá cambiar la radical al ser conjugado el verbo, como: "pensar">"pienso", "poder">"puedo", "jugar">"juego". Véase también "Desinencia".

TERTULIA Reunión en la que las personas hablan o discuten temas diversos de interés general, y que por lo general tiene lugar en un café. Puede haber tenido su origen en las llamadas Academia literarias del Siglo de Oro, como la de Casa de Pilatos en Sevilla dirigida por el duque de Tarifa. En el siglo XVIII fue famosa la tertulia de la Fonda de San Sebastián, en el siglo XIX la integrada por Leopoldo Alas "Clarín", llamada Bilis Club en Madrid, y en siglo XX el Nuevo Café de Levante y el Café Español frecuentada por los hermanos Machado. Otros escritores que mantuvieron tertulias fueron Jacinto Benavente y José Ortega y Gasset.

TESIS Estudio o proposición erudita sobre algún asunto. Significa también la disertación que presenta a una universidad el que aspira al título de doctor en una que otra facultad.

TETRASÍLABO Verso de Arte Menor de cuatro sílabas.

Ejemplo: (recuérdese lo dicho, que si la última palabra de un verso es aguda, se le añade una sílaba)

>En las presas

    yo divido
    lo cogido
    por igual:
    sólo quiero
    por riqueza
    la belleza
    sin rival.
      (Espronceda, "Canción del pirata")
También usado por Tomás de Iriarte.

TETRÁSTROFO — Composición poética que consta de cuatro estrofas, típica de la cuaderna vía. Fue principalmente usada por los poetas del mester de clerecía, y en especial por Juan Ruiz, Arcipreste de Hita. Emplea versos alejandrinos que riman AAAA. Hoy ha caído en desuso.

TEX-MEX — Véase "Spanglish".

TIEMPO COMPUESTO — Aquel en el que se emplean dos verbos, por lo general un verbo auxiliar y un participio, por ejemplo "he amado", "habré salido", "hubiera dormido"; aquí, el verbo auxiliar es "haber" en sus distintos tiempos (presente, futuro e imperfecto de subjuntivo), más los participios "amado", "salido" y "dormido". Cada uno de esos tiempos compuestos es el pretérito perfecto y el futuro perfecto de indicativo, y el pretérito pluscuamperfecto de subjuntivo, respectivamente.

TIEMPO SIMPLE — El que se emplea un solo verbo, es decir, sin un verbo auxiliar como "haber" o "ser". Ejemplos: "come", "riego", "participaron".

TIEMPO VERBAL — Las diferencias dentro de un mismo verbo en relación al tiempo en que se efectúa la acción, por ejemplo, tiempo presente, pretérito (pasado) o futuro (venidero). Veamos el uso de cada uno de los tiempos verbales:

Modo Indicativo
Presente: expresa la acción coincidente con el acto de la palabra.
Pretérito indefinido: expresa la acción pasada e independiente del momento en que se habla.
Futuro imperfecto: expresa una acción venidera.
Pretérito imperfecto: la acción interesa únicamente en su duración y no en su término.
Pretérito perfecto: denota una acción pasada cuyo término encierra cierta relación o importancia para el que habla.
Pretérito pluscuamperfecto o anterior: ambos denotan una acción pasada anterior a otra pasada también.
Futuro perfecto: denota una acción venidera anterior a otra venidera también.
Modo Potencial
Potencial simple: denota una acción venidera vista desde el pasado.
Potencial compuesto: denota una acción venidera o futura relacionada con un momento pasado, si bien la primera es anterior a otra acción.
Modo Subjuntivo
Presente: sirve para acciones verbales tanto presentes como futuras, siempre consideradas dudosas, necesarias, posibles o deseadas.
Pretérito imperfecto: tiene los mismos valores temporales correspondientes en el indicativo al pretérito, pretérito imperfecto y potencial simple.
Pretérito perfecto: tiene la misma correspondencia que el pretérito perfecto y futuro perfecto de indicativo.
Pretérito pluscuamperfecto: tiene los mismos valores temporales del pluscuamperfecto de indicativo y el potencial compuesto.

Los futuros del subjuntivo no son de uso frecuente en la lengua moderna.
Modo Imperativo
Vale para expresar un mandato o ruego.

El tiempo gerundio pertenece al modo infinitivo, y es la forma invariable del verbo cuya terminación regular es "-ando" para los verbos de la primera conjugación, y "-iendo" para los de la segunda y tercera, como: "estoy cantando", "está comiendo", "estamos escribiendo". Por lo general tiene más carácter adverbial modificando así la significación del verbo y expresando modo, condición, motivo o circunstancia, como en: "María se acostó llorando", "hablando nos entendemos todos". Con el gerundio se forma también el "gerundio compuesto" con el uso del auxiliar "haber" que expresa anterioridad, como en: "habiendo comido, salió a visitar a sus suegros". También se usa para formar el presente continuo junto al auxiliar "estar", como: "estamos jugando", están trabajando".

TIEMPOS DE LA ARTICULACIÓN — Dejemos que Navarro Tomás nos los defina (véase la "Bibliografía"): "Tres momentos pueden observarse en el desarrollo completo de una articulación: intensión, tensión y distensión; durante el primero, intensión… los órganos, saliendo de su estado de reposo, realizan un cierto movimiento hasta alcanzar la posición requerida por el sonido de que se trata; durante el segundo, tensión… los órganos se mantienen en esa misma posición por un tiempo más o menos largo, y durante el tercero, distensión… abandonando la posición adquirida, vuelven los órganos a su estado de reposo. La naturaleza de una articulación se caracteriza principalmente por su tensión; la intensión y la distensión son momentos transitorios y fugaces que el oído no siempre alcanza a percibir; estos últimos son, sin embargo, los puntos de contacto por donde las articulaciones se enlazan entre sí dentro de la palabra o de la frase, y encierran frecuentemente la explicación de importantes cambios y transformaciones fonéticas".

TILDE — Equivale a "acento ortográfico", es decir, la rayita oblicua que se coloca sobre la vocal tónica, como en "cántaro", y también a la virgulilla que se le pone a la "ñ" o a cualquier signo con el que se denote la diferencia en la acentuación de una letra.

TIMBRE — Matiz mediante el cual se distinguen dos voces de igual tono e intensidad.

TÍTERE — o marioneta. Muñeco de pasta u otra materia que se hace mover por medio de hilos que fueron introducidos en España por los juglares en el siglo XIII, y que se vieron en España en los siglos XVI y XVII. Eran de índole secular o religiosa y se representaban en corrales de comedias principalmente durante la Cuaresma. Como ejemplo damos "El retablo de las maravillas" de Cervantes a pesar de que se trataba de figuras invisibles. Estos espectáculos de títeres fueron muy populares en Madrid durante el siglo XVIII y principios del XIX.

TEMESIS — Antonio Nebrija la llamaba "Temesis", y la define así: "temesis es cuando en medio de alguna palabra entreponemos otra, como si dixesses: Elos siete mira triones, por dezir 'mira los Septentriones', y llama se temesis, que quiere dezir cortamiento de palabra". ("Gramática") En realidad, es una especie de hipérbaton. El términos hoy está en desuso.

TONADILLA — Equivale a un entremés con música. También canto y baile popular de los siglos XVII y XVIII. Véase como ejemplo "La decantada (en algún lado se ha visto "cantada") vida y muerte del general Malbrú" de Jacinto Valledor. Declinó en 1810 y pronto apareció en su lugar la Zarzuela.

TONEMA — Según Navarro Tomás, inflexión que recibe la entonación de una frase a partir de la última sílaba acentuada.

TÓNICA	La vocal o sílaba en la que recae el acento prosódico, como en "sombra", "camello", "imposibilidad" ("som", "me", "dad" respectivamente).
TRABALENGUAS	Locución o frase muy difícil de pronunciar, y que se emplea en un juego en el que es fácil equivocarse. Ejemplo: Se le pide a la persona que diga rápidamente lo siguiente: "un tigre, dos tigres, tres tigres". Si se trata, es casi seguro que al final se diga "trigres".
TRADUCCIÓN	Pasar a un idioma lo que se ha dicho en otro, pero veamos. En general, traducir es necesario en muchos casos pero no siempre se hace acertadamente, sobre todo tratándose de textos literarios. Para Cervantes, una traducción era "como un lienzo visto al revés" con todos los amarres, hilos y ataduras visibles; en otras palabras, muy inferior al original.. Es un arte, pues, que dominan pocos por las cualidades que requiere, siendo las más importantes el dominio completo, cabal y absoluto de ambos idiomas y de la materia de que se trate. La buena traducción literaria consiste en verter en una lengua el sentido de las ideas y conceptos de otra, y no el mero significado textual de las palabras. Es decir, que cada lengua ha de expresarse a su manera según sus propios moldes lingüíticos, históricos, filosóficos, y culturales. Pongamos como ejemplo cómo se traduciría al inglés este verso de las Coplas de Jorge Manrique a la muerte de su padre:

"Nuestras vidas son los ríos que van a dar a la mar".

Un primer intento sería traducirlo así:

"Our lives are like rivers that flow into the sea".

Pero en un inglés elegante y depurado, poético, una mejor traducción sería esta que nos ofrece Thomas Walsh:*

"Our lives are fated as the rivers that gather downward to the sea".

(*) Thomas Walsh, traslator. From "Hispanic Anthology: Poems translated from the Spanish by English and North American Poets. Collected and Arranged by Thomas Walsh, G.P. Putnam's Sons, New York, 1920.

Obviamente Mr. Walsh es poeta y profundo conocedor del lenguaje literario español.

Igual ocurriría si quisiéramos traducir al español un refrán o frase idiomática del inglés como, por ejemplo:

"The early bird catches the worm".

Si lo tradujésemos literalmente, palabra sin palabra, no tendría sentido, por cuanto sabiendo lo que significa en inglés encontraríamos uno igual o similar en español que sería:

"Al que madruga Dios lo ayuda".

Y tratándose de una frase idiomática inglesa:

"I've had to my neck with your whining", cuya traducción en español sería:

"Estoy harto/me tienes harto con tus lloriqueos".
O, tratándose de una locución adverbial inglesa, como:

"It's raining cats and dogs", diríamos en buen español:

"Está lloviendo a cántaros".

Veamos por último, el acierto o desacierto en la traducción inglesa de esta frase del prólogo de "Don Quijote":

"Desocupado lector".

He aquí cómo lo inperpretaron algunos de los traductores más conocidos dela magna obra cervantina:

Thomas Shelton (inglés): "Gentle reader".

John Ormsby (inglés): "Idle reader".

Florian (francés): "Lectur oisif".

Louis Viardot (francés): "Ecteur inoccupé".

P. A. Motteux (inglés): "Bless the! reader, gentle or simple, or whatever you be…"

Charles Jarvis (inglés): "Loving reader".

Samuel Putnam (inglés): "Idling reader".

J.M. Cohen (inglés): "Idle reader".

Como se verá, predomina entre los traductores ingleses "Idle reader", y si reparamos en este vocablo, "idle", su significado, según el "Oxford Dictionary" es: "useless, vain, empty", y su acepción corriente: "Not engaged in any occupation or employment; unoccupied; inactive; not busy; lazy"; en otras palabras, como diríamos en nuestro vernáculo: "un zángano". Y si miramos la acepción que le da la Academia, no difiere mucho de la del inglés: "Sin ocupación, ocioso". Ni tampoco la definición que le da María Moliner, calificándolo de "adjetivo participio del verbo desalojar, vaciar", con las siguientes acepciones: "vacío, no ocupado; haragán, holgazán, vagabundo, vago". Como se verá asimismo, Motteux, al no dar con la palabra indónea, piruetea y deja el verdadero sentido en el aire a discreción del lector: "whatever you be" (seas quien seas, o seas lo que seas); al menos, en esto, demuestra cierta sensibilidad y honestidad. El francés Florian, tenido como el mejor traductor francés de la obra cervantina, también lo traduce como "ocioso, vago", e igual Viardot. Pero Shelton, al llamarle "gentle", le da el carácter de "discreto", que no es del todo descaminado. ¿Fue este el verdadero sentido que le dio Cervantes? Como se verá, cada cual lo ha interpretado a su manera sin haber una forma definida común.

Aunque no la hemos leído, nos llama la atención la opinión de Menéndez Pelayo de la traducción de Longfellow de las "Coplas" de Jorge Manrique que considera: "la más excelente de la traducciones de esta elegía que conocemos en lengua alguna". Se entiende pues como monumental la labor de la "Escuela de Traductores de Toledo", impulsada por el amor a las artes del arzobispo don Raimundo, convirtiéndose por entonces Toledo en la sede artística y científica de España y de toda Europa. Realmente no era una escuela sino un grupo de ilustres traductores que contribuyeron singularmente a la difusión cultural musulmana, entre ellos los españoles Dominico Gundisalvo y Juan Hispalense; este traducía a la lengua vulgar y el otro la vertía al latín; uno segoviano, y el otro judío converso de Sevilla. Pero, además de sus amplios conocimientos lingüísticos y culturales, estos orfebres del lenguaje poseían lo que nadie posee hoy que es tiempo y la absoluta dedicación a su arte. Como decía Antonio Machado:

> Despacito y buena letra:
> el hacer las cosas bien
> importa más que el hacerlas.

TRADUCTIO Véase "Polipote".

TRAGEDIA Nombre aplicado a una obra dramática de cierta longitud en la que el diálogo, la acción y los personajes presentan solemnidad y el desenlace es infausto. Según Aristóteles, la tragedia tiene por finalidad la 'catarsis', que nos la describe así: "catarsis: por medio del terror y la compasión purga los ánimos de esta y otras pasiones". Los maestros de la tragedia griega (origen del género) han sido y serán siempre Esquilo, Sófocles y Eurípides.

TRAGICOMEDIA Obra dramática en que aparecen el elemento trágico y el cómico. Obra magna de este género en la literatura española es la "Tragicomedia de Calixto y Melibea" o "Celestina".

TRAMA Enredo de una obra dramática o novelesca.

TRASFONDO Lo que está más allá de lo visible.

TRASLACIÓN Se le llama también "enálage" o "trasposición". Consiste en darle a algunos tiempos verbales una significación que no poseen lógicamente como: El otro día veo a Samuel y dice" en vez de "El otro día vi a Samuel y dijo".

TRASLATICIO Véase "Catacresis".

TRASUNTO Traslado o copia de un escrito.

TRENO Canto elegíaco en que se lamenta la ausencia de alguien o alguna calamidad o desgracia. Véanse las "lamentaciones" de Jeremías.

TRILINGÜE Que habla tres idiomas.

TRILOGÍA Conjunto de tres obras de un mismo autor y que forman una unidad completa. Puede citarse, como ejemplo, la trilogía del novelista guatemalteco Miguel Ángel Asturias (1899-1974) "Viento fuerte", "El Papa verde", y "Los ojos de los enterrados".

TRÍMETRO Véase "Verso".

TRIPTONGO Es la fusión en una sola sílaba de tres vocales: una fuerte (a, e, o) entre dos débiles (i, u, y). La lengua española ofrece un total de ocho triptongos que son los siguientes:

iai	diferenciáis
uai (uay	menguáis,
iau	miau
uau	guau
iei	vaciáis
uei (uey)	averigüéis
ieu	aliéutica
ioi	hiodes

TRISÍLABO Verso de Arte Menor de tres sílabas.

Ejemplo:

   Tal, dulce,
suspira
la lira
que hirió
en blando
concento
del viento
la voz.
         José de Espronceda

Muy empleado también por Rubén Darío.

TROCAICO	Véase "Verso".
TROPO	Dícese de la traslación del sentido de las palabras o frases. En griego quiere decir literalmente "dar una vuelta a un objeto". Comprende principalmente la sinécdoque, la metonimia y la metáfora, y puede ser de "dicción" o de "sentencia". Ejemplos: Sinécdoque: "el pan de cada día", por: "los alimentos necesarios". Metonimia: "luz roja", por: prohibido pasar o proceder". Metáfora: "lloras a cascadas", por: "lloras mucho o demasiado".
TROQUEO	Véase "Verso".
TROVA	Composición poética escrita generalmente para el canto, característica de los trovadores provenzales. A partir de la Edad Media se aplica generalmente a toda manifestación de la poesía lírica.
TROVADOR	Se aplicaba a los poetas medievales, principalmente a los que hacían versos de índole amorosa o elogiaban a un rey o personaje importante, en contraposición a los juglares. Trovaban o escribían en le lengua de oc (véase esta).
TÚ y TU	Lleva acento ortográfico cuando es pronombre, y no lo lleva cuando es adjetivo posesivo delante de un nombre o sustantivo. Ejemplo de pronombre: "Nadie lo sabe como tú", y de adjetivo: "Tus amigos son simpáticos".

U

ULTRAÍSMO Movimiento poético o tendencia estética que surge en España hacia 1920, y cuya definición nos da Guillermo de Torre (1900-1971)—el creador de esta palabra—así: "El ultraísmo ha tendido preliminarmente a la reintegración lírica, a la rehabilitación genuina del poema. Esto es, a la captura de sus más puros e imperecederos elementos—la imagen, la metáfora—y a la supresión de sus cualidades ajenas o parasitarias: la anécdota, el tema narrativo, la efusión erótica". Se buscaba, en realidad, una renovación radical del espíritu y de la estética. Poco duró el movimiento en España, aunque de alguna forma lo sintieron poetas de la categoría de Jorge Guillén, Gerardo Diego y Pedro Salinas. Mucho conviene leer la definición que da José Ortega y Gasset del término en "La deshumanización del arte".

UNIDAD Cualidad de la obra literaria o artística en que solo hay un asunto o pensamiento principal, generador y lazo de unión de todo lo que en ella ocurre, se dice o representa. (Academia)

UTOAZTECA Véase "Lengua".

V

VANGUARDISMO Ver "Movimiento literario"> "Vanguardismo".

VASCUENCE Véase "Lengua".

VEJAMEN Composición literaria de índole satírica en boga durante el clasicismo español.

VELAR Véase "Articulación, Punto de".

VERBIGRACIA Del latín "verbi gratia", es decir, "por ejemplo".

VERBO Del latín "vérbum", palabra. Sirve para expresar lo que hace el sujeto y es indispensable en toda oración.

VERBO ATRIBUTIVO Se refiere a todo verbo que no sea copulativo, como "ser" y "estar".

VERBO AUXILIAR El que se une al participio para formar los tiempos compuestos, como "haber" para la voz activa, y "ser" para la pasiva. Tales verbos tienen función doble pues, además de su significado propio, sirven también como auxiliares. Ejemplos: "han comido más de la cuenta"(voz activa), "el libro fue firmado por el autor" (voz pasiva).

VERBO COPULATIVO Aquel que actúa como simple enlace entre el sujeto y el predicado nominal, como "ser" y "estar". Ejemplo: "Yo soy mujer".

VERBO DEFECTIVO Aquel que carece de algunas de sus formas, como "abolir".

VERBO DEPONENTE Se refiere mayormente a la lengua latina. Verbo que conjugado en voz pasiva tiene significado activo, o cuyas desinencias activas tienen significado activo. Puede también emplearse con referencia a verbos transitivos cuyo participio se emplea tal como el de los transitivos. Ejemplo: "Los niños nacidos en Rusia".

VERBO DETERMINADO Véase "Verbo determinante".

VERBO DETERMINANTE Antigüamente, el que rige a otro con el que forma oración. Ejemplo: "Deseo comer", "deseo" es el verbo determinante y "comer" el determinado.

VERBO FACTITIVO Se le llama también "perífrasis verbal", en la que el sujeto no ejecuta por sí mismo la acción, sino que es ejecutada por otro. Ejemplo: "pasar" en "Pasar la calle al desvalido".

VERBO IMPERSONAL Cuando la acción verbal no se atribuye a un sujeto determinado, como en "no hay nadie en la reunión" usando la tercera persona del verbo "haber", "hace una semana que nos vimos", usando también la tercera persona del verbo "hacer". Por lo general se emplea siempre la tercera persona del singular en todos los modos y tiempos. Se incluyen también los verbos en infinitivo (pasear) y en gerundio (caminando). Verbos típicos impersonales son: "llover" y "nevar".

VERBO INCOATIVO — El que indica el comienzo de una acción, como "llover", "florecer".

VERBO INFINITIVO — El que por sí mismo no expresa persona alguna, como: "cantar", "comer", "escribir", es decir, los que terminan en "-ar", "-er", "-ir".

VERBO ITERATIVO — El que se expresa con una acción que se compone de acciones repetidas, como "titotear", "apuñalar".

VERBO INTRANSITIVO — El que cuya acción no se trasmite o pasa del sujeto a otras persona, animal o cosa, como: "nacer", "morir", "respirar", o sea, que carece de complemento directo.

VERBO IRREGULAR — El que en la radical sufre un cambio en cualquiera de sus personas o tiempos, como: "hacer" (hago), "jugar" (juego), "recordar" (recuerdo). El que un verbo sea regular en un tiempo no quiere decir que lo sea en otro, y así tenemos el caso de "hacer" que es irregular en el presente, pretérito y futuro de indicativo, pero regular en el imperfecto de este mismo modo, o regular en el gerundio pero irregular en el participio. En cuanto a la irregularidad de los verbos, en general nos podemos llevar por esta regla a la que se le llama "irregularidad común":
-Si es irregular en el presente de indicativo, igual lo será en el presente de subjuntivo y en el imperativo. Ejemplo: "digo", "diga", "diga".
-Si es irregular en el pretérito indefinido, también lo será en el imperfecto de subjuntivo y a veces en el gerundio.
Ejemplo: "dije", "dijera".
-Si es irregular en el futuro de indicativo, también lo será en el potencial simple.
Ejemplo: "tendré", "tendría".

VERBO PRONOMINAL — El que se construye en todas sus formas con un pronombre átono y que concuerda con el sujeto, como: "voy a bañarme" o "me voy a bañar".

VERBO RECÍPROCO — El que denota reciprocidad entre dos o más personas, animales o cosas, llevando siempre de complemento un pronombre, como: "El agua y el aceite se repelen".

VERBO REFLEXIVO — El que en el sujeto realiza la acción verbal y al mismo tiempo la recibe, como: "despertarse", "arrepentirse", etc. Van siempre acompañados de los debidos pronombres reflexivos que son: "me", "te", "se", "nos", "os", "se" que pueden anteceder al verbo o añadírseles, como: "me baño", "me estoy bañando", "estoy bañándome", "me voy a bañar", "voy a bañarme", "¡báñate!". Véase que con el uso del gerundio puede colocarse antes o después del verbo, e igual ocurre con el uso del infinitivo. Con el imperativo va siempre añadido al verbo.

VERBO REGULAR — El que en la radical no sufre cambio ninguon en cualquiera de sus personas o tiempos, como: "amar", "vender". Véase también lo que se dice en "Verbo irregular".

VERBO

TRANSITIVO	El que en la acción verbal recae en alguna persona, animal o cosa como: "el estudiante aprende español", "la madre le canta al niño", es decir, empleando un complemento directo.
VERBO UNIPERSONAL	Véase "Verbo impersonal".
VERBORREA	Abundancia extrema o desmedida en el habla o la escritura.
VERBOSIDAD	Exageración en el uso de palabras en el habla o escritura.
VERNÁCULO	Se aplica básicamente a un idioma, lengua o dialecto, y quiere decir nativo de un lugar o país, por ejemplo: "el vernáculo rioplatense"., "el vernáculo habanero".
VERSÍCULO	Se refiere a las divisiones individuales de los capítulos de un libro, principalmente de las Sagradas Escrituras.
VERSIFICACIÓN	La acción o arte de componer versos.
VERSO	Se entiende por este término todo lenguaje ordenado o clasificado conforme a ciertas reglas y dividido en segmentos rítmicos. Los versos pueden ser: "métricos o cuantitativos", por la cantidad silábica; "rítmicos o acentuados", por la acentuación; y "silábicos", por el número de sílabas. Estos últimos son los comunes en las lenguas romances como el español. En nuestro idioma, con excepción de los versos simétricos, el máximo de sílabas son 11. Al verso creado por los poetas se le llama "verso erudito", que en los siglos XIII y XIV fue la Cuadernavía y en siglo XV el de Arte Mayor, siguiéndoles después, a partir del siglo XVI al XIX, el endecasílabo y ya con Rubén Darío en adelante el alejandrino. En español hay versos de dos a dieciséis sílabas. (Véase cada uno por separado con ejemplos)

Incluimos aquí, mayormente como referencia, algunos términos importantes de la poesía griega y latina.

"Acataléctico"; El que tiene completo todos sus pies.

"Adónico": En la métrica clásica, el que constaba de un verso de cinco sílabas, y en la española el pentasílabo de ritmo dactílico que le sigue a tres endecasílabos y en el que va acentuada siempre la primera sílaba. Se usaba mayormente en combinación con los sáficos.

"Anapesto": Consta de dos sílabas breves a las que les sigue una larga.

"Anfíbraco": Pie de la métrica grecolatina consistente en tres sílabas, de las cuales la primera es breve, la segunda larga, y la tercera también breve.

"Anfímacro": Pie de la métrica grecolatina, consistente en tres sílabas, la primera larga, la segunda breve, y la tercera también larga.

"Antistrofa": Segunda parte del canto lírico compuesto de estrofa y antistrofa.

"Cataléctico": Verso al que le falta una sílaba al final o es imperfecto en alguno de sus pies.

"Coreo": Pie compuesto de dos sílabas, la primera larga y la que le sigue breve.

"Coriámbico": Pie compuesto de dos sílabas breves entre dos largas.

"Dáctilo": Pie compuesto de tres sílabas con la primera larga y las otras dos breves.

"Dipodia": Conjunto de dos pies.

"Ecoico": Verso cuyas dos últimas sílabas son iguales. En la poesía castellana se le llamaba "Eco", es decir, en el que se repite dentro o fuera del verso una palabra o parte de ella principalmente si es monosílaba.

"Epodo": Tercera parte del canto lírico compuesto de estrofa, antistrofa y epodo.

"Espondeo": Pie compuesto de dos sílabas largas.

"Ferecracio": Verso compuesto de tres pies, espondeos el primero y tercero y dáctilo el segundo.

"Faleuco": Verso endecasílabo compuesto por cinco pies, el primero espondeo, el segundo dáctilo, y troqueos los demás.

"Gliconio": Verso compuesto por tres pies, un espondeo y dos dáctilos. El primero es también a veces yambo o coreo.

"Leonio": Verso latino usado en la Edad Media.

"Pentámetro": Verso compuesto de un dáctilo o un espondeo, otro dáctilo u otro espondeo, de una cesura, de dos dáctilos y de otra cesura. Se mide también contando después de los dos primeros pies un espondeo y dos anapestos.

"Ropálico": Verso en que cada palabra tiene una sílaba más que la precedente.

"Sáfico": Verso compuesto por once sílabas distribuidas en cinco pies, de los cuales son troqueos el primero, y los dos últimos espondeo el segundo y dáctilo el tercero. Se cree haber sido creado por la poetisa Safo. Este tipo de métrica venida de Italia dio origen al endecasílabo castellano.

"Senario": Consta de seis pies, sobre todo el yámbico con igual medida. Con el "Sáfico" dio origen al endecasílabo castellano.

"Trímetro": Verso compuesto de tres pies o de tres dipodias, o sea, de seis pies, como el trímetro yámbico o senario.

"Trocaico": Verso compuesto por siete pies, de los cuales unos son troqueos y los demás espondeos o yambos.

"Troqueo": Pie compuesto de dos sílabas, la primera larga y la otra breve.

"Yámbico": Verso compuesto mayormente por yambos.

"Yambo": Verso de dos sílabas.

Es curioso cómo describe Juan Díaz Rengifo lo que es un verso: "Verso es una oración atada, y obligada siempre a cierto número, y cantidad de sílabas" (véase la "Bibliografía"). Eso de "oración atada" nos da mucho que pensar y, si lo miramos bien, es acertadísima, pues quiere decir que el buen verso está sujeto a una serie de normas por las que se rige y que son ineludibles.

VERSO AMEBEO	Cada uno de los de igual clase con que hablan o cantan los pastores que aparecen en algunas églogas, como la "Tercera" de Virgilio.
VERSO AMÉTRICO	El que no se ajusta a una medida fija de sílabas.
VERSO HIANTE	El compuesto por hiatos.
VERSO LIBRE O SUELTO	También llamado "blanco". El que prescinde de la medida y del acento, proporcionándole gran amplitud de expresión al poeta ya que no admite restricciones de ninguna índole. Ahora bien, la diferencia entre el verso suelto o blanco del libre es que en los otros todos los versos tienen la misma medida.

Ejemplo de verso libre:

  Esta corona, adorno de mi frente,
esta sonante lira y flautas de oro
y máscaras alegres que algún día
me disteis, sacras Musas, de mis manos
trémulas recibid, y el canto acabe,
que fuera osado intento repetirle.
           Leandro Fernández de Moratín

He aquí otro ejemplo de verso libre de José Martí que él mismo nos explica: "Mis versos. Estos son mis versos. Son como son. A nadie los pedí prestados. Mientras no pude encerrar íntegras mis visiones en una forma adecuada a ellas, dejé volar mis visiones".

"Árbol de mi alma":

Como un ave que cruza el aire claro,
Siento hacia mí venir tu pensamiento
Y acá en mi corazón hacer su nido.
Ábrese el alma en flor: tiemblan sus ramas
Como los labios frescos de un mancebo
En su primer abrazo a una hermosura.
Cuchichean las hojas: tal parecen
Lenguaraces obreras y envidiosas,
A la doncella de la casa rica
En preparar el tálamo ocupadas.
Ancho es mi corazón, y es todo tuyo.
¡Todo lo triste cabe en él, y todo
Cuanto en el mundo llora, y sufre, y muere!
De hojas secas, y polvo, y derruidas
Ramas lo limpio: bruño con cuidado
Cada hoja, y los tallos: de las flores
Los gusanos y el pétalo comido
Separo: oreo el césped en contorno
Y a recibirte, ¡oh pájaro sin mancha
¡Apresto el corazón enajenado!
        José Martí

Pueden verse también los versos libres de Pedro Salinas.

VERSO PAREADO	Véase "Pareado".

VERSO QUEBRADO El de cuatro sílabas que alterna con otros más largos. Ejemplo de las "Coplas" de Jorge Manrique:

> Recuerde el alma dormida,
> avive el seso y despierte,
> contemplando cómo se pasa la vida,
> cómo se viene la muerte,
> tan callando.

VERSO DE ARTE MAYOR Los que fluctúan en cuanto a su número de sílabas, aunque por lo general son dodecasílabos, si bien pueden sobrepasar los catorce en dos hemistiquios. Versos de Arte Mayor son los siguientes: "eneasílabos" (9), "decasílabos" (10), "endecasílabos" (11), "dodecasílabos" (12), así como los de 13, 14, 15 y 16 sílabas. (Véase cada uno por separado con ejemplos)

VERSO DE ARTE MENOR Verso que oscila entre dos y ocho sílabas. Versos de Arte Menor son los siguientes: "bisílabos" (2), "trisílabos" (3), "tetrasílabos" (4), "pentasílabos" (5), hexasílabos" (6), "heptasílabos" (7), "octosílabos" (8). (Véase cada uno individualmente con ejemplos)

VERSO DE CABO ROTO Verso rimado pero con supresión de la última sílaba. Como buen ejemplo tenemos este de Cervantes en el "Quijote" en boca de Urganda la Desconocida:

> Si te llegarte a los bue-
> libro, fueres con letu-,
> no te dirá el boquirru-,
> que no pones bien los de-.
> Mas si el pan no se te cue-
> Por ir a manos de idio-,
> Verás de mano a bo-,
> Aun no dar una en la cla-,
> Si bien se comen las ma-
> Por mostrar que son curio-.

El verso de cabo roto fue inventando por Alonso Álvarez de Soria, "el tuerto", fallecido en 1603 ó 1604, y lo utilizó en su poema contra Lope de Vega.

VERSO DE CATORCE SÍLABAS Ejemplo:

Este verso de José Zorrilla:

Palomas de los valles, prestadme vuestro arrullo.
Prestadme, claras fuentes, vuestro gentil rumor.
(Véase la observación en "Métrica").

VERSO DE DIECISÉIS SÍLABAS Ejemplo:

"El juramento de Santa Gadea", procedente de un Cantar de Gesta, está todo escrito en versos de dieciséis sílabas. (Véase la observación en "Métrica").

VERSO DE QUINCE SÍLABAS	Ejemplo: Este verso de la cubana Gertrudis Gómez de Avellaneda (1814-1873): Que horrible me fuera, brillando tu fuego fecundo, cerrar estos ojos que nunca se cansan de verte. (Véase la observación en "Métrica").
VERSO DE TRECE SÍLABAS	Ejemplo: Este verso de Tomás de Iriarte: En una catedral, una campana había, que sólo se tocaba algún solemne día. (Véase la observación en "Métrica").
VIDALITA	Poesía payadoresca, cantada en compases de dos por cuatro o seis por ocho. Le viene el nombre de la palabra repetida que va intercalada entre los versos. Fue muy cantada por las tropas o ejércitos con un sentido épico.
VILLANCETE	Equivale a "Villancico" Ejemplo de villancete (fragmento). Salieno de un olivar, más fermoso que arreada, vi serrana que tornar me fizo de mi jornada.. Tornéme en su compañía por faldas de una montaña, sulplicando sil' plazía de mostrame su cabaña; dixo: "non podéis librar, señor aquesta vegada que superfluo es demandar a quien non suele dar nada". Carvajal o Carvajales (siglo XV)
VILLANCICO	Composición poética con estribillo, mayormente religiosa y cantada en fiestas navideñas. Ejemplo de villancico: Las pajas del pesebre, Niño de Belén, hoy son flores y rosas, mañana serán miel. Lloráis entre las pajas, de frío que tenéis, hermoso Niño mío, y de calor también. Dormid, Cordero santo; mi vida, no lloréis;

que si os escucha el lobo,
vendrá por Vos, mi bien.

   Dormid entre las pajas
que, aunque frías las veis,
hoy son flores y rosas,
mañana serán hiel.

   Las que para abrigaros
tan blancas hoy se ven,
serán mañana espinas
en corona cruel.

   Mas no quiero deciros,
aunque Vos lo sabéis,
palabras de pesar
en días de placer;
   que aunque tan grandes deudas
en pajas las cobréis,
hoy son flores y rosas,
mañana serán miel.
         Lope de Vega

Algunos de los villancicos más hermosos son de la pluma de Lucas Fernández, como aquel que dice:

"OTRO"

   --Pastorcito lastimado,
descordoja tus dolores.
--¡Ay, Dios, que me muero de amores!

   --¿Cómo pudo tal dolencia
lastimarte, di, zagal?
¿Cómo enamorado mal
inficiona tu inocencia?
De Amor huye y su presencia
no te engañen sus primores.
--¡Ay, Dios, que me muero de amores!

   ---Dime, dime, di, pastor,
¿cómo acá entre estos boscajes
y entre estas bestias salvajes
os cautiva el dios de amor?
Sus halagos, su furor,
¿sienten también labradores?
--¡Ay, Dios, que me muero de amores!...
         Lucas Fernández

Aunque pocos, Luis de Góngora también escribió Villancicos.

VOCABLO	Equivale a palabra.
VOCABULARIO	Consiste en el conjunto de voces o palabras que constituyen un idioma, así como el libro en que se reúnen.

VOCAL	Letra del alfabeto que tiene sonido por sí sola y que en español suman cinco: "a, e, i, o, u". En cuanto a la "y" obsérvese lo siguiente: siendo conjunción se pronuncia como consonante cuando la palabra anterior termina en vocal e igual la siguiente como en: "esto y aquello". Representa la vocal "i" cuando se encuentra entre consonantes como en: "perros y gatos". Aquiere valor de semivocal o semiconsonante al formar diptongo con la última vocal de la palabra anterior como en: "mío y suyo", o con la primera vocal de la palabra que le sigue como en: "padres y amigos".
VOCATIVO	Uno de los casos de la declinación y cuya única función es la de invocar, llamar o nombrar a una persona u objeto personificado. Va a menudo precedido de las interjecciones "¡ah!" u "¡oh!"
VOZ	Equivale a palabra o vocablo. También, sonido que el aire expelido de los pulmones produce pasando por la laringe y haciendo vibrar las cuerdas vocales.
VOZ ACTIVA	Cuando el sujeto es el agente de la acción verbal, como: "Juan estudia para el examen", "El campesino recoge la cosecha".
VOZ PASIVA	Cuando el sujeto recibe la acción verbal en vez de ser su agente. Se forma con el verbo auxiliar "ser" más un participio, como en: "Los embajadores firmaron el acuerdo". En este caso, el participio es variable, es decir, cambia en género y número, como en: "La casa fue visitada"> "Las casas fueron visitadas". El participio solo en invariable cuando se usa para formar los tiempos compuestos con el auxiliar "haber"; con otros verbos auxiliares es variable como señala el ejemplo anterior. Existe otra manera de expresar la voz pasiva, y que consiste en el uso del signo "se" más un verbo en tercera persona, como en: "Aquí se habla español".
VULGARISMO	Frase o dicho usado por el vulgo. En "Luces de Bohemia" Valle-Inclán emplea muchos vulgarismos, entre ellos "cuála".

Y

YAGÁN   Véase "Lengua".

YÁMBICO   Véase "Verso".

YAMBO   Véase "Verso".

YEÍSMO   Cuando se pronuncia la "ll" como la "y" como en: "gayina", "caye", "yuvia" por "gallina", "calle, "lluvia".

YUXTAPOSICIÓN Se aplica a las oraciones que se enlazan o unen por medio de conjunción y en algunos casos hasta omitiéndola, como en: "La casa es de piedra y el muro es de ladrillos".

Z

ZARZUELA Obra teatral en la que se presentan dos tipos de escenas: las cantadas y las habladas. Se entiende que el primero en escribir Zarzuelas fue Calderón de la Barca en sus obras "El jardín de Falerina" y "El laurel de Apolo". Sobresale entre los autores de zarzuelas contemporáneas José Picón García (1829-1873) en su obra "Pan y toros".

ZÉJEL Se llama así a una composición estrófica de carácter popular de los musulmanes en España, derivada de la Moaxaja. Dejemos que Fernando Lázaro Carreter nos dé detalles: "El zéjel, de ordinario, consta de un estribillo sin estructura fija, que cantaba el coro, y de cuatro versos que cantaba el solista. De estos cuatro versos, los tres primeros constituyen la mudanza y son asonantes y monorrimos; el cuatro, llamado de vuelta, rima con el estribillo. Servía de señal para el coro, que repetía a continuación el estribillo". Y seguido nos da este ejemplo:

"[Estribillo] Allá se me ponga el sol /do tengo el amor./ [mudanza]
Allá se me pusiese / do mis amores viese/ antes que me muriese/ [Verso de vuelta] con este dolor./ [Estribillo] Allá se me ponga el sol/ do tengo el amor". (Véase la "Bibliografía")

ZEUGMA o "zeuma". Este es un término cuyo significado preciso se presta a confusión, y las varias fuentes que hemos consultado no nos lo han aclarado cabalmente. Todo esto parece obedecer al significado dado originalmente por Quintiliano el cual, según nos dice Salvador Fernández Ramírez ("Diccionario de literatura española") es la única definición clásica "que se trasmite más o menos desfigurada, y que reproduce literalmente Ernesti en su Vocabulario técnico". He aquí, pues, donde reside el problema, pues cada cual en distintas épocas lo ha interpretado y explicado a su manera. Después de darles muchas vueltas, decidimos ajustarnos a la definición dada por Antonio de Nebrija, por parecernos la más clara y acertada. Según él, "Zeugma es cuando debaxo de un verbo se cierran muchas clausulas, como diziendo 'Pedro, y Martin y Antonio lee', por dezir 'Pedro lee, y Martin lee, y Antonio lee', y llama se zeugma, que quiere decir conjunción". Por cuanto diríamos nosotros lo siguiente:

Zeugma es una figura retórica en la que varias oraciones se enlazan por un verbo (o a veces también por un sustantivo) que se enuncia una sola vez, pero que se sobrentiende en las demás sin necesidad de repetirlo. Así, podemos dar como ejemplos:

"Juan es arquitecto, y también Mario, Manuel y Ramiro."

o

"Miguel trabaja en Buenos Aires, y también Carlos, Felipe y Jesús".

En el primer caso se forma el zeugma con un sustantivo ("arquitecto") y en el segundo caso con un verbo ("trabaja"). Ambos términos se mencionan una sola vez al principio de la oración, pero se sobrentiende que igual es arquitecto Mario, Manuel y Ramiro, y que Carlos, Felipe y Jesús también trabajan en Buenos Aires. Conviene saber que la palabra en griego, de donde proviene y que se escribe con la misma grafía, quiere decir "enlace".

La Academia lo define así: "Figura de construcción, que consiste en que cuando una palabra tiene conexión con dos o más miembros del período está expresaen uno de ellos, ha de sobrentenderse en los demás. Ejemplo: "Era de complexión recia, seco de carnes, enjuto de rostro, gran madrugador y amigo de la caza". Y para María Moliner: "Figura de construcción que consiste en la elipsis en una oración de un término enunciado en otra contigua". Y el "American Heritage Dictionary (traducción del inglés): "Construcción en la que una sola palabra, especialmente un verbo o adjetivo, se aplica a dos o más sustantivos cuando su sentido es apropiado a solamente uno de ellos o a dos de maneras diferentes, como en: "Se hizo de mi consejo y de mi billetera".

De zeugma proceden otros vocablos como "prozeugma" o "protozeugma" (si el término queda enunciado en la primera oración), "mesozeugma" (si en el enunciado central), e "hipozeugma" (si en la oración final), y los llamados "prozeugma", "mesozeugma" y "hipozeugma", y los zeugmas simples y compuestos. No creemos necesario extendernos en ninguno de ellos.

Bibliografía selecta

Alarcos Llorach, Emilio. *Fonología española*, Biblioteca Románica Hispánica, Editorial Gredos, S.A., Madrid, 1974

Alfaro, Ricardo J. *Diccionario de anglicismos*, Biblioteca Románica Hispánica, Editorial Gredos, S.A., Madrid, 1964

Alonso, Amado. *De la pronunciación medieval a la moderna en español*, Editorial Gredos, S.A., Madrid, 1969

_____. *Materia y forma en poesía*, 3ª. edición, Editorial Gredos, S.A., Madrid, 1965

Alonso, Dámaso/Blecua, José Manuel. *Antología de la poesía española lírica de tipo tradicional*, Editorial Gredos, S.A., Madrid, 1969

Alonso, Martín. *Enciclopedia del idioma*, Aguilar, S.A., Madrid, 1958, 3 tomos

Anderson Imbert, Enrique/Florit, Eugenio. *Literatura hispanoamericana, Antología e introducción histórica*, Holt, Rinehart & Winston, New York, 1960

Azorín. *El artista y el estilo*, Colección Crisol, Aguilar, S.A., Madrid, 1946, 2 tomos

Baher, R. *Manual de versificación española*, Editorial Gredos, S.A., Madrid, 1973

Bello, Andrés. *Gramática de la lengua castellana*, Sopena Argentina, Buenos Aires, 1945

Benot, Eduardo. *Arte de hablar: gramática filosófica de la lengua castellana*, Librería de los Sucesores de Hernando, Madrid, 1910

_____. *Diccionario de ideas afines*, Sopena Argentina, Buenos Aires, 1941

Bleiberg, Germán. *Antología de la literatura española del siglo XI al XVII*, Alianza Editorial, Madrid, 1969

Bonilla y San Martín, Adolfo. *Parnaso español de los siglos XVIII y XIX*, Ruiz Hermanos, Madrid, 1917

Campos, Jorge. *Poesía española (Antología)*, Editorial Taurus, Madrid, 1959

Carreter, Fernando Lázaro. *Diccionario de términos filológicos*, Biblioteca Románica Hispánica, Editorial Gredos, S.A., Madrid, 1971

Carrillo y Sotomayor, Luis de. *Libro de la erudición poética*, Alfar, Sevilla, 1987

Casalduero, Joaquín. *Estudios de literatura española*, Editorial Gredos, S.A., Madrid, 1967

Casares, Julio. *Diccionario ideológico de la lengua española*, Gustavo Gili, Barcelona, 1979

Cascales, Francisco. *Tablas poéticas*, Espasa Calpe, S.A., Madrid, 1975

Cejador y Frauca, Julio. *Tesoro de la lengua castellana*, Perlado, Páez y Compañía, Madrid, 1908

De Riquer, Martín/Valverde, José María. *Historia de la literatura universal*, Editorial Planeta, S.A., Barcelona, 1968, 3 tomos

_____. *Antología de la literatura española e hispanoamericana*, Editorial Vicens Vives, Barcelona, 1965

Corominas, Joan. *Breve diccionario etimológico de la lengua castellana*, Editorial Gredos, S.A., Madrid, 1980

Covarrubias y Orozco, Sebastián. *Tesoro de la lengua castellana o española* (según la impresión de 1611), S.A. Horta, Barcelona, 1943

Cuervo, Rufino J. *Diccionario de construcción y régimen de la lengua castellana*, Instituto Caro y Cuervo, Bogotá, 1946

Del Río, Ángel y Amelia. *Antología general de la literatura española*, Holt, Rinehart & Winston, New York, 1960, 2 tomos

Diccionario de la lengua castellana, edición facsimilar del primer diccionario de la Real Academia de la Lengua publicado entre 1726 y 1739 por Francisco de Hierro y sus herederos, y que se denominó "Diccionario de Autoridades", Editorial Gredos, S.A., Madrid, 1963-1969, 6 tomos

Diccionario de literatura española, Revista de Occidente, Madrid, 2ª. edición, 1953

Diccionario de la lengua española de la Real Academia Española, Espasa Calpe, S.A., Madrid 2001, 2 tomos

Diccionario de sinónimos, ideas afines y contrarios, colaboración de Santiago Pey y Juan Ruiz Calonja, Editorial Teide, Barcelona, 1976

Diccionario ilustrado latino-español, español-latino, prólogo de Vicente García Diego, Bibliograf, S.A., Barcelona, 10ª. Edición, 1964

Díaz Rengifo, Juan. *Arte poética española*, edición facsímil de la de Juan de la Cuesta, Ministerio de Educación y Ciencia, Madrid, 1977

Diego, Gerardo. *Antología poética*, Alianza Editorial, Madrid, 2007

Díez Echarri, Emiliano. *Teorías métricas del Siglo de Oro*, Consejo Superior de Investigaciones Científicas, Madrid, 1970

Domínguez Caparrós, José. *Diccionario de métrica española*, Alianza Editorial, Madrid, 1999

Espasa- Enciclopedia universal ilustrada, Espasa Calpe, S.A., Madrid, 1922-1997, 113 tomos

Fernández Gómez, Carlos. *Vocabulario de Cervantes*, Real Academia Española, Madrid, 1942

Gaos, Vicente. *Diez siglos de poesía castellana*, Alianza Editorial, Madrid, 1975

_____. *Poesía y técnica poética*, Editorial O Crece O Muere, Madrid, 1955

_____. *Claves de la literatura española*, Ediciones Guadarrama, Madrid, 1971

García de Diego, Vicente. *Etimologías españolas*, Aguilar, S.A., Madrid, 1964

Gili Gaya, Samuel. *Ortografía práctica*, Compendios Vox, Publicaciones y Ediciones Spes, Barcelona, 1954

_____. *Nociones de gramática histórica española*, Compendios Vox, Publicaciones y Ediciones Spes, Barcelona, 1955

_____. *Resumen práctico de gramática española*, Compendios Vox, Publicaciones y Ediciones Spes, Barcelona, 1957

Gómez de la Serna, Ramón, Total de greguerías, Aguilar, S.A., Madrid, 1955

González Palencia, Ángel. *Historia de la literatura arábigo-española*, 2ª. Edición, Editorial Labor, Barcelona, 1945

Huerta, Javier. *Teatro español de la A a la Z*, Espasa-Calpe, S.A., Madrid, 2005.

Lapesa, Rafael. *Léxico e historia: palabras y diccionarios*, Istmo, Madrid, 1992, 2 tomos

_____. *De la Edad Media a nuestros días, Estudios de historia literaria*, Biblioteca Románica Hispánica, Editorial Gredos, S.A., Madrid, 1967

_____. *Historia de la lengua española*, Escilcer, S.A., Madrid, 7ª. Edición, 1968

López Estrada, Francisco. *Introducción a la literatura medieval española*, Editorial Gredos, S.A., Madrid, 1952

Marsá, Francisco Dr. *Gramática y redacción*, De Gasso Hermanos Editores, Barcelona, 1959

Martínez Amador, Emilio M. *Diccionario gramatical*, Ramón Sopena, Barcelona, 1974

Mayáns y Siscar, Gregorio. *Abecé español*, Editorial Arco Libros, S.L., Madrid, 1991

_____. *Orígenes de la lengua española*, Editorial Atlas, Madrid, 1981, 2 tomos

Menéndez Pelayo, Marcelino. *Antología de poetas líricos castellanos*, Consejo Superior de Investigaciones Científicas/Santander, Aldus, S.A. de Artes Gráficas, 1944, 10 tomos

_____. *Historia de los heterodoxos españoles*, Consejo de Investigaciones Científicas, Madrid, 1946

Menéndez Pidal, Ramón. *Gramática histórica española*, undécima edición, Espasa Calpe, S.A., Madrid, 1962

_____. *Antología de prosistas españoles*, Espasa Calpe, S.A., Madrid, 1969

_____. *Orígenes del español*, 4ª. edición, Espasa Calpe, S.A., Madrid, 1956

Miranda Podadera, Luis. *Análisis gramatical: curso superior de gramática española*, Librería y Casa Editorial Hernando, S.A., Madrid, 1963

Moliner, María. *Diccionario de uso del español*, Editorial Gredos, S.A., Madrid, 1975, varios tomos

Morínigo, Marcos A., Director. *Diccionario manual de americanismos*, Muchnik Editores, Buenos Aires, 1966

Mounin, Georges. *Historia de la lingüística, desde los orígenes al siglo XX*, versión española de Felisa Marcos, Editorial Gredos, S.A., Madrid, 1968

Navarro Tomás, T. *Manual de pronunciación española*, Hafner Publishing Company, New York, 1963

Nebrija, Antonio de. *Gramática de la lengua castellana*, Madrid, Editora Nacional, 1984

Pabón S. de Urbina, José M. *Diccionario manual griego-español*, Bibliograf, S.A., Barcelona, 1967

Poetas líricos del XVI y XVII, Biblioteca de Autores Españoles, Rivadeneira, Madrid, 1854.

Porto-Bompiani González. *Diccionario literario de obras y personajes de todos los tiempos y de todos los países*, Montaner y Simón, Barcelona, 1967-1968, 12 tomos y 2 apéndices

Pottier, Bernard. *Lingüística moderna y filología hispánica*, versión española de Martín Blanco Álvarez, Editorial Gredos, S.A., Madrid, 1968

Real Academia Española. *Gramática de la lengua castellana*, Perlado Páez y Compañía, Madrid, 1908

_____. *Diccionario histórico de la lengua española*, Dirigido por Julio Casares, Madrid, 1962, 3 tomos

Rosales, Luis (editor). *Poesía española del Siglo de Oro (Antología)*, Salvat, Biblioteca Básica, Madrid, 1982

Sánchez de Lima, Miguel. *Al arte poética en romance castellano*, Consejo Superior de Investigaciones Científicas, Madrid, 1944

Saínz de Robles, Federico Carlos. *Historia y antología de la poesía española*, Aguilar, S.A., Madrid, 1955

Sánchez Albornoz, Claudio. *La España musulmana*, 4ª. edición, Espasa Calpe, S.A., Madrid, 1974, 2 tomos

The Oxford Spanish Dictionary, Spanish-English, English-Spanish, Español-Inglés, Inglés-Español, Oxford University Press, Oxford, 1996

Seco, Manuel. *Gramática esencial de la lengua española de Manuel Seco*, Espasa Calpe, S.A., Madrid, cuarta edición, 1996

_____. *Diccionario de dudas y dificultades de la lengua española*, Aguilar, S.A., Madrid, octava edición, 1982

Torrente Ballester, Gonzalo. *Panorama de la literatura española contemporánea*, Ediciones Guadarrama, S.L., Madrid 1956

Valbuena Prat, Ángel. *Historia de la literatura española e hispanoamericana*, Editorial Gustavo Gili, Barcelona, 1968-1969, 5 tomos

Vega, Carlos B. *Basic Spanish-English Grammar Dictionary* (por publicarse)

Vega, Carlos L. *Fundamentos de lengua española: gramática, fonética, fonología*, Ediciones Villamel, Cincinnati, Ohio, 1966

Vox Diccionario ilustrado de la lengua española, Ramón Menéndez Pidal y Samuel Gili Gaya, Bibliograf, Barcelona, 1973

Webster's New Twentieth Century Dictionary of the English Language, Unabridgeed, Simon and Schuster, New York, 1979

Webster's New World Roget's A-Z Thesaurus, Michael Agnes, Editor in Chief, Wiley Publishing, Inc., 1999

www.ingramcontent.com/pod-product-compliance
Lightning Source LLC
Chambersburg PA
CBHW081147230426
43664CB00018B/2831